瓯地乡愁
系列丛书

出 品

世界温州人联谊总会
世界温州人家园

Wenzhou Homesickness

World
WenzhouneseHome

出品
世界温州人联谊总会
世界温州人家园

伍显军 陈培培 / 著

Wenzhou
Homesickness

THE
CULTURAL
RELIC OF
WENZHOU

瓯地乡愁
系列丛书

瓯物

出版缘起

2018 年 11 月 9 日，在庆祝改革开放 40 周年的特殊历史节点，在第五届世界温州人大会召开之际，凝聚各方智慧力量打造而成的世界温州人博物馆顺利开馆了。之后，世界温州人博物馆迎来了一批批海内外乡贤、外地嘉宾，大家为温州人的故事所感动，为温州人的成就而振奋。

开馆之际，世界温州人博物馆筹建工作组也同步推出《弄潮儿——走向世界的温州人》《世界温州人博物馆捐赠藏品图录》（第一辑）两本册子，颇受欢迎。然而这些似乎都还未能满足人们对温州的想象，特别是远在异国他乡的华侨对家乡的渴念，意犹未尽之余总有参观者提出希望：如果能有更详细介绍温州风土人情的内容让我们带回去细细品味，那就太好了！

温州古称"瓯"，山明水秀、温暖宜居，是我伲温州人永远无法忘怀的家园。历经千年开拓、百年开埠，特别是改革开放 40 多年来，温州人为创造美好的生活，背井离乡，闯荡世界。虽然很多人走得越来越远，但他们始终记得回家的路。

"像树木花草一样，谁能没有一个根呢？我若能忘掉故乡，忘掉亲人师友，忘掉童年，我宁愿搁下笔，此生永不再写。"我感动于温籍作家琦君的这段话，道出了万千游子的心声。

曾经的苦难与峥嵘，都已随风远去，唯有故乡是最温暖的守候。为此我们拟推出献给世界温州人的礼物——"瓯地乡愁"系列丛书，书写温州人文、技艺、风物、美食等，定格精彩画面美丽瞬间，让更多的温州人感知家乡的人文风采，了解世界温州人的智慧才情，从字里行间触摸家乡的温度，寻找自己的来路。

如果这套丛书的出版，能为增强内外温州人、新老温州人对"温州"的归属认同，对"温州人"的身份认同，对"温州文化"的价值认同出一份力，我们将深感欣慰。

世界温州人联谊总会
世界温州人家园

前言

温州简称瓯，也称东瓯，是一座温润、温暖的山水宜居城市。她拥有五六千年悠久的文明史、两千两百多年行政建制史。深厚的历史文化积淀，滋养了一代又一代温州人，创造了温州昔日的灿烂和今日的辉煌。

温州悠久的历史长河星汉灿烂。早在新石器时代，已有先民在此繁衍生息。好川文化曹湾山遗址出土的石器、陶器和玉器，见证了文明的曙光。《山海经·海内南经》曰："海内东南陬以西者，瓯居海中"，这是温州古代地理最早的记载。穗丰西周土墩墓出土的玉器和青铜器，见证了温州"依山拓海"的发展足迹。战国至西汉，这里建立了东瓯王国。随着汉王朝地方政府的建立，温州被纳入中原文明发展序列。温州也是中国山水诗的发祥地、重商经济学派的发源地、南戏的故乡、数学家的摇篮。温州历史上还以手工业发达著称，是青瓷发源地之一，被誉为"百工之乡"。中国古代四大发明，至今有古法造纸、活字印刷术两项在温州以活态形式传承。

温州博物馆创建于1958年，目前是国家一级博物馆，拥有一流现代化的展示场馆和高素质的收藏、研究以及文化服务队伍。目前，馆内有陶瓷器、书画、文献资料、铜铁器、彩塑、木雕、漆器等二十多个门类藏品四万多件。其中，可圈可点、具有传奇故事的珍贵文物十分丰富。

2018年11月9日，坐落于鹿城滨江商务区的世界温州人家园正式开园、世界温州人博物馆正式开馆，从此，世界温州人及其捐赠的展品有了共同的"家"，有了情感地标和精神家园。

习近平总书记在中共中央政治局第十二次集体学习时强调指出：要系统梳理传统文化资源，让收藏在禁宫里的文物、陈列在广阔大地上的遗产、书写在古籍里的文字都"活"起来。借助现代化传媒，挖掘文物背后的历史文化，做到图文并茂，见物、见人、见精神，讲好文物故事，让文物"活"起来，正是当代文物工作者的历史使命，也是温州晚报与温州博物馆合作撰文的初衷。

本书精选56件温州博物馆和世界温州人博物馆藏品，分"物华天宝""人杰地灵""百工竞美"和"家国情怀"四个章节，详细讲述每件藏品的前世传说和今生故事，既有详尽的文字描述，也有背后的故事揭秘，联系文化"亮点"，采访文化名人，宣传文化遗产的传承与创新。

乡愁是一只永不断线的风筝。世界温州人商行天下、智行天下、善行天下，走遍千山万水，闯遍五洲四海，但不管走多远，最魂牵梦绕的地方还是故乡。温州市委、市政府打造世界温州人家园，就是要为世界温州人寻根乡愁、追忆乡思提供一个"家"。诚愿海内外温州人，在奔波忙碌之余，回"家"泡上一杯香甜的咖啡，轻松翻阅此书，享受清风与暖阳，诚如是，乡愁就是永不落幕的太阳！

伍显军撰于百丈闲静斋

2020年11月16日

目 录

物华天宝

Contents

人杰地灵

百工竞美

家国情怀

ARTICLE
OF
WENZHOU

**Wenzhou
Homesickness**

物华天宝

新石器时代有段石锛

从有段石锛，
追溯温州先民源头

在温州博物馆的历史厅内，有一批从乐清市白石街道杨柳滩遗址出土的石器，专家们判断它们的年代属于新石器时代，可以说是该馆馆藏古老的文物之一。

今天要说的这件"宝贝"，就是其中的一件有段石锛，寻找它的前世今生故事，或许能追溯到温州先民的源头。

乐清杨柳滩遗址出土新石器时代的有段石锛

石锛，是磨制石器的一种，通常是长方形、单面刃。有的石锛上端有"段"（即磨去一块），称有段石锛，装上木柄可用于砍伐、刨土。石锛是新石器时代和青铜器时代主要的生产工具。

温州博物馆馆藏的这件有段石锛，是 1984 年 5 月 21 日在当时的乐清县白石镇杨柳滩遗址中出土的。这件有段石锛，长 12.5 厘米，刃宽 4 厘米，厚 2.9 厘米。它的形状类似普通石锛，是长方的扁形物，器体较厚，正面平直，刃口锋利，斜削似刨刀状，这是与普通石锛相同之处。它的特殊之处在于背面，从刃口弧形向上，中间隆起有台阶，似一条横脊将背面分成前后两部分，前部较厚，后部较薄，看起来像两个阶段。

杨柳滩遗址位于乐清市白石街道，属于河流冲刷形成的次生堆积遗址。1982—1986 年，在水下两三米深处陆续出土近 200 件文物，有石器、青铜器、玉器、陶器和动物的牙齿、角、骨骼化石等，石器除常见的刀、锛、斧、凿、钺、戈、矛、镞外，还有犁状器、破土器和耘田器，可以分为农作、木作和渔猎工具三类，制作规范，琢磨精致。经专家判断，这件有段石锛的年代为新石器时代。

或是由专门负责制造石器的工匠精心制作

考古学上把人类有文字记载以前的历史时期称为史前时期，研究这一时期的考古学称为史前考古学。由于人类没有文字记载的历史相当长，史前考古学研究的时限从二三百万年前人类诞生开始，直至文字发明，主要包括旧石器时代、中石器时代和新石器时代。其中，人类使用打制石器的时代称为"旧石器时代"，时间从二三百万年前开始，到一万多年前为止。在这漫长的时间里，人类使用粗糙的打制石器，过着采集和渔猎的生活，如我国的北京猿人、山顶洞人等。

人类使用磨制石器的时代称为"新石器时代"。这一时期，人类过着定居生活，磨制石器、陶器和纺织出现，农业和畜牧业产生，如浙江河姆渡、良渚文化原始人等。

这件有段石锛的石材是硅质泥岩，硬度不算高，便于加工磨制。它的颜色呈黑色，由于加工细腻，表面磨制得十分光滑，看起来非常精致。或许，它是由专门负责制造石器的工匠精心制作而成。

验证温州先民从浙江北部迁徙而来

按照我国人类学家林惠祥的观点，有段石锛的形制有几种，根据精细程度和装柄便利程度的不同，可以分为初级型、成熟型和高级型三个发展阶段类别。高级型有段石锛是用石锯将石锛的后部装柄处锯成深凹，使后段（即装柄处）比前段

→
新石器时代晚期有段石锛

从有段石锛，追溯温州先民源头

↑
新石器时代晚期石犁

更薄，棱角整齐，精致又便于装柄。这种石锛在菲律宾最多，在广东、福建等地较少。但是，浙江、江苏等地发现的有段石锛多属这种样式，尤以良渚文化遗址为多见。

据温州市第三次全国文物普查成果专题丛书《温州古遗址》公布的数据，目前温州地区发现的聚落遗址多达110处，其中，新石器时代晚期24处，新石器时代晚期延续至先秦时期31处，先秦时期55处。这些遗址大多沿江沿海沿河分布，位于孤丘形小山上，远处有大山，以便获取丰富的生活资源。遗址内出土的文物以石器、陶器为主，也有少量玉器、化石和青铜时代的青铜器。

目前温州出土的石锛，大多比较粗糙。其中，极少数可能是初级型有段石锛，仅有文成官山背、洞头九亩丘、瑞安北龙山大坪等遗址出土成熟型弧背式有段石锛；高级型有段石锛仅有乐清市白石镇杨柳滩遗址出土，数量多达10余件。其余出土磨制精细石器的遗址也只有鹿城区曹湾山（老鼠山）遗址，且出土的是石箭镞，而无精致的有段石锛。从这个意义上说，这件从杨柳滩遗址出土的有段石锛值得深入研究。

杨柳滩遗址中出土的窄背宽刃斧，能说明该遗址受到河姆渡文化的极深影响。而该遗址出土的石锛数量较多，形式多样，主要有弧背式石锛和有段石锛两种，能说明受到河姆渡文化晚期后续文化的影响。该遗址中出土的穿孔石斧、三角形斜柄石刀、石耨，则明显反映出良渚文化特征。这些器物的发现，都能成为温州先民主要是从浙江北部迁徙而来的证据。

有段石锛是新石器时代的一种石木复合的生产工具，一面有刃，一面有段利于捆绑在木柄上，能提高工作效率和便利程度。按照人类学家研究，波利尼西亚诸岛当地没有金属器物，生产工具和武器都用石器、骨角等，而以有段石锛最为重要，土著人制造小艇和雕制木器都用有段石锛。

各处石器时代的人类都有小船，即独木舟。这种独木舟的制作方法是将一大段树干在中腰处用火烧焦，然后剖去焦炭，剖的工具可用石斧或常见石锛，但如将石锛加柄，用起来一定更加便利而有力。因此，在沿海或岛屿有需要造独木舟的地方，尤其需要有段石锛。从这个意义上说，有段石锛是手工工具而不是农具。

石器时代过去，到了铜器时代或铁器时代，石锛不必再用，代之以形状类似于有段石锛的铜锛或铁锛，在乐清白石镇杨柳滩遗址出土文物之中有青铜锛，中腰处有三道横线象征捆绑之处。

有段石锛是我国东部沿海广大区域内最具特色的生产工具之一，包括河姆渡遗址在内的浙江、福建、广东、山东等地多处遗址中都曾大量出土，可运用于舟楫的制造和生产。此外，在中国台湾、菲律宾、北婆罗洲及太平洋的波利尼西亚众多岛屿，如夏威夷、马克萨斯等地也都有所发现。这也成为探讨早期人类（南岛语族）跨越大洋进行迁移的最重要实物证据之一。甚至有专家认为，美洲发现的有段石锛也是从亚洲跨越太平洋传播过去的。

加强有段石锛的研究，对于研究环东太平洋文化圈民族、语言及其文化传播途径具有重要意义。

新石器时代晚期嵌玉漆器

是先民的权杖，
还是祭祀用酒器

也许你熟悉上山文化、跨湖桥文化、良渚文化，对好川文化可能有些陌生。其实它的年代相当于上接良渚文化，下接马桥文化，乃瓯江文明之源头。

温州博物馆馆藏的这一组青白玉小饰件，距今约有 4000 年历史，它们出土于曹湾山遗址，而曹湾山遗址是目前温州已发现的多个好川文化遗址中的一个。走近它们，可以追溯一段关于玉和石的故事。

→
新石器时代晚期镶嵌漆器的
青白玉小饰件

是先民的权杖，还是祭祀用酒器

它们应是镶嵌于一件红色漆器上面

这是一组呈鸡骨白色的青白玉小饰件，共 10 件，除一件圆箍较大外，其余 9 件均为几何形曲面小玉片。圆箍高 1.8 厘米，外径 3.2 厘米，内径 2.8 厘米，中间腰部略收束，表面和内里打磨光滑，上下端切割齐整，一端内里有小凹坑可插入小木片加固。9 件小玉片，分别呈长方形、近方圆形、三角形、侧身小鸟状、三重台阶祭坛状等形状。

这组青白玉小饰件出自鹿城区藤桥镇上戍乡的曹湾山遗址。

2002 年 11 月至 2003 年 1 月，浙江省文物考古研究所、温州市文物局、温州市文物保护考古所三家单位联合对该遗址进行了抢救性发掘，发现了连片的建筑遗迹和新石器时代晚期墓葬，出土了大量石器、陶器、玉器和陶片标本。

这组青白玉小饰件出土于第 23 号墓，清理现场残留有红色漆痕，同时出土的还有陶壶和石锛、石镞。该墓葬是目前温州地区唯一出土镶嵌有青白玉小饰件红色漆器的新石器时代墓葬。

从残留的红色漆痕等分析，这组青白玉小件原本应是镶嵌于一件红色漆器上面。

它或是祭祀时用的酒器漆觚

曹湾山遗址是温州地区第一个地层叠压关系清楚、堆积较厚的史前遗址，亦是第一个完全意义上的好川文化聚落遗址，它有明确的功能分区，岗顶西南是居住生活区，岗顶东南是墓葬区。

好川文化是 1997 年瓯江上游遂昌好川墓地发掘后，由浙江考古界提出命名的一种新的考古学文化，是浙江省继河姆渡文化、马家浜文化、良渚文化等之后确立的又一支考古学文化，属浙南地区史前考古发掘研究的重大突破，填补了浙南地区无史前文明的空白。其分布范围以瓯江流域、仙霞岭南北山麓为主，大致分布于今赣西、闽北和浙南，以浙南为主；年代为距今约 4300—3700 年，相当于良渚文化晚期到马桥文化初期；经济形态为农耕兼营狩猎采集；文化内涵既受到周边地区文化的影响，又有其自身独特的文化特征，出现了贫富分化和阶级，已经有了文明的曙光。

温州好川文化遗址除已经发掘的曹湾山、屿儿山遗址外，还有下龙山、卧旗山等遗址。

新石器时代晚期以良渚文化为代表的原始先民玉器加工制作水平已经比较高超，当时玉材来之不易，即使是小片玉材也要加以充分利用。从这组青白玉小饰件上，也能看出上述两点。

而根据目前的研究，专家猜测原本镶嵌有这组青白玉小饰件的红色漆器，很可能是一件祭祀时用的酒器漆觚，同时也是象征身份地位的礼器。

不能让技艺失传

东汉人许慎在《说文解字》中说："玉，石之美者。"意思就是说，玉是美丽的石头。温州石雕，这门与石头打交道的技艺，传承至今已有千年历史。

温州市石雕研究所所长陈顺德，是中国石雕艺术大师、浙江省工艺美术大师、浙江省非物质文化遗产石雕代表性传承人，擅长动物、人物、山水雕刻，其多个作品被中国工艺美术馆、国家博物馆等收藏。

初夏的一天，记者在陈顺德位于鹿城区马鞍池东路的工作室内见到了他。一双满是老茧的手

"诉说"着他从 16 岁拜石雕老艺人赵典卿为师开始学艺至今，与温州石雕结缘 50 多年的故事。

陈顺德说，早在晋朝，王羲之任温州太守时曾使用永嘉华严石雕砚。到了唐代，温州已有艺人专门从事石雕工艺，镂刻印章、朝珠、如意、香炉等。元、明、清时期温州老艺人开始运用青田石雕刻，市场设在温州市广场路（原打锣桥）一带，这里原有雕刻街之称，"在当时的打锣桥一带，曾聚集了一大批石雕名艺人，开设了几十家石雕'对门店'，街上的温州石雕产品销往全国，让温州石雕美名远扬。"

温州石雕最兴盛的时期为上世纪 80 年代，从业人员多达千余人，作品走出浙江远销海内外，成为我市外销的主要产品之一。随着现代化进程的加快和市场经济的影响，温州石雕跟许多传统工艺行业一样受到了前所未有的冲击，许多石雕人才或外流或改行。

"我作为传承人，不能让技艺失传。"陈顺德说。到目前为止，他已经带出了 20 多位弟子。

结合温州故事创作"十二月令"

数十年来，陈顺德保持着每年有两到三件精品的创作速度，近年来他的作品屡屡在各类全国级工艺美术类展会和赛事中获奖。

2018 年，陈顺德开始构思创作一组结合"温州故事"的作品，并最终确定这组作品共 12 件，取名"十二月令"。记者见到他时，他正在雕琢其中的第五件作品"五月令"。

说起这组作品的构思，陈顺德立刻兴奋了起来。"'正月令'，我雕了墨池坊、华盖山、闹花灯等元素；'二月令'，我雕了松台山、妙果寺等元素；'三月令'，我雕了黄土山、卖麻桥等元素；'四

月令'，我雕了海坦山、榕树、看戏人等元素；'五月令'，我雕了划龙舟场景等元素……"陈顺德娓娓道来。

陈顺德说，一般来说，雕好一件作品，至少需要 4 个月。预计 2021 年能完成整组作品，届时他会让这组作品在温州等地展出。

它们的主人或是
西周贵族

1938 年，湖南省宁乡县黄材镇月山铺转耳仑山的山腰上（后属炭河里遗址公园），几个农民在半山腰垦荒栽种红薯，无意间竟挖出了如今的十大传世国宝之———四羊方尊。

其实，温州也曾出土过相近时期的青铜器。

那是 2003 年 9 月 8 日，瓯海仙岩穗丰村的村民们为在村北杨府山上建造公园而平整山顶土墩时，意外发现一件青铜铙和一件青铜鼎。而后，文物部门紧急进行发掘，并由出土的大量文物，推测它们的主人是距今 3000 多年的西周贵族。

如今，由此出土的"一铙一鼎一簋"在瓯海博物馆内展出，其中的青铜铙更是该馆的"镇馆之宝"。

→
青铜簋

它们的主人或是西周贵族　　　　　　　　　　　　13

↑
青铜鼎

→
青铜铙

为何这是一个西周土墩墓

"一铙一鼎一簋"陈列在瓯海博物馆展厅内最显眼的位置，和它们摆在一个展柜内的还有一把青铜短剑，也同样出自瓯海仙岩穗丰村的这处土墩墓。

当时，这处土墩墓里一共出土了83件（组）青铜器和玉石器，其中青铜器有61件（组）。虽然有较多青铜器出土，但无可明确断代的铭文发现。

那么，考古专家们怎么确定这是一处西周时期的土墩墓呢？

原来，这是通过出土文物的器形和纹饰的比较分析来确定的。墓内出土的青铜器和玉石器，从总体上看，从器形到纹饰都具有西周时期的特征。青铜器的纹饰内容为西周时期常见的云纹或高凸的"C"形纹，纹饰面貌都显得粗犷清晰、浮雕感特强，也颇具西周青铜器的纹饰风格。而玉柄形饰在河南安阳殷墟、陕西张家坡、河南三门峡虢国墓、洛阳北窑西周墓等商与西周墓葬中都有较多出土。因此，该土墩墓的基本年代应该是西周时期。

根据以往的考古发掘与调查所知，现已知温州的早期墓葬有三种形制：石棚墓、悬棺葬、土墩墓。

此土墩墓的主人又是谁

"一铙一鼎一簋"，其中最为重要的是青铜铙。这件青铜铙，是在墓底最南端发现的，铙体呈扁凸的合瓦形，两面的中上部各中心较宽阔的钲分隔为左右两区，每区各饰有乳钉3排，每排3个，每面共有18个乳钉，钲部、鼓部、乳钉间、篆间均满饰大型云雷纹，甬之旋上也饰有大型凸起的"C"形纹。由于它是墓中出土的体量最大的青铜器，且保存十分完好，如今成为瓯海博物馆的"镇馆之宝"。

而当考古专家们要判断此土墩墓的主人为何人时，这其中的"一铙一簋"成了重要线索。

鼎、簋、铙等在西周的墓葬里是最重要的祭器和礼器。按礼制，一般天子是用九鼎八簋，诸侯是七鼎六簋，大夫用五鼎，士用三鼎或一鼎。老百姓是不能使用鼎簋等重器的。从这个墓葬出土的青铜器和玉石器来看，出土的礼器是遵守了当时的礼乐制度的。从井然有序的器物排列来看，也不像是匆忙下葬。可以判断，这个3000年前的西周土墩墓，是一个高级别的贵族墓地。而由于墓葬中同时出土了大量的戈、矛、剑、镞等青铜兵器，因此可以认为，墓主人可能还是一位统兵打仗的军事首领。

3000 多年后它们缘何现世

此处西周土墩墓的现世，可以说是一场意外。

2003 年 9 月 8 日，瓯海仙岩镇穗丰村村民在村北杨府山上平整土坡，准备修建公园。这本是一次很平常的施工，却无意间惊动了一个在地下沉睡了 3000 多年的西周土墩墓，由此引出 2003 年度浙江省最重要的考古发现。

刘德银是当时穗丰村的村委会主任，说起这件旧事，他至今记忆犹新。"第一天，村民们在施工中从土里发现了几个青铜残片，当时大家都没当一回事；但第二天，村民们又在土里挖出了一件青铜铙，这才引起了我们的警觉。"刘德银说，当时看到这件青铜铙，他立刻就联想到了以前在电视里看到过商周时期的青铜器，觉得很可能就是文物，大家商量后就向当地有关部门汇报，很快考古队就来了。

刘德银说，这件事在瓯海一带可以说是轰动一时，周边一些村的人听说了都赶来看热闹，作为村干部，他们就忙着帮助民警维持秩序，"我记得很清楚，只有戴着红手套的人能够进入现场。"

刘德银说，自从这山上发现了西周土墩墓后，修建公园的计划就被搁置了。

发掘过程中又有怎样的故事

温州博物馆研究员伍显军是当时参与此次考古发掘的工作人员之一。回忆起当时的情景，他依然非常兴奋。

"当时正值9月，天气非常热，而且天气预报说几天后就要下雨，一下雨就会破坏考古现场，因此这是一次与时间'赛跑'的抢救性发掘。"伍显军说，当时，他们每天天一亮就上山工作，天黑才下山，一共发掘了四天，最后一天结束的晚上就下起了暴雨。

来到瓯海博物馆，看到馆内陈列的当时出土的青铜器和玉石器，伍显军清晰地记得哪一件是自己清出来的。

伍显军表示，这是新中国成立以来，继上世纪80年代在绍兴发现的战国土坑墓和上世纪90年代黄岩发现的西周土墩墓后，我省又一次重要考古发现。黄岩西周土墩墓出土的器物没有穗丰村的这么丰富。

穗丰村西周土墩墓大批青铜礼乐器与兵器的发现，不但填补了浙江土墩墓不出青铜器的空白，而且对于研究浙江越族土墩墓的埋葬制度与埋葬习俗、研究越地青铜器的地方特点和组合关系等方面，都具有十分重要的价值与意义。

❶ 相关链接

铙又称钲、执钟，是中国古代使用的青铜打击乐器之一，其最初的功能为军中传播号令之用。流行于商代晚期，周初沿用，作为铜制扁圆形的乐器，常和钹配合演奏。

鼎，是最重要的青铜器种类之一，是古代中国用以烹煮肉和盛贮肉类的器具。夏商周三代及秦汉延续两千多年，鼎一直是最常见和最神秘的礼器。鼎有三足的圆鼎和四足的方鼎两类，又可分有盖的和无盖的两种。

簋，是中国古代用于盛放煮熟饭食的器皿，也用作礼器，圆口，双耳。流行于商朝至东周，是中国青铜器时代标志性青铜器具之一。

它们的主人或是西周贵族

揭开浙南石棚墓群
神秘面纱

听到"豆"这个字，你会想到什么？黄豆、绿豆、红豆、豌豆？

但是，"豆"字在古代不是代表如今的豆类植物，它是一种盛东西的器皿，大多是陶质的，也有木制、漆制和青铜制品。

这里要说的"宝贝"，是温州博物馆历史厅内正在展出的一件西周原始青瓷豆。这件原始青瓷豆是瑞安市博物馆的馆藏，在它身上或许可以揭开浙南石棚墓群神秘的面纱。

→
西周原始青瓷豆

此"豆"在瑞安被发现

这件西周原始青瓷豆是 1993 年在瑞安市莘塍区汀田乡岱石山西岗山 29 号墓出土的，高 3.4 厘米，口径 9.7 厘米，足径 5.3 厘米。

细看这件青瓷豆，它呈直口，口沿微微内敛；直腹，比较浅，下腹部弧收；内底宽平；圈足较矮，外撇。外壁口下满饰 6 周以上不规则的细弦纹。内外壁施青绿略泛黄褐色釉，内壁满釉，外壁施釉不及底；施釉极不均匀，有积釉、剥釉和脱釉现象。内底留有自底向内壁螺旋状旋转的快轮制坯痕。外底刻画有双线"开"字形符号。

温州博物馆研究员伍显军介绍，与这件原始青瓷豆一同出土的还有硬陶盉等器物。专家根据这些器物的时代特征，判断它们的年代是西周晚期至春秋初期，而伍显军认为更偏向于西周晚期。可见，这件西周原始青瓷豆距今至少有 2700 多年的历史。

"豆"是盛东西的器皿

《说文解字》豆部载："豆，食肉器也"。可见，豆是用于盛放东西的器皿。

伍显军表示，从"豆"的甲骨文字形看，有点像大家现在用的高脚杯，只是比杯子大得多，有的有盖，有的无盖，有的有耳，有的无耳。据相关研究表明，陶豆流行于新石器时代至汉代，盛行于商周时期。在新石器时代,陶豆形似高足盘,或有盖，主要用于盛放食物。陶豆还是我国古代灯具的主要形式之一。比如战国时期一种盘底中央凸起可插灯芯的细把陶质豆，就是当时的照明器具。因此，从器形判断，这件西周原始青瓷豆是用于盛放食物的日常生活实用器皿。

而"豆"字作为一种容器，与杯、碟、碗、盆一样，既可以作为名词，又可以作为量词。《左传·昭公三年》就有记载，齐国有豆、区、釜、钟四种容量单位,"四升为豆",即四升等于一豆。《周礼·考工记》："食一豆肉，中人之食也。"《孟子·告子上》："一箪食，一豆羹，得之则生，弗得则死。"这里的"豆"字都是应该作为量词来理解的。

那么，在古代，"豆"是一种容器，豆类植物又是用什么字代替的呢？伍显军表示，"菽"字就是古代豆类植物的总称。《说文解字》曰："尗，豆也。象菽豆生之形也。"由于"豆""菽"两字在古代读音相近，后来逐渐通用，到了秦汉时期，人们干脆把"菽"称为"豆"，这样就有了作为植物的"豆"字了。

石棚墓是古时墓葬形式之一

伍显军介绍，发现这件西周原始青瓷豆的 29 号墓是一处石棚墓。对于普通大众来说，石棚墓是一种特殊而神秘的墓葬，它与土坑墓、砖室墓等类别墓葬相比，是数量较少而分布范围有限的一类。它是用独块巨石盖顶、多块立石作为墓壁支撑盖石的一种形式独特的墓葬，墓壁立石和盖顶巨石裸露在外，十分显眼。在浙南民间，这种墓被称为抬石墓，而欧洲称之为"桌石"，日本等称之为支石墓。

石棚墓是新石器晚期到铜器时代，延续至早期铁器时代的墓葬形式之一，是史前文化的重要遗存之一，是巨石崇拜的产物，属于巨石建筑系统，与埃及金字塔、英国巨石阵、法国卡尔纳克巨石遗址、玛雅金字塔神庙等同为世界巨石文化遗产的重要组成部分。在欧洲西部和北部、亚洲南部、东南部、东北部，非洲北部，南美北部和我国辽东半岛地区都曾发现石棚墓。它们主要分布于南北纬度 30°～45°之间的沿海地区。

伍显军表示，东亚石棚墓分布最多的地方是朝鲜半岛，这些墓与浙南石棚墓颇为相似，表明两者文化传播关系密切。日本九州的西北部也发现了大量支石墓，形制结构基本上与韩国、浙南部分石棚墓类同，但墓下往往埋有瓮棺，年代一般在绳纹晚期末到弥生中期末，相当于公元前 3 世纪至前 1 世纪。

据考古调查统计，我国吉林、山东、湖南、四川和辽宁均有石棚墓。

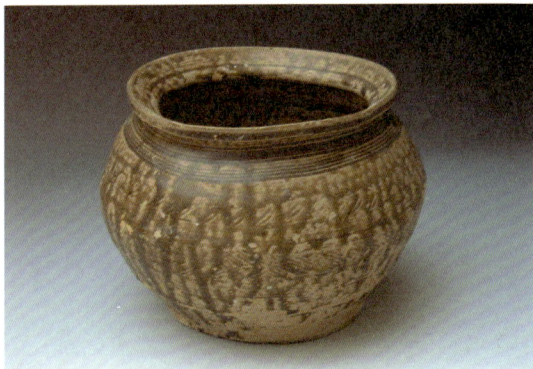

↑
西周原始青瓷印纹罐（瑞安岱石山石棚墓出土）

※ **今生故事**

神秘的浙南石棚墓群

伍显军介绍，浙南沿海地区是我国南方地区唯一的石棚墓集中分布点，主要分布在瑞安市莘塍岱石山，马屿棋盘山，塘下杨梅山、草儿山以及平阳县钱仓龙山头和苍南钱库桐桥、三门县满山岛、仙居县岩石殿等处。浙南石棚墓群的发现，不仅扩展了我国石棚墓的分布地域，而且因其保存完整，对研究我国东南沿海特别是东瓯地区商周时期的社会、经济和文化历史发展具有极高价值。2001 年，浙南石棚墓群被国务院列为全国重点文物保护单位。

1956 年，浙江省文物管理委员会在瑞安市莘塍岱石山东山脊发现两座石棚墓。1983 年开展文物大普查时，瑞安市文物馆又在岱石山的山顶和西面山脊上发现 26 座石棚墓。1993 年 10 月—12 月，浙江省文物考古研究所对岱石山石棚墓进行了抢救性发掘，清理了 27 座墓葬。

浙江省文物考古研究所陈元甫研究员将浙南石棚墓区分为四种类型，以第一类为主要类型。这类石棚墓的三面均用多块长条或长方石紧密埋立形成三面壁体，上架巨大盖石，壁体立石直接支撑盖石。

浙南石棚墓内出土有素面硬陶、泥质陶、夹砂陶、印纹硬陶、原始青瓷、石器和青铜器等多种不同质料的器物。而浙南石棚墓内出土的原始青瓷簋、碟、盂、碗、鼎、豆等器物，不论形态、胎釉还是纹饰特征，均与同时期浙江其他地区土墩墓出土的器物一致。素面硬陶豆、碗、盂以及印纹硬陶罐、瓿等，也为土墩墓所常见。这些情况表明石棚墓与土墩墓一样同属于泛越文化系统的遗存。但是，石棚墓内出土不少青铜兵器、工具、着黑素面硬陶和原始黑瓷，与土墩墓有着较大区别，表明石棚墓的主人可能是百越民族的一支——土著瓯越人。不过，也有学者提出石棚墓的主人可能是善于游走、尚武的外来民族。

目前来说，石棚墓还存在许多"谜团"，尚待解开。

西汉虎纽青铜錞于

一件古代军乐器的悠远往事

醉里挑灯看剑，梦回吹角连营

……

辛弃疾的这首《破阵子》，无意中透露出古代战争中的一种军乐——吹角。在漫长的冷兵器时代，击鼓、吹角、鸣金等，都作为军乐器指挥军队进退。

温州博物馆馆藏的一件国家一级文物——西汉虎纽青铜錞于，就是一件古代军乐器。

那么，它从何而来？又有着怎样的故事？

→
西汉青铜錞于，是古代军乐器，多用于战时指挥

历经两千多年保存完好

这件青铜錞于通高 42.3 厘米，虎纽高 5.8 厘米，底口呈椭圆形，其长径 17.5 厘米。它整体形似圆筒，上大下小，中空。顶部平整似圆盘，正中央有一虎纽，可用于悬挂。腹部自上而下内收，下半部呈直筒形。椭圆形口部齐平，可以稳定地立放。

虎纽的塑造比较生动，虎头宽扁，耳朵向后竖立，虎嘴短平，龇牙咧嘴，双眼圆凸；虎躯昂首挺胸，长尾卷曲下垂，下伏后倾，似欲向前猛扑，气势凶猛可怖。

该錞于的青铜质地较好，器表除个别地方有少量铜锈以外，历经两千多年，整体仍然保存完好，表面有黑色包浆。综合判断，它是一件铸造精良的青铜錞于，在全国各地已发现的同类器物中属于精品。1995 年国家文物局专家来馆定级时，将其定为一级文物。

或许来自长江流域的巴国

"錞于一名，最早出自《周礼·地官·鼓人》，'以金錞和鼓。'东汉儒学家郑玄《周礼注》，'錞，錞于也，圜如碓头，大上小下，乐作鸣之，与鼓相和。'"伍显军介绍，据统计，迄今出土的錞于已有 150多件，其分布区域很广，湘西、鄂西和川东地区集中分布，其次是今江浙地区。而这 150 多件多为战国两汉时期的錞于。

现在绝大多数学者认为錞于起源于黄河流域，传播路线是由北而南，自东而西。其演变发展经历了陶錞→素錞→纽錞→虎纽錞的过程。青铜錞于模仿自陶质錞于。且根据云南晋宁石寨山出土

的青铜鼓器身图像可知，錞于有以槌敲击和以手拍击錞面两种使用方式。

古代巴人崇虎，史书历来多有记载。目前已发现的青铜虎纽錞于主要出土于战国两汉时期巴国境域，说明錞于传入巴人区域时，逐步改变了原有的特征，保留了錞于的形体和音乐功能，同时对纽加以改造创新。

另外，《国语·晋语》曰："战以錞于、丁宁（丁宁，钲也），儆其民也。"同书《吴语》曰："吴王夫差乃秉战袍，亲就，鸣钟鼓、丁宁、錞于、振铎。"可见，春秋时期，黄河流域的晋国和长江流域的吴国都有錞于，用于战争，与编钟、铜钲或铜鼓等配合使用，用来调动部队或鼓舞士气。然而，根据个别錞于上面的铭文，如"用錞以孝，子子孙孙永保鼓之"，可知錞于也用于诅盟、祭祀等重大礼仪活动。

首任馆长方介堪，捐赠了数百件文物

那么，这件青铜錞于是如何来到温州博物馆的呢？这就得说到温州博物馆首任馆长、金石篆刻家方介堪先生。

方介堪（1901—1987），原名文渠，字溥如，后改名岩，字介堪，以字行，永嘉（今温州鹿城区）人。篆刻家。1958 年任温州博物馆首任馆长。曾任西泠印社副社长、全国书法家协会名誉理事、中日兰亭书会名誉顾问。其篆刻功力深厚，故宫博物院院长马衡赞为"无一字无来历"；古文字学家郭沫若称道"已达炉火纯青之境"。方介堪为张大千刻印多枚，彼时有"张画方印"的美誉。遗著有《方介堪篆刻》《介堪刻晶玉印》《介堪印存》《玺印文字别异》《古玉印汇》《玺印文综》等。

↑
方介堪与王舜瑛结婚照

据温州博物馆研究员伍显军介绍，这件青铜錞于 1936 年源出黄岩县路桥镇（今属台州），原是方介堪的收藏。1951 年温州区（市）文物管理委员会成立，方介堪任委员，将自己所藏数百件文物捐赠，其中就包括这件青铜錞于。1958 年温州博物馆成立，方介堪任馆长。因此，这件青铜錞入藏温州博物馆，离不开方介堪对于文物事业的热爱与奉献。

坚持古法斫琴，力求还原淳美雅乐

目前，温州博物馆馆藏乐器类文物有二三十件。

2020 年 5 月 17 日，作为"国际博物馆日＆文化和自然遗产日"系列活动之一，温州博物馆举办了本年度首场文物点阅雅集活动。

东嘉琴社导师、溪山琴坊艺术总监、斫琴师程纪之与一众琴友在博物馆专业人士的引导下，近距离地观赏了馆藏的两张明代古琴。程纪之从斫琴师的角度对这两张古琴的形制、底面板、断纹灰胎、配件材质、工艺等方面进行了专业解读。

一个凉爽的夏日，记者在鹿城区山福镇的溪山琴坊见到了程纪之。溪山琴坊是程纪之潜心研究斫琴技艺的地方。琴坊的一面墙上挂着数十件斫琴必须用到的工具。他说自己第一次接触古琴是 2004 年。一开始只是想学弹琴，后来对斫琴有了兴趣，便和一朋友合开了溪山琴坊。迄今，他们制作出了七八十张古琴，而这些古琴的构造都参考了各种文献资料。

程纪之说，眼中的古琴，不仅限于"雅好"的范畴，而是中国古代文人修身修心的重要象征，因此斫制的每一个环节都是千锤百炼总结而成的。坚持古法斫琴，力求还原淳美雅乐，是他们的追求。

"一张琴的好坏，音色的素质尤为重要，而琴身的材质是影响古琴音色的首要因素，好琴身的木材必须经过数十年乃至上百年的自然风干。"程纪之说，他们常常为了寻找一块好木料而四处奔走。

而一般而言，古琴斫制流程包括选坯、制坯、掏槽腹、做底板、合琴、镶岳山、批布、刮腻子、上面漆、上徽位、上雁足、拴弦等上百个步骤。"因此，真正做好一张古琴，往往需要一两年，甚至更长的时间。"程纪之说。

西汉印纹硬陶双耳瓿

"解码"温州人文始祖东瓯王

作为一个国家历史文化名城，温州拥有 5000 多年文明史、2200 多年行政建制史。在这漫长的岁月中，东瓯王驺摇被公认为温州人文始祖。

无论是东瓯王庙，还是东瓯王墓，都有着关于东瓯王、东瓯国的故事和传说。这里要讲述的是来自乐清市博物馆的一件印纹硬陶双耳瓿（bù），它正是来自东瓯王国那个年代。

→
硬陶瓿

埋藏千年后因意外现世

这件印纹硬陶双耳瓿，初见时，并不会觉得有多精美，相比那些有着美丽釉彩的瓷器来说，它显得非常"朴素"。但细细欣赏，还是能够观察到它上面有着细弦纹和锯齿纹，似乎又变得不那么普通了。

据温州博物馆研究员伍显军介绍，这件瓿是1997年10月在乐清磐石重石村出土的。当时，该村村民为了修建房屋在四房山麓平整土地时，意外在一座土坑墓里发现了它。此后，温州市文物管理处立即组织了专业人员进行清理发掘，最终从该土坑墓中出土了瓿、鼎、瓮、罐等陶器和原始瓷器20余件，其中，印纹硬陶瓿数量最多。

那么，什么是瓿？它是用来做什么的呢？

瓿，其实是一种小瓮，有青铜质或者陶质，多是用来盛酒或水。而从此土坑墓出土的这些陶瓿，器形仿青铜瓿。

↓
陶鼎

墓主人应是身份高贵之人

伍显军表示，经过专家的研究，认为此土坑墓出土的这些文物很多特征都与温岭塘山西汉2号墓、福建闽越王城、浦城锦城村西汉墓器物接近。且仿青铜器硬陶瓿和礼器陶鼎的出土，表明墓主身份较高。因此，它们应属西汉时期器物，是西汉东瓯国的重要遗物。

根据相关记载和研究，东瓯国是温州历史上见诸文献记载的重要行政建制，是战国至西汉时期独立的王国。

据史载，越王勾践灭吴后，分封子弟为诸侯王。春秋战国时期在瓯地建立了东瓯王国，境域包括今温州、丽水和台州的一部分。秦统一后，废东瓯国。汉惠帝三年（前192），驺摇因助汉灭秦击楚有功，而被册封为东海王，俗称东瓯王，建都东瓯。这是温州历史上第一次明确记载的行政建制。汉武帝建元三年（前138），迫于闽越国的压力，东瓯国四万余人内迁庐江郡（今安徽省西南部地区）。

※ **今生故事**

国都是否在温州有争论

温州记载东瓯国的文献甚为丰富，既有东瓯王城、东瓯王墓、东瓯王庙的记载，也有东瓯的诗词吟咏和记述。如《史记索隐》载："姚氏云：'瓯，水名'。《永嘉记》：'水出永宁山，行三十里，去郡城五里入江，昔有东瓯王城，有亭，积石为道，今犹在也'。"明嘉靖《温州府志》载："西山北瓯浦，其地即东瓯王故城，岭有二亭，旁侧有东瓯王墓、祠。"

但尽管如此，目前温州地区发现的东瓯国文

物，尤其是西汉时期的文物数量却很有限。因而，该土坑墓出土这批陶器尤为珍贵。

而关于"东瓯国国都在哪里"的讨论一直悬而未决。一些专家认为经考古研究初步确定东瓯国国都在温岭大溪，但另一些专家根据考古发掘、历史沿革，认为其在温州立国。

在 2007 年举行的一次瓯越文化学术研讨会上，浙江省考古研究所研究员陈元甫认为，从塘山大墓的地理位置、墓葬形制与文化内涵分析，该墓属东瓯国墓葬无疑，大溪应该是东瓯国国都。但中国社科院考古研究所研究员黄展岳对此提出异议，认为唐宋类书、地志、明清方志都记载东瓯国都在温州，根据史地考察，国都在温州无疑。

伍显军表示，之所以会有这两种不同意见，是因为目前温州尚未发现东瓯国国都的实际遗址。

东瓯王外貌参考来自温州人

东瓯王庙位于温州市区华盖山，为 2013 年 4 月在原址上重修的庙宇，可谓旧址换新颜。新庙修缮了原有的门台，恢复了原有照壁、月光池、厢廊、东瓯王大殿及配殿、东瓯王塑像的设计布局。

而这东瓯王塑像的作者就是温州彩塑非遗传承人周如章。回忆当时创作的过程，周如章还是历历在目。

周如章说，历史上对东瓯王驺摇外貌形象少有文字记载。为此，2013 年 1 月，市创名办发起"我心目中的东瓯王——东瓯王形象设计金点子"征集活动，温州市有关部门也通过抽取全市 45 岁、50 岁、55 岁、60 岁等不同年龄段温州人的头部信息进行技术合成，为东瓯王塑像面部特征提供参考依据。

在确定了外貌后，最困扰周如章的是，东瓯王手持什么物件才合适？周如章说，当时，有专家说可以持剑，这是对东瓯王驺摇作为勾践后人拥有家传宝剑的推想，但他最后决定是让东瓯王塑像手握书简，"这既体现了东瓯王文武兼备治理东瓯的历史形象，也符合东瓯王身处的历史时期"。

相关链接

关于东瓯王墓

在南宋《绍定旧编》中对东瓯王墓有这样的记载："太平寺前谢婆垟有两冢，西山吴平山有两冢，与瓯浦垟之冢凡五处。"但如今其余四处均圮废，只留下了鹿城双屿街道瓯浦垟一处。

2013 年，东瓯王墓重修完成对外开放。整座东瓯王墓庄严肃穆。据悉，这处东瓯王墓也是目前我市仅存的王墓遗址，1992 年被列为温州市第三批文物保护单位。

古窑千年历久弥新

在温州博物馆的历史厅内，有一件三国瓯窑堆塑谷仓罐，其因造型奇特而成为许多参观者的好奇所在。

它从哪里出土？是用来做什么的？上面堆塑的人物为何貌似胡人……本文为您揭秘它的故事。

→
三国瓯窑堆塑谷仓罐

※ **前世传说**

研究三国时期温州社会情况
它是一件重要的瓷器

这件三国瓯窑堆塑谷仓罐是 1972 年从当时瓯海藤桥镇石埠村一处墓葬出土的。

堆塑罐，又名谷仓罐、魂瓶、丧葬罐等，由东汉时期的五管瓶（或者五联罐）演化而来，主要流行于三国、西晋，东晋极少。它形状如坛，是一种专为随葬而烧制的高级明器（也称"冥器"），一般会在罐的上部用堆贴与捏塑相结合的手法，堆塑人物、鸟雀、走兽、亭阙和佛像等形象，其目的在于"所堆之物，取子孙繁衍，六畜繁息之意；以安死者之魂，而慰生者之望"。

这件三国瓯窑堆塑谷仓罐就很典型，它罐高 28 厘米，腹径 23.6 厘米，底径 16 厘米，上部堆塑 5 个小罐，中间的 1 个小罐较大，盘形口，下与罐腹相通，四周的 4 个小罐呈漏斗形，下端与罐腹不能相通。罐身上堆塑有 14 个人物以及狗、乌龟、小鸟等飞禽走兽。"这 14 个人物均头戴高帽，高鼻深目，且姿态各异，有的呈站姿，有的呈坐姿，有的在吹笙，有的在击鼓……貌似胡人。"温州博物馆研究员伍显军说。

除此之外，可以看到在罐的腹部间隔分布有四个小洞，每个洞口各塑贴一条头朝洞口的泥鳅状软体动物。伍显军介绍说，罐上的这些泥鳅状软体动物，有人认为可能是东南沿海地区海边滩涂常见的弹涂鱼（又名"跳跳鱼"）。

虽然该罐的烧成温度不高，胎体还比较松脆，但是因为它堆塑丰富，来源明确，是研究三国时期温州社会经济、丧葬习俗和制瓷艺术成就的一件重要瓷器。

由罐身胡人形象推测，
三国时期外国人已来到温州

温州地处浙江省东南部，汉代至三国魏晋南北朝时期，经历了由东瓯独立王国到融入汉朝中央王朝的过程，随后在东汉、三国孙吴政权的开发治理下，在两晋北方战乱移民迁入、人口增加、农业发展迅速的情况下，行政建制逐渐增多升级，最终发展成为浙南重要的区域性政治、经济和文化中心。这一时期，瓯窑制瓷业主要在越窑影响下，逐渐发展成熟，并形成自己的地域特色。瓯窑青瓷堆塑罐以三国时期器物最为精美。

根据这些瓯窑青瓷堆塑罐上有较多的胡人形象推断，外国人可能在三国时期就已来到温州。这些胡人形象在越窑青瓷堆塑罐上出现得更加频繁。有专家认为，相关的出土资料和研究结果表明，早在纪元前后，西域胡人就频繁入住汉地，入住的热区并不是礼制森严的中原，而是民风浮薄的东南沿海地区，西域胡人的涌入，有意无意地将异地文化传入这些地区。伍显军表示，也正是因此，瓯窑青瓷堆塑罐也是研究温州海上丝绸之路历史的重要实物，也包括这件三国瓯窑堆塑谷仓罐。

伍显军称，受"灵魂不灭"观念和道家思想影响，汉朝政府推行举孝廉制度，十分重视忠孝思想宣传，因此厚葬成为丧葬习俗中最显著的特色。高寿长辈逝世，子孙尤其要大办丧事，称之为"白喜事"。汉末三国时期，厚葬风俗仍然得以延续，对瓷器的出现和发展起到了推动作用。鹿城、永嘉、瑞安、平阳、乐清等地的纪年墓中都出土过大量瓯窑青瓷，其中包括有五管瓶、堆塑罐等陪葬用明器，都是这些地方经济相对发达、制瓷技术较高的综合反映。

打造瓯窑文化特色小镇

瓯窑，中国古代瓷窑，始于东汉。因窑址主要分布在浙江南部温州一带的瓯江两岸，故名瓯窑。在温州，至今已发现包括瓯窑、龙泉窑在内的各类古窑址 200 余处，分布在永嘉、乐清、瑞安、苍南、平阳、文成、泰顺等县（市、区）。

瓯窑小镇位于永嘉楠溪江下游罗东龙下村坦头，区域内现有温州市保存最为完整的唐五代古窑址——坦头唐代瓯窑遗址，曾出土过具有千年历史的瓯窑青瓷。

永嘉三江街道办事处工作人员称，2016 年，龙下村开始打造瓯窑文化特色小镇。近年来，在不断传承和发扬瓯窑文化和瓯窑非遗技艺的基础上，小镇逐步集聚了永昆、白酒烧制、竹雕、泥塑、绸塑、漆画、黄杨木雕、乌牛早茶、林秀阁鲍氏养生茶等 10 余项非遗传承项目，集古窑址、展览馆、研究所、非遗工作室和 10 多个文化业态于一体，已成为市级非遗体验基地。

小镇沿路分布着林秀农业合作社、泉客酒厂、瓯忆瓯窑研发设计中心、汉承瓯窑研究所等 10 多家与瓯文化相关的工作室，小镇的古韵文化和古朴风情深受创客与游客的喜爱。2017 年，瓯窑小镇（龙下村）被评为中国乡村旅游创客示范基地、浙江省 3A 级景区村。自温州市非遗体验基地创建工作开展以来，截至目前，瓯窑小镇非遗体验基地内各非遗体验项目已举办各类非遗体验活动 200 余次，参与人次达 8000 余人。

跳出瓯窑做瓯窑，让瓯窑"活"起来

80 后小伙子章长才是瓯窑非物质文化遗产代表性传承人之一，他创办的浙疆青瓷文化有限公司坐落在瓯窑小镇内。

章长才是土生土长的永嘉人，小时候在田间地头，他总会发现一些瓯窑碎片，那时只是觉得"亮闪闪"，很漂亮。20 多岁时，他真正去钻研瓯窑，走遍了温州各地的瓯窑窑址，寻访了许多瓯窑工匠，登门取经。

用传统手法拉坯成型，用传统灰胎瓷土制作瓯瓷，用传统方法配釉，章长才坚持崇尚传统。但坚持崇尚传统的同时，他也有自己的创新思想和实践，用他自己的话总结就是"跳出瓯窑做瓯窑，让瓯窑'活'起来"。

章长才表示，单纯的复制只能使瓯窑停留在"遗产"的"死"概念里，只有让它融进当下的生活方式中，才能迸发新的生命力，瓯窑才能"活"起来。秉持这份理念，他的公司现在制作的瓯窑瓷器以各种生活器具为主，其中以茶具最受欢迎。

现在，章长才也是温州大学瓯江学院的教师。他指导的学生中，有两位毕业后已开始从事制瓷相关的工作。"只有更多的年轻人加入了，这门手艺才能传承下去。"章长才说。

追寻温州的龙舟文化

温州博物馆有两艘独木舟，看似不起眼，却有着 1000 多年的历史。

由它出发，我们可以去探寻温州的船文化，甚至去追寻一份属于温州的龙舟文化。

龙舟是温州的优势项目，历史源远流长，群众基础广泛，地域特色浓厚，素有"看龙舟、到温州"之称。自唐宋之时起，瓯海就有会昌龙舟竞渡的传统，每年端午时节都会呈现"千帆竞渡，万人空巷"的壮阔场面。2012 年，温州被国家体育总局评为"中国龙舟名城"。

→
东晋双体复合独木舟

西山发现四艘千年前独木舟

温州博物馆历史厅内展出的两艘独木舟，来自 1000 多年前的东晋时期。

它们出土于 1960 年 10 月，当时温州自来水厂的扩建工程工地里发现了四艘独木舟，温州博物馆展出的就是其中两艘。

1983 年 5 月，中国社会科学院考古研究所进行放射性碳元素测定，判定其制作年代距今 1215±70 年，即唐开元前后。近年，人们根据 1975 年山东平度发现的隋代双体船的船体，对该船进行了重新调查，发现这四艘独木舟应为两艘双体独木舟。舟体边沿中段平直，艄艉向中线内收，平直部分与舟间轸木衔接，与山东平度出土的隋代双体船相似，平嵌甲板，则与顾恺之《洛神赋图》中的双体船基本一致。舟内横梁捆扎方式，与贵州台江流传至今的三体独木舟十分相近。多年前，温州博物馆再次请相关单位进行了测试，结合当时的记录资料，最终年代确定为东晋，并认为这个判断更为准确。

有专家认为，由于双体舟留下实物连同图像资料屈指可数，西山出土的双体舟对研究我国双体舟发展历史提供新的实物资料。而就温州来说，温州的船文化悠远深长。这其中，龙舟文化是温州船文化中的特别存在。

温州龙舟运动至迟在宋时已很流行

温州龙舟是传统岁时习俗，一般在端午节举办赛龙舟活动。据明万历《温州府志》载：竞渡起自越王勾践。永嘉水乡用以祈赛。温州龙舟、温州竞渡，至迟在宋时已很流行。南宋文学家叶适有诗云："一村一船遍一邦，处处旗脚争飞扬。祈年赛愿从其俗，禁断无益反为酷。"可见温州一带的竞渡，渊源于古代越族龙图腾崇拜的祭祀活动，主要是用于祈求平安和丰收。

温州船文化源远流长

龙舟运动是一项集众多划手依靠单片桨叶的划桨作为推进方式，运用肌肉力量向船后划水，推动舟船前进的运动。中国龙舟协会的标准比赛龙舟配备有龙头、龙尾、鼓（鼓手）、舵（舵手），以此保持中国民俗传统。

根据区域民俗特点不同，龙舟造型在头尾设计方面包括凤舟、象牙舟、龟舟、虎头舟、牛头舟、天鹅舟、蛇舟等形状均可保留原有规格和名称，但只要是类似划龙舟动作，亦统称为龙舟运动。

温州市龙舟协会成立于 2011 年。该协会秘书长金凯介绍，目前我市传统龙舟有近 200 条，数量相较于过去是少了许多。但是，近年来，竞技龙舟越来越受到大家的重视。粗略估计，仅 2019 年端午节前后这段时间，全国各类龙舟竞技比赛就有 300 多场。而近年来，该协会也都有参与组织本地的竞技龙舟比赛，每年参赛队伍也有近 50 支队伍。

在年轻人中传递龙舟文化

2019 年 7 月，温州大学龙舟队获得全国第二届青年运动会决赛"入场券"，赴山西太原决赛场再展风采。

温大龙舟队组建于 2016 年 3 月，当时专门邀请了世界杯皮划艇赛 1000 米双人艇冠军得主、

→
传承华夏文明 弘扬龙舟文化

温州水上运动中心教练朱敏圆担任龙舟队主教练。成立初期，不少学生跃跃欲试，但能坚持下来的却是少数。目前，该队共有在校学生队员 30 多人。而此次参加全国第二届青年运动会，除了温大龙舟队的在校学生外，还有部分是来自温州水上运动中心的运动员。

龙舟队虽然年轻，但曾多次在全国性龙舟比赛中斩获佳绩。他们曾在第一届全国大学生锦标赛中一举夺得团体一等奖，在中华龙舟大赛海南万宁站中获得青少年女子 500 米直道赛第 2 名等成绩。

2019 年，温州举办"共亚运、同发展"系列活动暨青少年龙舟文化传承活动，朱敏圆带着温大龙舟队的队员们也参与其中，与其他学校的学生们一起通过课堂互动、上舟体验等方式，感受传统文化和体育龙舟精神。

朱敏圆说，无论是成立温大龙舟队，还是参与龙舟文化进校园活动，在她看来都是让年轻人去了解温州龙舟文化的方式，在年轻人中传递龙舟文化，也是对传统的一种传承。

温州市龙舟协会秘书长金凯表示，目前，大多数龙舟队的队员主要是 60 后、70 后，年青一代的队员太少，很需要通过这样一些活动让年轻人更多地了解温州的龙舟文化，激发兴趣。

正在打造全国龙舟体育运动综合体

2022 年第 19 届亚运会将于 9 月 10 日至 25 日举行，温州作为亚运会分赛区，届时将承办足球和龙舟比赛。

瓯海奥体龙舟项目（包括温州瓯海龙舟运动基地和奥体中心）位于瓯海中心区南单元，采取"水岸同建、无缝相连"方式，布局"一场二馆一水上基地"，将打造全国最高端的龙舟综合体育中心，总占地面积 1052.2 亩。其中温州瓯海龙舟运动基地 524.2 亩，瓯海奥体中心 235.3 亩，拆迁安置地块及配套道路共 292.7 亩。

基地建设内容包括河道水利工程、建筑及景观工程。据悉，该基地已于 2019 年开工，2020 年 10 月竣工，2021 年 3 月赛事功能竣工验收并进入试运行。

东晋褐彩青瓷鸡首壶

一部东瓯史　半部在瓯窑

瓷器是中国古代伟大的发明之一，是时代同步的映象，也是社会生活习俗的缩影。

瓯窑窑址众多，目前已发现的窑址多达 200 余处，是我国古代规模很大的一个瓷窑体系，素有"一部东瓯史 半部在瓯窑"之称。

温州博物馆馆藏之一的一件东晋瓯窑褐彩青瓷鸡首壶，不仅展现了一千六百多年前东瓯制瓷匠师高超精湛的工艺和装饰艺术，还蕴含着丰富的民俗文化内涵，是中外文化交流的历史见证。

→
东晋瓯窑褐彩青瓷鸡首壶

它的主人可能是世家大族或重要官员

这件东晋瓯窑褐彩青瓷鸡首壶被鉴定为国家一级文物。

1958年3月，在当时鹿城区双屿乡牛岭村雨伞寺东晋永和七年（351）墓出土的这件文物，高19.5厘米，口径8.1厘米，底径11.2厘米，肩部一侧装雄鸡头壶嘴，鸡眼圆凸，鸡冠很高，脖颈长长；对侧装有圆曲形壶柄，上端衔住盘口，下端置于肩部；肩部两侧还横贴对称的桥形耳，并饰一道弦纹。

它的器身是典型的瓯窑半透明淡绿色釉，釉质匀净滋润，与西晋潘岳《笙赋》"披黄苞以授甘，倾缥瓷以酌酾"词中的"缥瓷"釉质特征比较符合，通体洋溢着浑厚质朴、秀丽清新的魏晋风范。

截至目前，温州地区陆续发现了数量较为可观的东晋墓葬群和墓葬，主要分布于瓯江北岸、瓯江南岸、楠溪江口等处。现如今，鹿城区双屿街道已发现的卧旗山墓葬群最为典型，分别于1958年、1978年、1996年、2000年和2006年陆续清理发掘了东晋墓葬。同时出土的一些文物中，1958年发掘的东晋墓葬多达8座，且以永和七年（351）墓和升平三年（359）墓出土的瓷器较多，最为精美，大多饰有褐色点彩，表明墓主的身份非同一般，可能是世家大族或者重要官员。

鸡首壶
蕴含丰富民俗文化内涵

鸡首壶，因壶嘴做鸡首状而得名。鸡首壶作为一种独特的壶式，三国时期出现，流行于魏晋南北朝至隋代，唐代逐渐被新出现的执壶所替代。

鸡首壶的形状造型和功能用途随着时代的变化而发生演变，尤其是造型具有一定的演变规律。

鸡是人类最早驯化的家禽，与人们的生活密切相关。中国是世界上最早养鸡的国家之一，距今七八千年前的新石器时代遗址如河北武安磁山遗址、江西万年仙人洞遗址，出土过家鸡祖先——原鸡的鸡骨。雄鸡具有好斗的习性，具阳刚之气，代表了人类对生殖的渴望。"鸡"与"吉"谐音，寓意吉祥。汉代，《韩诗外传》中将鸡称为具有文、武、勇、仁、信五德的"德禽"。应劭《风俗通义·祀典·雄鸡》载："鲁郊祀，常以丹鸡祀日，以其朝声赤羽，去鲁侯之咎。"可见，当时人们认为雄鸡可以"御死避邪"。西晋、东晋的墓葬中有大量陶瓷鸡和鸡舍出土。直至当今，公鸡常被用于节日祭祀、丧葬和占卜等活动。可见，在魏晋南北朝至隋代社会大动荡时期，人们在日常生活和陪葬明器中普遍使用鸡首壶，具有丰富的民俗文化内涵。

广泛应用褐彩装饰是东晋瓯窑青瓷最突出的特点，这也是瓯窑青瓷区别于越窑、婺州窑等青瓷的主要特征。仔细观赏这件鸡首壶，不仅造型端庄，制作规整，而且口沿、柄、壶嘴和肩腹部均饰有褐彩，采用了局部描绘和点彩两种褐彩装饰工艺，极富特色。口沿、柄和壶嘴的褐彩斑是用笔绘饰上去的，褐中泛黑，在青釉的映衬下，光泽明亮。肩腹部的褐色点彩装饰图案特殊：先在肩部弦纹上饰褐色点彩一周，然后作为基线，以双系、鸡首、曲柄为起点或终点，向下点饰四条半环线，相互交叠成垂帘状，形成八个三角形、菱形区域，各区域内填饰连珠花一朵，纹样排列疏密得体，甚是雅致美丽。

有专家认为，这些褐色彩斑有一部分属于釉下彩，是陶瓷装饰艺术的一项重大发明。这一观点颠覆了中国釉下彩发源于长沙窑的观点，认为唐代长沙窑釉下褐彩可能受到东晋瓯窑釉下褐彩的后续影响。

可知当时永嘉郡对外交流情况

东晋明帝太宁元年（323），析临海郡永宁、安固、横阳、松阳四县，置永嘉郡，是为温州建郡之始。这一时期，北方移民带来了先进的生产技术，王羲之、刘怀之等文人、名宦担任郡守、郡吏，倡文立教，促进了永嘉郡政治、经济和文化的全面进步与发展。其中，瓯窑制瓷技术已十分成熟，经过一段时间的发展，到东晋中晚期生产达到繁盛。根据温州、南京、镇江等地区和沿海福建、广东、江苏，以及沿长江江西、湖北等省份已发现的东晋中晚期墓葬随葬的大量瓯窑青瓷，特别是一些世家大族墓出土的瓯窑青瓷精品，可以说，与同时期的越窑相比，瓯窑的产品更精，其影响甚至已经超过了越窑。

而这件鸡首壶的褐色点彩连珠花装饰不仅仅见于瓯窑青瓷器物上，也在台州溪口、涌泉窑址群鲶鱼坑口、安王山与西岙窑址等台州窑采集的褐色点彩瓷片上有所发现。有专家认为，这些褐色点彩装饰与当时的宗教和外来文化影响有着密切关联，"环绕虚线和连续菱形纹，应是缠枝图案的前身，它的应用与佛教宣扬的精神不灭、轮回永生的教义有关，象征灵魂的连绵不断""菱形、环形、十字形和弧线形等各式图案，显然是由波斯萨桑王朝的连珠纹发展而来……"

当时的永嘉郡是沿海"海上丝绸之路"重要港口，海上交通较为发达，随着对外交通贸易的发展，波斯萨桑王朝等西域艺术品及其文化的传入，必然会影响温州当地的手工业艺术。

※ **今生故事**

卧旗山墓葬折射温州社会文明变迁

2007年，经过一年的抢救性发掘，鹿城区双屿镇卧旗山的墓葬考古清理工作结束。据温州市文物保护考古所的成果发布会透露，卧旗山的墓葬年代，从新石器时代晚期的"好川文化"一直到明代中期，折射出前后3000年间温州社会文明的变迁。

此次考古清理工作共有七大收获，其中前四项为：新石器时代晚期好川文化墓伴有石器、陶片等史前遗物出土，与曹湾山遗址相呼应，佐证了温州先民聚落特征；西汉土坑墓是温州首例考古清理资料完整的汉代墓葬，为西汉时期地方史研究充实了资料；西晋墓墓室宏大，随葬品丰富，不仅见证了当时厚葬之风，也为研究当时妇女饰物提供了实物；东晋纪年砖室墓中出现了砌法罕见的鱼脊墓室、结构独特的墓底排水沟，为研究东晋墓葬形制、葬俗提供了重要资料，随葬青瓷器因有明确的纪年成为瓯窑研究的断代标准器。可见，一直有温州先民在卧旗山一带活动，这里有着悠久的历史和深厚的文化底蕴。东晋是温州社会经济文化发展的第一次高峰时期，具有波斯萨桑王朝外来文化因素的瓯窑褐彩青瓷鸡首壶在墓葬中被发现成为必然。如此精美的瓯窑瓷器，印证了温州是我国重要的瓷器发祥地之一。

唐鸾雁花枝纹铜镜

印证温州"破镜重圆"习俗

2019 年 5 月 10 日，《江南烟雨里的长安——圆珍眼中的大唐世界》展览在温州博物馆启幕。这是温州博物馆和深圳望野博物馆联合主办的一个精品展览，以日本僧人圆珍的视角，展现了他所看到的大唐世界。

展览中有一件特别的展品来自温州馆，它便是半枚唐代鸾雁花枝纹铜镜。

这半枚铜镜是此次展览的策展人、深圳望野博物馆馆长、文物研究学者阎焰特地选中的。那么，它的身上有着怎样的故事呢？

西山出土半枚唐代鸾雁花枝纹铜镜

这件残存大半枚的唐代鸾雁花枝纹铜镜，直径21.2厘米，缘厚0.6厘米，于1960年10月10日在温州市郊西山自来水厂建筑工地出土。

该镜本为八瓣葵花形，现存四瓣多一点。镜面平直，灰黑光亮，泛显黄铜色。镜背中央有一个扁圆球形纽，纽顶磨平便于使用。纽周浮雕主体纹饰:两侧各有一只鸾鸟（或者仙鹤）绕纽飞行，口衔寓意长寿的绶带，姿态优美舒展；上方两雁立于云头，交颈共衔一含苞花枝，呈现含情脉脉之态（雁作为男女婚嫁的见面礼，象征着婚配双方像雁一样夫唱妇随，不离不弃，和睦相处，忠贞不渝）；鸾雁之间各有一花枝，舒卷自如，莲蓬与花并蒂，寓意莲开并蒂；花叶下方近纽处散布花枝、花叶，使整个画面疏密有致，丰满华丽。镜缘宽平，葵瓣凹进处各饰一朵云气纹，环绕着主体纹饰，增添了神秘色彩。

专家表示，从下方的切开断面判断，该镜质量一流，坚硬细密，比重较大，手感较沉。从纹饰的细腻、流畅程度判断，该镜可能是头模铸造。

隋唐是我国铜镜发展的繁荣时期

铜镜就是古代用铜做的镜子。铜镜，又称青铜镜。中国收藏家协会会员周新国先生《武陵藏珍》记载：远古时期，人们以水照面，铜器发明以后，以铜盆盛水鉴形照影。

春秋战国时期，我国青铜铸造技术高度发达，出现大量精美青铜器，铜镜铸造业开始兴盛。之后，汉代铜镜铸造业特别发达，进入鼎盛期。隋唐时期，作为日常生活用具的铜镜工艺得到了更大的发展，铜镜形制多样、纹饰精美、工艺复杂，迎来了我国铜镜发展史上的再度繁荣时期。

盛唐时期，除圆形和方形外，出现菱花形、葵花形等新镜形。镜体厚重，含锡量增多，镜面清亮明澈。瑞兽、宝相花等纹饰继续流行，并出现了奇禽异兽、神仙人物、海兽葡萄、雀绕花枝、盘龙、狩猎、打马球等纹饰铜镜，以及三乐镜、月宫镜、飞仙镜、真子飞霜镜等新题材铜镜。还有特种工艺镜，如螺钿镜、金银平脱镜、嵌银鸾兽镜、错金镶料镜等，表现手法富于写实，图案多采用高浮雕、浅浮雕装饰技法，富丽大方，制作精美，呈现出浓厚的"盛唐气象"。

而现在大家所知的"破镜重圆"这个成语，是由华阴人、隋越国公杨素的一段成人之美的佳话而来。南朝陈国的乐昌公主与丈夫徐德言非常恩爱，一直过着幸福的生活。后来隋文帝派兵灭陈，徐德言便将镜子破成两半，一半自己收着，一半交给公主，并和她约好，如他们分散了，就在每年的元宵节，拿镜子到市场上去卖，以求有重逢的机会。后来，将军杨素虏去乐昌公主，使他们夫妇分散了。到了元宵节，公主派老仆拿镜子去市场上卖，结果真的遇到了徐德言。杨素被他们夫妇的真情感动，便将公主还给徐德言，夫妇终于能够团圆。

馆藏数百件铜镜偏偏选中它

目前，温州博物馆馆藏历代铜镜足有数百件。那么，在数百件的铜镜中，为何选中了这半枚唐代鸾雁花枝纹铜镜呢？

该馆负责人介绍说，这半枚唐代鸾雁花枝纹铜镜下方的切开断面虽然不是十分平直，但应为专业的开镜匠师所切开，而不是随意砸成两半的。唐代铜镜十分坚硬，很难砸成两半，如果用力过猛，只能碎成多片，而不能形成较为整齐的断面。而开镜师这样切开的目的，可能是为了陪葬或者相赠，让相爱的男女双方各葬或各执一半，男子所执的一半铜镜有纽，女子所执的一半铜镜无纽，双方以此来期盼"破镜重圆"。

"破镜重圆"习俗最早可以追溯到新石器时代"一物分葬"习俗，即把完整的一件器物有意分成两半，分别葬在夫妻墓葬中。而真正意义上的"破镜重圆"的葬俗，最迟在东汉就已经有了，并已在汉晋至唐宋时期的墓葬中得到证明。

汉镜铭文之中，常见"见日之光，长毋相忘""长相思、毋相忘""心思美人、毋忘大王"等铭文。河南洛阳烧沟、湖北鄂城等地汉墓之中也都出现过夫妻墓各葬半枚铜镜的情况。可见，铜镜被古人作为爱情的信物和联系人间情感、相思的纽带。

由于这半枚唐代鸾雁花枝纹铜镜有纽，可以推测其是男子所持，也许是在祈求"破镜重圆"。而通过它，可以印证温州也曾有"破镜重圆"习俗。

铜镜的"渣像素"真的能照人吗

大家在参观博物馆时，是不是都有这样的疑问：这铜镜看起来"黑乎乎"，真的能照得出人脸吗？

实际上，古铜镜是可以照人的，只是博物馆的铜镜年代久远，镜面氧化生锈使之无法照人。新铸成的镜面没有光泽，必须通过涂镜药即反光材料的研磨，才能照人。一般用含锡的磨镜药（玄锡）粉剂放置于镜面，然后用毡团进行反复研磨，因锡的渗入从而使镜面白亮可鉴。铜镜使用时间过久，镜面便会昏暗无比，因此需要加以磨光。

在古代，磨镜是一种专门的职业。铜镜的另一面一般装饰一些纹饰，起美化作用，也有一些注重实用，背面无纹饰。

但是，即便是打磨得光亮的铜镜，也无法与现在的镜子相比，估计也只能照出人的大概模样吧。

唐褐彩双系青瓷罐

美人红妆色正鲜

　　唐代是我国封建社会发展的鼎盛时期，社会稳定，经济繁荣，文化艺术、手工业发展迅速，而唐五代是瓯窑青瓷的第二次发展高峰期。这一时期典型的瓯窑青瓷器物造型、装饰等方面发生了哪些变化？本文带您欣赏一件瓯窑青瓷罐，由此解读唐朝独具异域特色的文化审美。

→
唐代褐彩双系青瓷罐

一件典型的唐代瓯窑瓷器

这是一件比较典型的瓷器。它高 11.6 厘米，口径 7.9 厘米，底径 7.8 厘米。1986 年 5 月 17 日出土于温州市西郊锦山唐代墓中。

从外形看，它是一件圆筒形容器。它的口部竖直，口沿修整得薄而圆润。颈部较短，颈的中间内收，形成一条优美的弧线。肩部丰满，自肩部向腹部下方逐渐弧形斜收。平底，底部露胎呈红褐色。在肩部最鼓处对称竖贴一对柿蒂形系，便于系绳悬挂。胎呈灰白色，匀净细腻，致密坚硬，烧成温度较高。从造型和制作水平来看，该罐大气实用，使用起来手感非常适中，轻重恰当。

该罐的内外壁均施有青绿色釉，外不及底。釉层薄而匀净，莹润透亮。颈部、肩部交接积釉处呈一圈莹润的翠绿色，格外美观。釉面开有细冰裂纹，由于泥土的浸蚀，使裂纹呈淡金黄色，在青釉的映衬下，显得自然协调。唐代诗人李南金诗句："听得松风并涧水，争呼缥色绿瓷杯"，盛赞缥瓷。这里的"缥色绿瓷"即有可能是指该罐釉色一类的瓷器。

该罐最大的特色还是两侧从口沿至腹部各绘饰一大块褐彩斑，呈尖圆形，一侧占据近四分之一面积，一侧占据近三分之一面积，色彩呈黑褐偏黄色，边缘略晕散。在莹润的青绿色釉映衬对比下，显得格外醒目。在褐彩斑内各有一小处或两小处露胎无釉，呈灰白色，不知是有意还是无意为之，似瑕疵，又似有意装饰，更显自然之美。

唐五代是瓯窑青瓷第二次发展高峰

唐五代是瓯窑青瓷的第二次发展高峰时期。

这一时期，瓯窑窑场增多，规模扩大，制瓷技术进步，精品迭出，部分精品可与盛名之下的越窑"秘色瓷"器物相媲美，气势磅礴的时代美感扑面而来。著名瓷器研究专家冯先铭说："瓯窑不见于唐宋时期的文献记载，但就该时期制瓷的成就而言，远远超过婺州、洪州等窑，在我国陶瓷史上应该占有一定的地位。"

唐五代瓯窑窑场数量明显增多，分布范围从汉六朝时期的楠溪江下游、飞云江下游逐渐向楠溪江中游、瓯江下游、飞云江中游和鳌江下游扩展，密集分布于市郊西山、杨府山，楠溪江下游永嘉县境内的启灶、坦头、箬隆、黄田等地，乐清北白象镇、飞云江瑞安陶山镇、苍南盛陶镇等地也有窑场。从永嘉启灶窑址出土瓷器上的铭文看，唐代瓯窑甚至出现了官方管理监督窑务，其部分产品有可能作为实物税纳贡官方。

在窑场规模扩大的同时，器物种类繁多，新品种应时而兴，有各式壶、瓶、罐、钵、碟、盘、碗、洗、砚、盒、盂、盏、熏炉、唾壶及陪葬明器谷仓罐、桌、磨、灶、椅、杵、臼等。唐代早中期的瓯窑产品造型上也突破前期稳重古板的格局，创造出柔和匀称，明快活泼的新形式。晚唐到五代，精致玲珑的小型器物日益增多。唐代早中期的瓯瓷常呈青中偏黄色，滋润如玉；胎面平整，呈色较白，胎釉结合严密。晚唐至五代，瓯瓷胎体渐趋细薄，釉色以淡青为主，以荷花、卷草、葵花、朵云、牡丹、缠枝花卉、双鱼等纹饰为多。与此同时，这一时期瓷器的装饰手法增多，除褐彩外，还有刻画花、堆塑、镂雕等，模仿自然动植物的器物增多。

唐代瓯窑褐彩与唐朝文化审美

釉下彩的出现是我国陶瓷发展史上的一个重

→
唐永泰公主墓壁画局部

要里程碑。《中国考古学年鉴》指出，温州六朝釉下彩青瓷，"既发现于古墓葬，又出现于永嘉夏甓山东晋窑址……这些发现，将我国瓷业釉下彩工艺的起始时间大大提前。"唐五代瓯窑釉下彩饰青瓷，是在继承东晋、南朝釉下点彩工艺基础上发展起来的。在发展过程中又吸收了湖南长沙窑釉下绘画艺术的手法和特点，尤其在后期有较多的创新。其装饰手法有如下几种：1.斑块饰：视器物大小、高矮和不同位置，以不同形状的褐色或黄褐色斑块协调地装饰在器物口沿、系、流、腹等醒目部位。斑块边缘大多有明显晕散区，有的甚至出现银色晕圈。2.流饰：在器物外壁用黄褐色釉料，自上而下流饰成条纹，条纹宽窄不一，长短参差，显得自然流畅。3.点饰：在刻画图案中点饰褐彩，使刻纹与褐彩相映成趣。

近年来，有专家通过对大量长沙窑褐彩瓷片标本的放大观察研究，认为长沙窑的褐彩装饰以釉上彩为主。瓯窑的褐彩装饰是否同样以釉上彩为主，还有待进一步深入研究。但是，褐彩装饰无疑是长沙窑和瓯窑青瓷的共同特点。

唐代社会稳定，经济繁荣，文化艺术迅速发展，手工业艺术品呈现出崭新的特征和风格，关怀现实、体现人本主义思想的器物从品种到造型、装饰等大量出现。唐代陶瓷业进一步发展，以越窑为代表的窑场大力生产具有浓厚民族风格的瓷器，以长沙窑、瓯窑为代表的窑场和唐三彩陶器则大胆地吸收了风格奇异的域外文化的艺术造型和图纹。由于经济繁荣，唐代人们生活富足，以丰满肥美为审美观念。这时候的陶瓷造型也以丰满圆润为主要特征。这件瓯窑褐彩双系青瓷罐的造型

美人红妆色正鲜

正好体现了唐人的审美观念。

唐代社会氛围相对包容开放，女性群体的地位得到较大提高，她们穿胡服、骑骏马、踢蹴鞠，更能如男儿般接受教育、参加科举考试，乃至入朝为官。对美的追求，使她们在妆容上一改保守内敛，而是浓烈奔放，时而雍容华贵，时而娇艳妖媚。脸上涂抹胭脂是唐代流行的妆容。胭脂是一种红色的颜料，是由一种名为"红蓝"的草本植物制成。涂抹方法不同，妆容效果各异。酒晕妆最为浓艳，桃花妆色浅而艳如桃花，飞霞妆比桃花妆更为淡雅，有白里透红之感。正如岑参《敦煌太守后庭歌》诗所云："美人红妆色正鲜，侧垂高髻插金钿"。这件瓯窑双系青瓷罐的褐彩斑装饰或许正是对这一时代风尚的呼应。

※ **今生故事**

唐代瓯窑窑场首次完整现身永嘉

经过近 8 个月的发掘清理，2017 年 12 月，一座唐代瓯窑窑场首次完整现身于"瓯窑小镇"——永嘉三江街道龙下村的坦头窑址。

作为我国最早烧制青瓷的少数地区之一，温州先民所烧造的瓯窑是浙江乃至国内的重要窑场。瓯窑创烧于东汉末年，唐宋时期达到极盛。窑址主要集中在永嘉县，目前已在永嘉调查发现 40 余处窑址，分布于楠溪江、乌牛溪、菇溪流域。2017 年 5 月至 12 月，为配合杭温高铁的建设以及浙江省特色小镇——瓯窑小镇的推进，经国家文物局批准，浙江省文物考古研究所会同温州市文物保护考古所与永嘉县文物馆，对唐代繁盛期创烧的典型窑址坦头窑址进行了抢救性联合发掘，发掘面积 950 平方米，揭露出龙窑炉以及丰富的作坊遗迹、祭祀遗迹，出土了大量的高质量青瓷

和各种类型的窑具等。坦头唐代窑遗址，成功入选 2017 年度"浙江省考古重要发现"。

据浙江省文物考古研究所研究员、考古领队郑建明介绍，此次考古首次完整发掘出唐代瓯窑窑场，包括龙窑炉、贮泥池、辘轳坑、釉料缸、房址等在内完整的作坊遗迹，理清了窑场的基本布局、窑炉的完整结构等窑业基本信息，是目前发现的最为完整的瓯窑窑场结构，基本可以复原唐代的制瓷工艺流程。首次在窑址上发现了丰富的祭祀遗迹，包括火烧坑、器物坑、挡墙与石砌地面等。此次坦头唐代瓯窑遗址考古比较全面地揭示了唐代瓯窑产品的基本面貌与特征：产品种类相当丰富，是除上林湖以外唐代最高质量的青瓷器。在窑址中发现纪年标本，为唐代晚期瓯窑产品确立年代标尺；首次发现唐代"官作"字样：一件匣钵上发现"余王监"三个字和一件瓷碗上发现"官作碗"等多个字样，这对于整个唐代窑业管理制度的理解，具有指向性意义。一旦在接下来的考证中确认坦头窑址为官营，也将大大提升瓯窑在中国手工业史上的地位。

温州瓯窑龙窑点火复烧

2020 年 8 月 18 日，由温州大学瓯江学院瓯窑研究所、中国古陶瓷工作室、浙疆青瓷文化有限公司共同经过半年的研究和建设，温州复兴瓯窑的第一道传统龙窑点火复烧。

这道龙窑就建在"瓯窑小镇"内的永嘉坦头唐代瓯窑遗址旁。龙窑是我国南方烧造瓷器最古老的一种窑形，窑炉利用山坡地势砌筑，呈一长隧道形，因烧造时似一条火龙而得名。2020 年 1 月初，这道龙窑首次试烧成功。首次试烧之后，瓯窑烧造技艺传承人章长才带领团队总结不足，

→
唐代启灶窑址出土
褐彩双系青瓷执壶

增加了龙窑烟囱的高度，使烧制器物的品类更加齐全。此次烧制的器物有1000余件，包括花器、茶器、文房器等。

瓯窑烧造技艺传承人章长才介绍，龙窑一般在立秋之后开火烧制，秋冬季节天气相对干燥，能够保证烧制的成品率。这道龙窑在复制传统龙窑的基础上，应用了现代设备进行改良，包括替换耐烧砖、增加温度计量仪器等，保留烧制过程中的各项数据，能够大幅度提高成品率。这道龙窑每次烧制需要40多个小时，成品率约为20%，精品率仅为5%。

章长才表示，他们正在考虑以后用记录的数据开展瓯窑课题研究，助力今后瓯窑产业更好地发展。

据悉，瓯窑小镇将在坦头唐代窑遗址附近，打造瓯窑博物馆，包括博物馆和古窑遗址公园两大组成部分，占地约50亩，总投资9996万元。此外，瓯窑小镇计划每年举办一次瓯窑龙窑文化节，向市民推广瓯窑文化。

北宋熙宁八年（1075）铜权

几多繁华几寸心
铜权轻轻告诉你

一斤，有多重？如果这样问你，你肯定会不假思索地回答：500 克或是 0.5 公斤（千克）。

在距今 1000 多年的宋代，一斤，又是多重呢？相信，瑞安市博物馆里展出的一枚北宋熙宁八年（1075）莲瓣纹瓜棱形铭文铜权，能够告诉你答案。

它是迄今为止我国发现的从先秦到明清的铜权中，铭文最多的一枚，居全国第一；其重量仅次于湖南省湘潭市易俗镇出土的重达 64 公斤的北宋景祐铜则，居全国第二。

→
北宋熙宁八年莲瓣纹瓜棱形铭文铜权

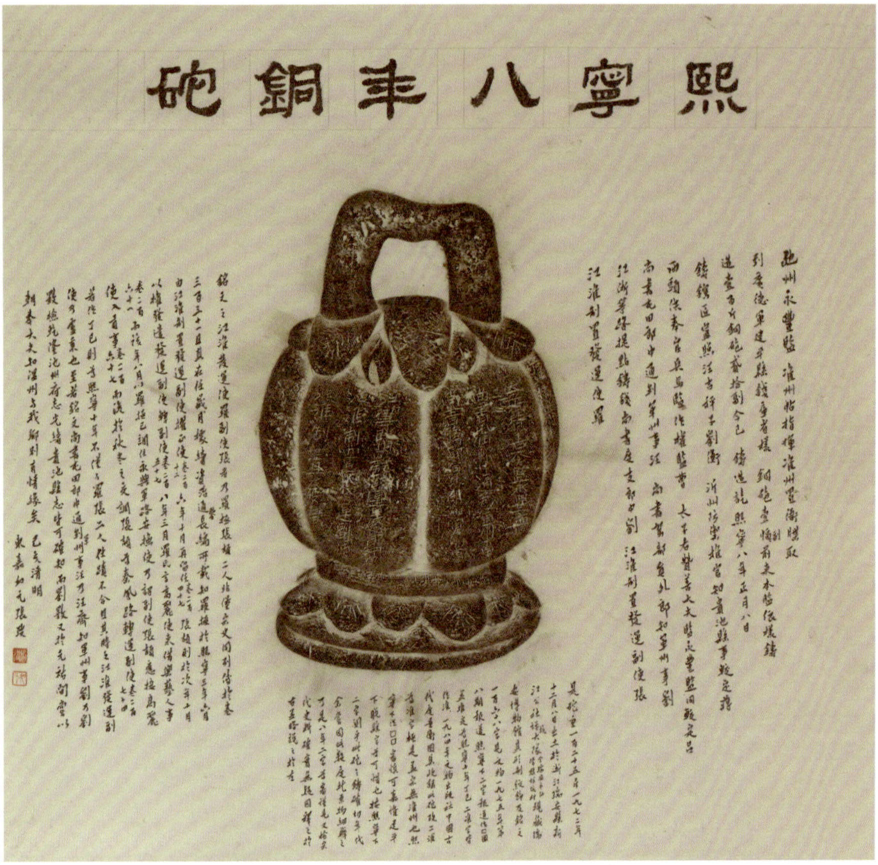

←
北宋熙宁八年
铜权铭文拓片

※ 前世传说

身刻的 168 个字铭文
说出了它的“身份”

1972 年，瑞安仙降新江垟坑村，一位农民从田里挖开了一个用青砖砌成的坑，在里面发现了这枚铜权，同时还有一只小瓶和几片夔龙瓦当，可惜在挖取铜权时碰碎了。

当时农民挖到了这枚铜权时，看它“模样”黑不溜秋，分量又非常重，以为是挖到了钨金，后来经过专家鉴定，它是铜制的。

那么，到底是怎么确定它是一枚铜权？铜权，又是做什么用的呢？

瑞安市博物馆馆长陈钦益介绍，这个确定过程并不复杂，因为在其出土的时候，人们已经发现它的身上刻有铭文，共 168 个字：“池州永丰监，淮州□指挥淮州置衙牒，取到广德军建平县钱库省样铜砣壹副，前来本监依样铸造壹佰斤铜砣贰拾副。今已铸造讫，熙宁□巳正月八日……”古时，“砣”与“砣”通，秤锤。而权，即秤锤。由此可以得知，它是一枚铜权，且是北宋熙宁年间的。

62.5 公斤的分量
说明宋代“衡”的标准

根据铜权上的铭文，除了可以确定它的年份、用途外，还有一个很关键的信息，就是确定了这是一枚按照当时计量标准为 100 斤的铜权，经过现代称重后为 62.5 公斤，即 125 斤。其重量仅次于湖南省湘潭市易俗镇出土的重达 64 公斤的北宋景祐铜则，居全国第二。

陈钦益说，据《唐书·食货志》中记载："唐武德四年七月，……行开元通宝钱，径八分，重二铢四絫，积十文重一两。"唐开元钱十枚（即唐制一两），重 37.301 克，由此推算得到唐代每斤为 596.82 克。

通过这枚铜权，计算可以得知宋代每斤约为 625 克，而非沿用唐代 596.82 克。度量衡是指在日常生活中用于计量物体长短、容积、轻重的物体的统称。很明显，宋代"衡"的标准与唐代的标准不一样。

陈钦益表示，这枚铜权的出土，对于研究中国古代度量衡历史是有着重要意义的，如邱光明等很多专家的关于度量衡的著作里都有提到这枚铜权，足见它的重要性。

※ 今生故事
因它开始"弄权"
成为"秤砣大王"

季明椿是温州收藏界有名的"秤砣大王"，从 2005 年开始收集古权，家中现有古权 300 多件，上至春秋战国时期，下至民国初期，其数量与质量足以享誉国内。

说起收集古权的由来，季明椿说，他的祖上是收藏玉器的，如今收藏玉器也是他的主项。但作为一名瑞安人，他对瑞安市博物馆的这枚铜权有着特别的熟悉和亲近感，也试着对它做过一些研究，因此才动了收藏"权"的念头。

季明椿介绍说，权有官制也有民制，年代不同，材质与造型都会有所差异。古权有铜、铁、铅、锡、陶、瓷、石、玉、金、银等多种材质，据他多年研究，认为最早的权是木质的，造型有马蹄形、馒头形、塔形、瓶形等不一而足，大体上越是早期，造型越是简洁。

而在季明椿的藏品中，最为完整的是一套银锭形明代铜权。季明椿说，他这一套独缺一枚"25 两"，而他早几年曾有缘与这枚"25 两"相遇，却因觉得价格过高而没有出手。

从"权"看过去
可见宋代瑞安经济繁荣

温州是我国开展海外贸易较早的地区之一，上溯其本源约有 2000 多年的悠久历史。唐代，温州海外贸易开始兴起，至宋元达于极盛。而宋代的温州商贸六市，就包含温州城、瑞安、永安（今仙降江溪一带）等。季明椿说，权对于商贸经济是有着重要意义的，而这枚铜权因其铭文及重量等因素，更是了解宋代瑞安经济程度的"窗口"。

季明椿说，在中国古代多为铜权和铁权，古代盐商为了减少称盐次数，节省时间，提高效率，故制作大型石权，因为铜、铁铸造大权费用高且易被盐腐蚀而不准，故用石头制之，也就有了石权。由此可以得知，这枚铜权并非盐商使用，而是用于其他大宗交易，可以证明当时的瑞安是一个商贸经济繁荣的地方。

在馆内的"商贸兴隆"展厅内还重点展示着一张清代咸丰户部官票，面额为三两，票幅竖形，高 24.3 厘米，宽 15.1 厘米，桑皮纸质地，木版印刷。它也是展示古代瑞安繁荣经济面貌的重要物件。

ARTICLE
OF
WENZHOU

Wenzhou
Homesickness

人杰
地灵

清乾隆五十年（1785）
重刻"墨池"题记碑

小城"墨池"故事多

2019 年 12 月 18 日下午，"传承·接力——何元龙张索吴聘真三人书法展"在上海刘海粟美术馆开幕，展出温州书法家何元龙、张索、吴聘真近百幅书法篆刻作品，作品所展示的追求传统、师古不泥、清正典雅的书风，从一个侧面见证了温州文脉在书法中的影响。

一张何元龙、张索、吴聘真在温州名胜墨池的合影，引起了观展者对墨池的好奇。为何唤作墨池？墨池有着怎样的故事？

让我们从温州博物馆展出的一块距今仅 200 多年历史，镌有"墨池"二字和题跋的题记石碑开始，来探寻"墨池"的故事。

→
清乾隆五十年（1785）重刻"墨池"题记碑文拓片

王右軍舊跡昔米元章
書勒墨池二字今湮没無
存幸池尚在余惄其蹟
之終湮也爰是備摹續
補二字以誌不忘云
乾隆五十年秋八月三日
三橋文溪黃大琪書

墨池

相传王羲之曾洗砚于池，留下墨池故事

王羲之（303—361，一说 321—379），字逸少，汉族，东晋时期著名书法家，有"书圣"之称。琅邪（今属山东临沂）人，后迁会稽山阴（今浙江绍兴），晚年隐居剡县金庭。王羲之代表作《兰亭序》被誉为"天下第一行书"。在书法史上，他与其子王献之合称为"二王"。

王羲之任永嘉太守是在东晋穆帝永和三年（347），这位"书圣"在温州留下了众多的逸事遗踪，为历代文人骚客传颂。其中一个故事，就与"墨池"相关。

《永嘉县志》记载，"墨池，在墨池坊，王右军临池作书，洗砚于此。"相传王羲之出任永嘉太守，官邸华盖山脚，见山麓有一口小水池，池如镜面，云树倒映，一时技痒，便临池挥毫。此后，临池作书，一发而不可收，搁笔时，便洗砚于池。于是，"墨池"之名就传开了。至宋代，书法家米芾游访温州，闻此传说，也来凑个热闹，大笔一挥，送上斗大的"墨池"二字。至此，"墨池"所在街巷，也就顺水推舟叫作"墨池坊"了。明代永嘉状元周旋有诗道："何以清池唤墨池，昔年临池有羲之。"清代温州司马郭钟岳在《咏墨池》中诗曰："昨日见郎书法好，移家合住墨池坊。"

馆藏"墨池"题记碑，为总兵黄大谋补书

这块清乾隆五十年（1785）重刻"墨池"题记碑，呈长方圆角形，纵高 81 厘米，横宽 159 厘米，厚 11.5 厘米。

温州博物馆研究员伍显军介绍，石碑是青石质，加工制作比较精细，正面平整光滑，侧面和背面敲打得比较整齐，说明刻碑人的制作态度十分认真。石碑正面右侧横刻"墨池"两个行书大字，中锋运笔，苍遒有劲，一气呵成。左侧竖刻题跋："王右军旧迹，昔米元章书勒'墨池'二字，今湮没无存，幸池尚在。余恐其迹之终湮没也，爰是修整续补二字，以志不忘云。乾隆五十年秋八月三日。三衢文溪黄大谋书。"左下角刻正方形印文："秀峰石庵氏印""黄大谋印"。

伍显军说，根据碑文可知，该题记碑刻于清乾隆五十年（1785）秋八月三日，就是为了王羲之洗砚于池这个故事镌刻的。并且可知，原来北宋大书法家米芾曾题过"墨池"两个大字，后来消失了。到清乾隆五十年（1785 年），由当时的温州总兵黄大谋补书"墨池"二字，并刻于石。

黄大谋（1726—1799），字圣筹，号石庵，衢州江山市张村乡人。虽为武进士出身，然而他为官善任，功绩卓著，曾多次担任地方官员。

墨池公园前身是"玉介园"，曾是温州十大名园之首

那么，如今人们在墨池公园看到的"墨池"，是传说中王羲之洗砚于池的那个"墨池"吗？

温州墨池是否系王右军之墨池，学术上还有争议，有人甚至说王右军根本没来过永嘉，至少正史上没有记载过。

伍显军表示，抛开这一学术争议，如今人们看到的"墨池"，是市区墨池公园内的一个方池，是否就是传说中王羲之洗砚于池的那个"墨池"，也无法考证。现在的"墨池"于 1992 年被认定为"温州市文物保护单位"。

墨池公园坐落在原鹿城区政府旧址，它的前

→
墨池

身"玉介园"很有名，曾是温州十大名园之首。明嘉靖年间，内阁首辅张璁的外甥王澈晚年迁居华盖山麓，后其子王叔果又购得家旁十多亩空地建起"玉介园"，王叔果最有名的故事，是与胞兄王叔果修建永昌堡。王叔果挂冠回乡归隐后，更是精心营造，园成后，豪爽的王叔果常邀亲友宾客和地方官员游赏浅斟、吟诗作赋，王叔果很喜欢玉介园，把自己的诗文集取名《玉介园存稿》。现读王叔果及后人诗文，犹可见当时园林景象与游宴盛况。明清换代，"玉介园"遭受兵乱，衰败荒废，但"玉介园"的诗文却留了下来。后来，冒广生在园东建"瓯隐园"，但已不复王叔果当年的规模与盛况了。

如今的墨池公园虽不大，但很精致，环境幽美，园内设有温州吟坛、书画社、诗词社等，是一个集文化与休闲于一体的闹中取静的文化公园。

温州文脉传承有序，由家族到书协

温州文脉传承有序，在过去曾被认为是一种"家族现象"，产生了一些具有深厚文化积淀的书香世家。其中，马氏家族属温州名门，马孟容、马公愚、马辅、马亦钊等皆以书法篆刻著称。而瑞安孙家诞生了被章太炎盛赞为"三百年绝等双"的朴学宗师孙诒让。孙诒让的堂弟孙诒泽，精通篆隶草楷，卓然一家。孙诒让的儿子孙延钊亦是有名的学者。方家则以弘扬、发展印学为己任，方介堪、方节庵、方去疾成为西泠印社史上十分引人注目的"方氏三兄弟现象"。方介堪和方去疾更是20世纪中国印坛的领军人物，他们不仅开启了温州现当代印风之源流，更是影响了篆刻界和书法界。

而成立于1985年的温州市书法家协会，构建起了一支涵盖老中青三代，实力较强的书法队伍。现任书协主席吴聘真介绍，目前温州市书法协会有会员1300多人，其中500多人是省书法家协会成员。他介绍，之所以在上海刘海粟美术馆展览现场放一张在"墨池"前的合影，正是为了体现温州文脉的传承。

东晋咸康四年(338)朱曼妻薛氏买地券
一件汉字演变的
重要实证

如果问：中国最早的文字是什么？

相信，你的回答一定是：甲骨文。

而在"良渚古城遗址"中，考古学家发现，大约 5000 年前，良渚先民就开始使用文字，这些刻画符号将中国的文字史向前推了 1000 多年。

本文说的也是汉字演变的故事。故事来自一块刻有 106 字的东晋咸康四年 (338) 朱曼妻薛氏买地券。它是我国目前发现最早的一块东晋篆书碑志，是研究篆书字体向隶书字体演变的重要实物。

→
1964 年方介堪赠夏鼐《晋朱曼妻薛买地宅券》拓片
（柯志平拓，2012 年夏鼐家属捐赠温州博物馆）

晉朱曼妻薛買地宅券

古春湮没已久近復于平陽陳氏故居發現歸溫州區市文管會保存石質粗劣截為二段文字尚清晰可辨第二行吳故舍人之舍字孫詒讓釋

作舍冒廣生益衍其說今細審原刻从合从冂與文中諸字言旁省作昌簡略慮如出一轍第八行律下令篆舍與此絕異其為舍字可無疑義第六行母

字上遺有口筆似為聖字殘文篆意似國山天璽溫州有文献可微者當以此為最早與浙中漢三君忌日記並重矢拓本

作 銘 同志

鑒教

一九六四年十二月方介堪識

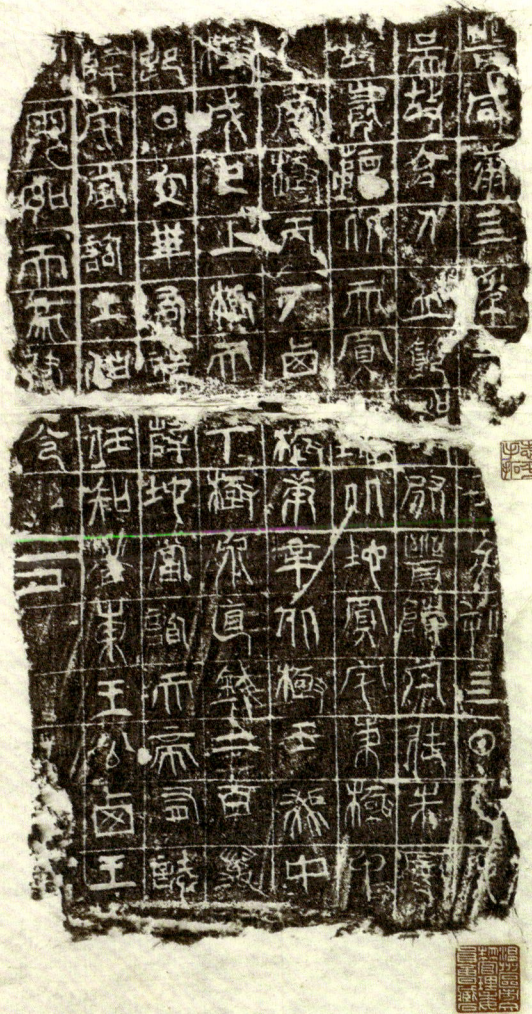

它的主人是孙权的亲戚

这块朱曼妻薛氏买地券，就收藏在温州博物馆的历史厅内。从形制上看，呈砖形，是早期买地券较常见的形状，上面刻着106字，分为8行，前7行每行14字，最后一行8字。

"买地券"，买的是什么地呢？其实，它是东汉中后期出现的具有鲜明道教文化特征的随葬文字材料，是一种象征性的证券，放在墓内意在保证死者对墓地的所有权不可侵犯。三国、西晋开始，多刻于砖上。从南朝到明清，除砖外还常用石，形制、大小和墓志相像，有的甚至还带盖。

目前研究能够确定的是，此券上的106字为："晋咸康四年二月壬子朔四日乙卯，吴故舍人立节都尉晋陵丹徒朱曼故妻薛，从天买地，从地买宅。东极甲乙，南极丙丁，西极庚辛，北极壬癸，中极戊己，上极天，下极泉，直钱二百万，即日交毕。有志薛地，当询天帝；有志薛宅，当询土伯。任知者：东王公，西王圣母。如天帝律令。"

温州博物馆研究员伍显军介绍说，从这106字中，可以得知此券刻于东晋咸康四年(338)，墓主是立节都尉朱曼(今江苏常州人)的妻子薛氏。

朱曼是谁？伍显军说是三国时吴国孙权第六子景帝孙休的太子舍人（即宿卫官），也是孙休皇后朱夫人的亲戚。孙权之孙孙皓继承帝位时，朱夫人起到关键作用。当上皇帝后，孙皓却废除了朱夫人的太后名位，并加以残害。受到牵连，朱曼被流放或逃亡到平阳县，薛氏随夫死于平阳。

意外"现世"又"消失"

那么，这块距今已有1600多年的买地券，又是如何"现世"的呢？

故事要从1896年说起。那年，平阳宜山乡（今属苍南县）鲸头村几名工匠为村中一富户上山营造墓穴，无意间挖到一块石头，其中一名工匠识得一些字，认为石头上面刻有文字，遂将其挖了出来。而这块石头，正是如今的这块朱曼妻薛氏买地券。

挖到此券后，工匠将其交给了这家富户，而富户为此寻思找人研究，当地名绅陈锡琛（字筱垞，苍南宜山人，光绪二十八年创办平阳县学堂时，出任堂长，于宣统二年创办江南高等小学堂）听闻后遂上门。

经过一番认真研究后，陈锡琛发现这是一块晋碑，而且是一块有来历的年代久远的墓志，遂收购了此券。

之后，陈锡琛将此券拓片数份，请自己的老师——平阳县学训导吴承志和瑞安大儒孙诒让辨识，得知它是晋代遗物。但也因此，许多人知道了他有这么一块买地券，纷纷找到他求过目或赠拓片，为避纷扰，他谎称挖墓穴的人害怕得罪死者，已将此券重新埋回墓里去了。

至此，这块朱曼妻薛氏买地券"消失"了。

辗转归藏于温州博物馆

而如今，这块朱曼妻薛氏买地券归藏于温州博物馆，就必须说到一个人，他就是温州博物馆首任馆长、著名篆刻家方介堪。

1919年，陈锡琛在与方介堪的一次闲谈中提起了此券，称券石虽然不在，但知方先生对碑版金石深有涉猎，可将以前所拓的碑文转送他一张。但之后，方介堪一直没有收到拓片。

↑
东晋咸康四年（338 年）朱曼妻薛氏买地券
石 1896 年平阳县宜山鲸头村出土

后来，一次偶然机会，方介堪在别处见到此券的拓片，发觉纸张和用墨都是新的，不像是旧拓，顿觉事有蹊跷。

1930 年，方介堪在上海美专任教，他教的学生中，就有来自平阳的学生陈德辉，而他正是陈锡琛的孙子。从陈德辉手中，方介堪得到了这块买地券的拓片，并因为是新拓，得知这块买地券并未被埋回墓里，而是被陈家珍藏。

新中国成立后，担任温州区（市）文物管理委员会副主任的方介堪再遇陈德辉，询问买地券的去向。1956 年，回乡的陈德辉竟在旧屋书斋地板下找到原石，并立即上报文管会。

闻知此事，方介堪立即通过政府组织购回，保存于温州区（市）文物管理委员会。1995 年 5 月 16 日，在当时江心屿的温州博物馆，国家文物局的专家们一致同意将其定为一级文物。

一张拓片曾拍出 60 万元高价

在温州博物馆历史厅的朱曼妻薛氏买地券展柜内，可以看到其背后贴着一张有方介堪、夏承焘、姜东舒等人题跋的纸质拓片印刷放大版背景图。

伍显军介绍说，当时，这块朱曼妻薛氏买地券被文物单位收藏后，温州文物管理工作人员将拓片送交相关专家研究，而这张背景图的原件正是其中之一，经多名专家研究、鉴藏，分别留有方介堪、姜东舒、夏承焘、沙孟海、陆维钊等人的题跋，也是弥足珍贵。多年前，这张拓片原件由温州民间收藏家以近 60 万元的高价拍得并收藏，2015 年原件曾在温州博物馆书画馆内展出过。

那么，为什么名家对这块朱曼妻薛氏买地券这么感兴趣呢？

伍显军介绍说，因为它不仅是研究三国至东晋历史的重要资料，是研究温州道教的重要文物，更因为它是目前发现最早的一块东晋篆书碑志，是研究篆书字体向隶书字体演变的重要实物。

两晋时期是社会政治变化剧烈、思想文化活跃的时期，也是书法艺术发生嬗变的时期。篆、隶、行、草、楷五种字体并行于世，篆书逐渐减少。此券的篆文写法，参用大篆，很像《天发神谶碑》；字体结构由繁复转到简省，笔调与《神国山碑》相似。在浙江工商大学人文学院教授王宏理《志墓金石源流》、著名历史学家张传玺《中国历代契约会编考释》《契约史买地券研究》、古籍版本专家杨震方编著《碑帖叙录》等专著，先后收录有此券。

明成化十三年（1477）
谢康乐像碑拓片

永嘉太守谢灵运的
诗与远方

温州历史上众多的行政长官中，政绩卓著，官声颇佳，深受百姓爱戴者不乏其人。然而，如永嘉太守谢灵运般才华横溢，开创文学时代，使温州成为山水诗摇篮，一千五百多年来影响深远者，确属凤毛麟角。

此件藏品虽然是一件现代拓片，但是它的唯一主角就是来去匆匆、犹如过客般的永嘉太守、我国山水诗鼻祖谢灵运。

→
现代朱拓明代石刻谢康乐像拓片

因拓片得见原碑上的谢灵运像

温州博物馆数万件藏品中，有一件现代藏品——朱拓南宋石刻谢康乐像拓片，历史厅展出的是它的喷绘图片，但这一点儿也不影响它的重要历史价值。该拓片纵107厘米，横67厘米，已经装裱成立轴书画形式。

所谓拓片，是指将碑文石刻、青铜器等不便搬运保存、或者比较珍贵的文物的形状及其上面的文字、图案，用软薄纸张拓印下来的纸片。拓片技术是一种古老的传统技艺，能够较为清晰地拷贝原物上的文字或图案。许多已经散失毁坏的碑刻，因有拓片传世，才使得人们能够一睹原碑风采，了解其内容。

实际上，明成化十三年（1477）谢康乐像碑现也收藏于温州博物馆，但已残缺不全，可能毁于上世纪六七十年代。原碑正面有谢灵运像，由于其被毁坏已无法清楚辨认，但该拓片拓印于其被毁坏之前，因此从拓片上可以看到谢灵运像。如今，池上楼谢灵运纪念馆内的石刻谢灵运像便是依照该拓片制作的。拓片上的谢灵运侧面站立，宽袖长袍，脚穿双齿木屐，左手上抬捧书卷；凸额，额后发髻梳成四绺，束扎齐整；前额三道皱纹很深，巨目，宽鼻，面容慈祥；胡须浓密修长，俨然美髯公。谢灵运49岁被杀，拓片上的这一形象似乎略为偏老，但儒雅时尚。从辽宁省博物馆藏北宋《白莲社图卷》、上海博物馆和南京博物院藏《莲社图轴》南宋仿本来看，谢灵运的形象均为儒雅长髯老叟，手持书卷，脚着木屐。

该碑背面还有三段题记，大致内容是当时的永嘉太守文林倡议重刻谢灵运像碑，立于谢公亭以纪念谢灵运游览江心屿、赋诗以彰山水之胜。

第一段题记有"成化十三"文字，表明重刻时间。据洪振宁先生编著的《宋元明清温州文化编年纪事》考证，谢灵运像原碑立于宋庆元丁巳年（1197年），在谢公祠内；元至正己丑（1349年）迁至郡学先贤祠内；成化十三年（1477年）据原碑重加摹刻。

谢灵运的山水诗及其深远影响

谢灵运（385—433），东晋名将谢玄之孙，小名客儿，人称谢客。因袭封康乐公，世称谢康乐。永初三年（422）初秋出任永嘉太守，第二年秋辞官。在任一年，遍游郡城积谷山、华盖山、海坛山、江心屿以及各县山水，创作了大量山水诗篇，现存20多首，名章佳句，脍炙人口，使温州成为我国山水诗的摇篮。

谢灵运自小聪慧过人。《宋书·谢灵运传》称："灵运少好学，博览群书，文章之美，江左莫逮。""灵运诗书皆兼独绝，每文竟，手自写之，文帝称为二宝。""天下才共一石，曹子建独得八斗，我得一斗，自古及今共分一斗。"可见，谢灵运不仅诗书皆绝，而且十分自负。

谢灵运是我国诗史上第一个全力刻画山水之美的诗人。为了真实地揭示大自然蕴藏的无穷无尽的生机妙趣，他总是以探险家的气魄和诗人的热情，亲临深山曲壑，激湍飞瀑，以先得山水胜境为快。《资治通鉴》记："前秘书监谢灵运，好为山泽之游，穷幽极险。从者数百人，伐木开径；百姓惊扰，以为山贼。"越是别人没去过的地方，他越要去，而且有时候阵仗很大，几百号人，逢山开路，遇水搭桥。《宋书·谢灵运传》记："（永嘉）郡有名山水，灵运素所爱好，出守既不得志，遂肆意游邀，遍历诸县，动逾旬朔，民间听讼，不

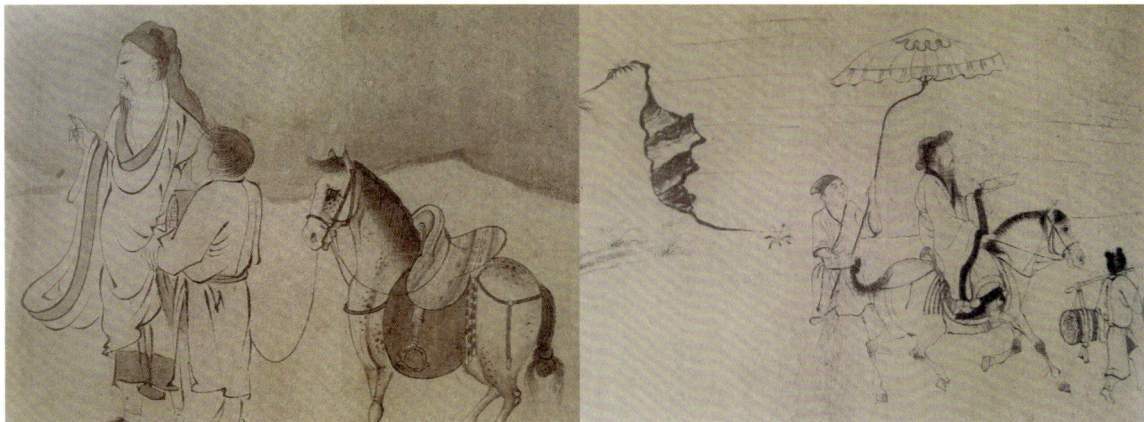

复关怀。所至辄为诗咏，以致其意焉。"当永嘉太守仅一年，游遍温州各地，一次出行，就是十天半月，边游边赋诗。

温州地处东南沿海，山水优美，风景秀丽。深山幽壑，残阳冷月，激湍飞瀑，危崖空谷，朝云暮霭，水声禽语，阴晴圆缺。谢灵运肆意遨游，探幽寻险，亲身感受，不断创新题材，开辟了创作山水诗的自觉时代。他的诗，以五言为主，将五言诗推向新的高度，构思缜密，精工富丽，读来略显生涩，然则不乏空灵简淡之感。谢灵运描写温州风景的山水诗，清新自然，名句迭出："池塘生春草，园柳变鸣禽。""云日相辉映，空水共澄鲜。""涧委水屡迷，林迥岩逾密。""扬帆采石华，挂席拾海月。""野旷沙岸净，天高秋月明。""连岩觉路塞，密竹使径迷。""近涧涓密石，远山映疏木。""日末涧增波，云生岭逾叠。""晓霜枫叶丹，夕曛岚气阴。"这些诗句读来朗朗上口，平易流畅。

谢灵运描写温州风景的山水诗，还深深烙上了时代的烙印。他所处的时代，是民族融合和动荡离乱的时代，也是隐逸玄谈的时代。阅读谢灵运的诗句，深感融入了玄理禅机，但又化入了淡淡的忧伤。"祁祁伤豳歌，萋萋感楚吟。索居易永久，离群难处心。""溟涨无端倪，虚舟有超越。"

谢灵运任永嘉太守时年 38 岁，正是精力旺盛、思如泉涌的年岁。机缘契合，秀美的温州山水为他的创作提供了广阔背景。他的山水诗词，融入了民族气质和生命意识，成为探讨山水诗的源泉，影响深远。浙东唐诗之路、唐代山水田园诗派、宋代地域性山水诗，无不深受谢诗的影响。李白《梦游天姥吟留别》写道："谢公宿处今尚在，渌水荡漾清猿啼。脚着谢公屐，身登青云梯。"苏轼《寄题兴州晁太守新开古东池》写道："自言官长如灵运，能使江山似永嘉。"

※ **今生故事**

诗与远方，文旅融合时代背景下探险精神的探讨

东晋南朝时期，随着北方人民陆续南移，带

春草池塘仍舊跡

東山風月繪名園

鑑湖先生特湖南糧儲以道光五年引疾歸永嘉僑寓居城之東南隅有謝康

樂池上樓遺址因築小園其上額曰如園吳山尊學士贈以此聯光緒庚子裔宅朱氏其曾孫

文伯賢弟屬余補書以存廡觀百年之閒堂構相承其裘裘不墜先生之遺澤長矣哉

記其緣起如此

乙丑夏至後五日朱益藩題於京師寓廬

↑

清代朱益藩书吴山尊池上楼对联

来比较先进的生产技术，永嘉作为江南滨海的远郡，社会生产逐渐接近中原地区的水平。随着许多文人、学士担任守令和郡吏，传经讲学风气大开，永嘉郡在礼制和习俗方面已和东土诸郡融成一片。梁天监三年（504），丘迟在《永嘉郡教》里说："控山带海，利兼水陆，东南之沃壤，一郡之巨会。"表明这时的永嘉郡，已成为东南沿海的新兴都市。

谢灵运担任永嘉太守时间短暂，但仍做过命学士讲书、为民行田、提倡种桑纺织等实事。谢灵运对温州的主要贡献还是他那些传播深远的山水诗，对温州的文化教育起到了积极的推动作用。人们为了纪念谢灵运，把与他有关的地方予以命名。目前，温州市区有池上楼、谢客岩、谢公亭、澄鲜阁、谢池巷、竹马坊、康乐坊、江心屿等纪念遗迹。池上楼被专门辟为"谢灵运纪念馆"。千百年来，人们根据他的《孤屿》《登池上楼》《石门山》等名诗佳句，循着他的足迹，旅游探险，走向远方。

池上楼被辟为谢灵运纪念馆

谢灵运《登池上楼》中"池塘生春草，园柳变鸣禽"，所咏原址在今鹿城区东公廨清末温州中学旧址（今温州实验中学内），后毁。后人在积谷山下凿池（谢池），临池建楼（池上楼）以为纪念。清道光初，邑人张瑞溥辞官回归故里，在此购地，增筑"春草轩""怀谢楼""鹤舫"等，取名"如园"。园内有假山、奇石、回廊，并有"青草轩""怀谢楼""十二梅花书屋"和"飞霞山馆"。秀丽的风光，招来了许多文人雅士争相吟唱。清代书法家、嘉庆进士吴山尊有联称颂池上楼："春草池塘仍旧迹；东山风月绘名园。"1981年池上楼被列为温州市第一批文物保护单位。

由于池上楼年久失修，破损严重，温州市政府于2000年出资1000多万元重修，于次年10月对外开放。新修缮的池上楼，楼轩飞檐翘角，错落有致，院内假石花草、亭台楼阁，布置精巧美观。2014年的文化遗产日，池上楼正式开放。

池上楼名联70年后回温州

张亦文是建造"如园"的张瑞溥的后人，1921年生于北京，后定居河南开封，曾任开封市政协副主席，是开封土木建筑院的建筑专家，参与了河南清明上河园等重要建筑的设计工作。"春草池塘仍旧迹；东山风月绘名园"，是清代书法家、嘉庆进士吴山尊为如园撰写的名联，也是如园中著名的对联之一，曾在家庭搬迁中遗失。为化解浓浓的思乡之情，也为了将文字传承下去，1925年，张亦文的父亲张之纲请北京大学第三任校长、末代帝师朱益藩补写了此对联。1937年，16岁的张亦文随同父亲来温州祭拜祖先，第一次来到家乡，见到了对联中所描绘的"如园"。张亦文表示，他父亲一生记录了大量温州的故事和如园故景的考证，并特地邀请朱益藩补写了吴山尊的名联，而父亲过世之后，朱益藩补写的对联以及父亲的手稿等传到了自己手中，归还史料重游如园也成了他一生的凤愿。

2007年，张亦文将"春草池塘仍旧迹；东山风月绘名园"这幅著名对联，以及池上楼诗稿等书画和诗集21件"宝贝"送到温州，交由温州博物馆收藏。这些对联和诗稿丰富了"池上楼"的内涵，对研究"池上楼"意义重大。

赵匡胤五世孙的温州缘

一通观音像石碑，一口温州千年水井，一部乐府诗歌总集。

它们与宋太祖赵匡胤的五世孙赵子游，有着怎样的故事？

温州博物馆历史厅的一个独立展柜里，采用两面通透的形式展示着一通长方形石碑。它的两面都刻有内容：正面是线刻观音像，左下角元符二年（1099）永嘉知县郭茂倩的题跋表明，它原来立放于华盖山蒙泉水井旁；背面所刻内容却是宋太祖赵匡胤五世孙赵子游的墓志铭。那么，观音像与蒙泉井、《乐府诗集》以及赵子游之间，到底有着怎样的故事？本文来为您揭晓。

→
南宋宗室赵子游墓志铭碑

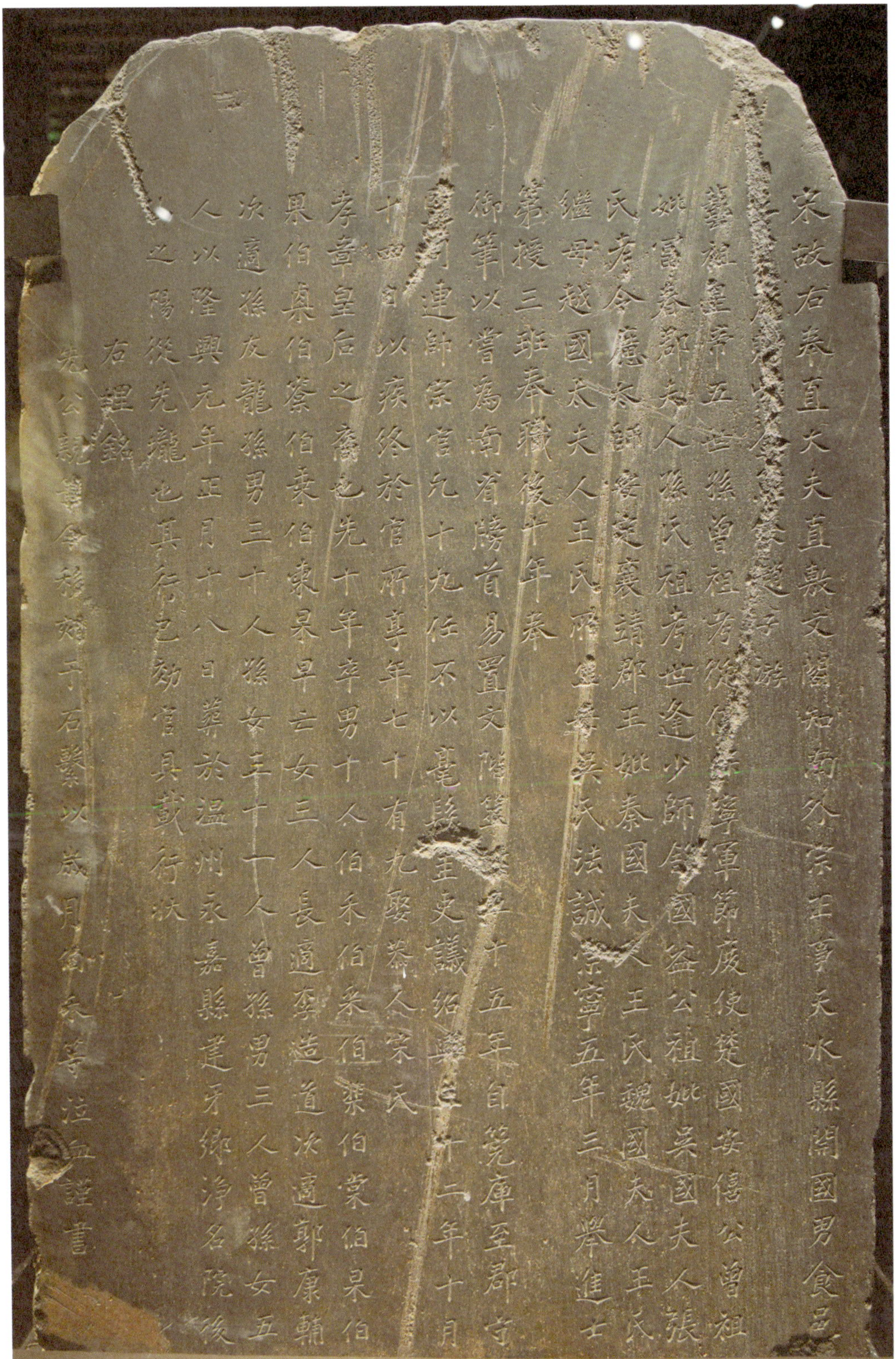

瓯海出土南宋宗室赵子游墓碑

2015 年 7 月，瓯海区潘桥镇学士前村鲤鱼山麓的建筑工地出土了一通长方形石碑。碑高 87 厘米，宽 56 厘米，厚 8 厘米。青石质，局部泛红褐色，质地坚硬细腻，石材可能产自永嘉县瓯北镇一带。上端左右两侧削角，正背面打磨平整光滑。该碑的墓葬在施工过程中遭到损毁，所幸石碑被保存下来，碑面残留有铲车铲划的痕迹，正面所刻观音像和背面所刻墓志铭也都未受到损坏。

正面碑额阴刻篆书"观音像"三字，字口深峻，字体规整；正中用细线阴刻一观音立像；她头顶有圆形佛光，头戴嵌宝珠花冠，面相圆润，着内襦，穿袈裟，戴璎珞、项圈，正面俯视，左手搭于右手之上，似持有细长柳枝；赤足立于一瓣莲叶之上，脚踏云头，好似从远方飘飞而来，肩上披帛和袈裟衣襟随风轻扬。观音右侧下方有一人，从波涛中踊出，面向观音，双手捧盘，盘中一物，形如圆珠，大概是向观音献宝的海神。观音左侧有楷书阴刻题跋："元符二年九月十五日立石于蒙泉，通直郎、知温州永嘉县事、赐绯鱼袋郭茂倩。"可知该碑刻于北宋元符二年（1099），原应立放于温州永嘉县城内华盖山的蒙泉水井旁。

背面阴刻楷书墓志铭，17 列，满列 25 字，共 355 字："宋故右奉直大夫、直敷文阁、知南外宗正事、天水县开国男、食邑三百户、赠紫金鱼袋赵子游，艺祖皇帝五世孙。曾祖考从信……崇宁五年三月举进士第，授三班奉职。后十年，奉御笔以尝为南省牓首，易置文阶。筮仕五十五年，自筦库至郡守、监司、连帅、宗官，凡十九任，不以毫发累吏议。绍兴三十二年十月十四日以疾终于官所，享年七十有九……以隆兴元年正

月十八日葬于温州永嘉县建牙乡净名院后山之阳，从先垄也……"可见，赵子游生于北宋元丰七年（1084），卒于南宋绍兴三十二年（1162），享年 79 岁；墓志铭刻于南宋隆兴元年（1163），距离正面观音像的镌刻时间已有 64 年。

温州是宋代宗室南迁重要地区之一

赵子游墓旁还发现了他的曾孙子赵希愚夫妇合葬墓，在景山公园发现了赵叔仪夫妇墓，在乐清柳市镇峡门村发现了明代赵氏家族墓地。这些宋代宗室后裔墓及其墓碑的发现，对于研究宋代宗室在温州的世系繁衍、社会生活及其贡献等，都具有重要意义。

据《宋史·宗室》所述世系，赵子游父为赵令廛，祖为赵世逢，曾祖为赵从信，高祖为赵惟忠，惟忠父即为赵匡胤次子赵德昭。结合赵子游墓碑，可以排定赵子游之前的家族世系为赵匡胤——赵德昭——赵惟忠——赵从信——赵世逢——赵令廛——赵子游。另外，据赵希愚墓碑，可知赵子游之后的家族世系为赵子游——赵伯乘——赵师台——赵希愚。

温州大学陈瑞赞老师根据赵子游墓碑，结合《宋会要辑稿》《庄简集》《两浙金石志》《建炎以来系年要录》、淳熙《新安志》、弘治《徽州府志》等文献资料，理清了赵子游的大致仕途履历，由大观二年至绍兴三十一年，依次是：三班奉职，改文阶，川陕提举茶马司干当公事，宁陵知县，右朝请大夫、权发遣抚州军州兼管内劝农营田事，徽州知州，右奉直大夫，荆湖北路提点刑狱，直秘阁，直敷文阁，主管台州崇道观，右奉直大夫、直敷文阁、知南外宗正事。上述履历与墓碑中的记载"筮仕五十五年，自筦库至郡守、监司、连帅、

宗官，凡十九任”大致相符。可见，赵子游墓碑可以起到补充史料的作用。

赵子游与赵希愚墓志先后提及所葬之处位于"祖茔之侧""从先茔也"，故而推测鲤鱼山南麓山坡应为赵宋南迁宗室的一处家族墓地，赵子游的父亲赵令懬也应葬于此地。据《宋史》记载，在战乱时期，赵令懬对于南宋朝廷的贡献极大。"建炎二年，分西外宗子于泰州，命令懬知西外宗正事，除御营使司参赞军事，挈宗子避地福州。""绍兴五月甲寅，命知南外宗正事令懬选年幼宗子，将育于宫中。绍兴六年六月辛酉，封集英殿修撰令懬为安定郡王。"可知赵令懬最初率宗子避乱福州，后知泉州为南外宗正事，极可能于绍兴七年至绍兴十年前后携家眷徙居温州，而后归葬于家族墓地。据调查，今温州宋宗室后裔人数较多，太祖、太宗以及魏王三派后裔均有。赵子游墓暨其家族墓地的发现，可以佐证温州在宋代是宗室南迁的重要地区之一。

定居温州的赵宋宗室后裔在温州的生息繁衍，除直接增加人口、促进经济发展外，还因为他们继续享受着朝廷拨给的费用，且大多具有一定的文化水平，在一定的程度上促进了温州的文化发展。在他们的影响下，温州的习俗变化很大，市民阶层的生活情趣趋于时尚，"侈外而窭中""其俗习于燕安，以浮侈相高，靡衣鲜食，崇饰室庐，嫁娶丧葬大抵无度，坐是至贫窭不悔"。这在客观上刺激了奢侈品的消费市场，刺激了温州手工业的发展。宋代温州漆艺号称"全国第一"，赵希愚墓出土雕刻精美的剔犀如意云纹长方镜盒便是实证。

补充《乐府诗集》编者郭茂倩的史料欠缺

郭茂倩（1041—1099），字德粲，郓州须城（今山东东平）人。出身官宦世家。祖父郭劝官至翰林侍读学士、给事中，累赠礼部尚书。父郭源明官至尚书职方员外郎、知单州。据苏颂所撰《职方员外郎郭君墓志铭》，可知郭茂倩为郭源明长子，神宗元丰七年（1084）时为河南府法曹参军。该碑观音左侧题跋中，郭茂倩的身份是通直郎、温州永嘉县知事、赐绯鱼袋，可见，到元符二年（1099），郭茂倩官职为正八品京官，由于他前后服官已达十六年，符合获赐五品服色鱼袋的条件。然而郭茂倩任永嘉知县，却不见于明清时期《温州府志》《永嘉县志》等文献记载。根据该碑碑文，郭茂倩任永嘉知县应属文献漏载之例，这可能与他的任职时间很短有关。

郭茂倩的最大贡献是著有《乐府诗集》百卷传世。《乐府诗集》辑录汉魏到唐、五代的乐府歌辞兼及先秦至唐末的歌谣5000多首，内容十分丰富，是中国古代乐府歌辞的总集，也是研究我国古代音乐文学的重要文献。然而，郭茂倩的事迹并未随着《乐府诗集》的流传而广为人知。该碑的发现补充了郭茂倩曾任永嘉知县的史料欠缺。

石碑观音像的相关猜测

蒙泉是温州市区的三大名泉（西山玉眉泉、华盖山蒙泉和江心屿琉璃泉）之一，在今市区华盖山西麓、旧永嘉县治（今为温州军分区大院）东侧。《永嘉县志》载：《谈荟》：温州酒有蒙泉、丰和春。《温州轻工业志》载："北宋咸平二年（999），市区清心堂的丰和春（酒）选用华盖山麓蒙泉的水，制成碧露酿液。"可见，自唐代开始，蒙泉井水已经成为酿酒的著名泉水，甚至出现"蒙泉"名酒。

该碑的观音像刻画有力，犹如绘画艺术之中的铁线游丝描，据其佩璎珞、手持柳枝等特征判断，应为白衣观音，造型与国家图书馆藏宣和六年(1124)江阴县寿圣院泛海灵威观音像颇为相似。华盖山有容成洞，相传为黄帝时仙人容成子修道上升处，被道书列为"三十六洞天"之一。郭茂倩将佛教的白衣观音像碑立在蒙泉，可能与蒙泉的道教背景有关，也与宋代儒、释、道三教融合的趋势有关。有专家认为，这还与温州的海上贸易十分发达有关。我国古代很多地方都有井泉通海的传说，将观音海神像碑立于蒙泉旁，可能与祈求泉水常涌、航路平安、海商繁荣有关。

立于蒙泉的观音海神像碑在时隔64年之后被用作赵子游的墓碑，是一件令人费解的事情。赵子游在绍兴三十二年十月十四日病终，第二年正月十八日才归葬，其间相隔俩月有余，他的儿孙们完全有足够的时间准备墓碑，不应为了贪图方便，就地取材，把蒙泉的观音海神像碑抬回家去做了墓志石。那么，极为可能的情况是，该碑材质较好，又刻有观音像，赵家某人比较喜欢，早在赵子游病终之前，就已取回收藏供养。赵子游病终之后，被用作墓志石。

※ 今生故事

温州市级文保单位——谯楼

在古城温州的千年历史上，有一位皇帝，真正来过温州，他便是宋高宗赵构。

1127年四月初一日，北宋徽、钦二帝和后妃百官三千余人被金兵掳掠，史称"靖康之难"。徽宗第九个儿子康王赵构侥幸躲过此难并得以登基，改元建炎，即宋高宗，开启南宋模式。

建炎三年(1129)初，金兵分兵两路再度南侵。高宗从扬州仓皇出走南奔，金将兀术领兵十万穷追不舍。赵构被迫与侍臣、嫔妃等乘船浮海避开金军锋芒，建炎四年(1130)正月二十一日，赵构船队航至瓯江口青澳门(今洞头大门岛洋面)。二月初一，溯江至江心孤屿，驻跸江心普寂禅院。

因岛屿孤悬瓯江，生活起居不便，在温籍官员薛弼的建议下，宋高宗一行于二月十七日，从江心屿向温州城内移跸。御驾仪卫自拱北门(后改称朔门)入城，民家百姓皆结彩焚香奉迎，百官则迎至永宁桥边，拜伏道旁。后人为纪念这位逃亡皇帝，就把这一带称作"万岁埭"，即如今的万岁里。御驾依次由大街(今解放路)、五马街，通过谯楼到达州治(今广场路小学)。驻跸州治内后，遂改州治衙门为行宫，州治住宅为宫禁，谯楼为朝门。

屹立温州旧城中心的谯楼，是五代吴越王钱镠七子钱传瓘任温州刺史时所筑。谯楼风雨千余载，最为风光的一次即是宋高宗驻跸治内，改州治衙门为行宫，谯楼为朝门。

当历史车轮滚到元朝时，蒙古贵族统治者害怕汉人据险对抗，便下令拆除全国所有的城池，温州内外城也未能幸免，元至正十三年(1353)，其四面城墙和东西北三处城门皆被毁，唯南城谯楼保留下来。

清顺治年间，谯楼因兵祸而毁圮，康熙十二年(1673)重建。上世纪20年代末，距谯楼百余米处，新造了一座大石条构筑的四层仿罗马风格的西式钟楼，安装了较先进的机械巨钟。钟楼与鼓楼相互呼应，为民众掌握时间提供了方便。不久，钟楼又增添了警报器，在抗战时期为防范敌机空袭发挥了重大作用。钟楼南、北向拱门上石匾分

别刻有"东瓯名镇"与"民具尔瞻"大字，离楼百米远仍清晰可见，折射了瓯越文脉遗风。

1925年旧温属公立图书馆设分馆于谯楼。1928年谯楼辟为民众教育馆。抗战时期，日军侵温，图书器物荡然无存。新中国成立后，古谯楼一度遭受冷落。1981年，谯楼被列为温州市级文物保护单位。为保护祖国文化遗产与文物安全，1991年温州市人民政府拨专款重修，温籍台胞吴昌涛先生捐款50万元。翌年8月，一座基本保持初建原貌的古谯楼以崭新的面貌出现在人们眼前。

2001年，谯楼再行修饰，开办了历史名城图片展和"东瓯名绣精品陈列馆"。嗣后，还先后举办过温州风筝展、温籍美术家个人画展、工艺美术展等，谯楼成为传播温州文化的一个重要窗口与阵地。

←
观音像
→
谯楼

南宋龙泉窑青瓷叶适墓志

青瓷龙泉另有一"宝"

古代墓志多用石材，青瓷烧制的墓志极为罕见。温州博物馆内就有一方独一无二的青瓷墓志。它的主人是南宋时期著名思想家、文学家、政治家，永嘉学派代表人物叶适。它曾经历浴火后的重生，也补充了宋史的现有记载。

"淘海内仅有之品，不独为龙泉窑器放一异彩也。"1961 年，著名古陶瓷专家陈万里来到温州博物馆考察，看到一件文物后惊为奇遇，如此赞叹。

这件大放异彩的器物就是南宋青瓷叶适墓志，温州博物馆的镇馆之宝之一。

→
南宋龙泉窑青瓷叶适墓志，1940 年鹿城区慈山叶适墓出土

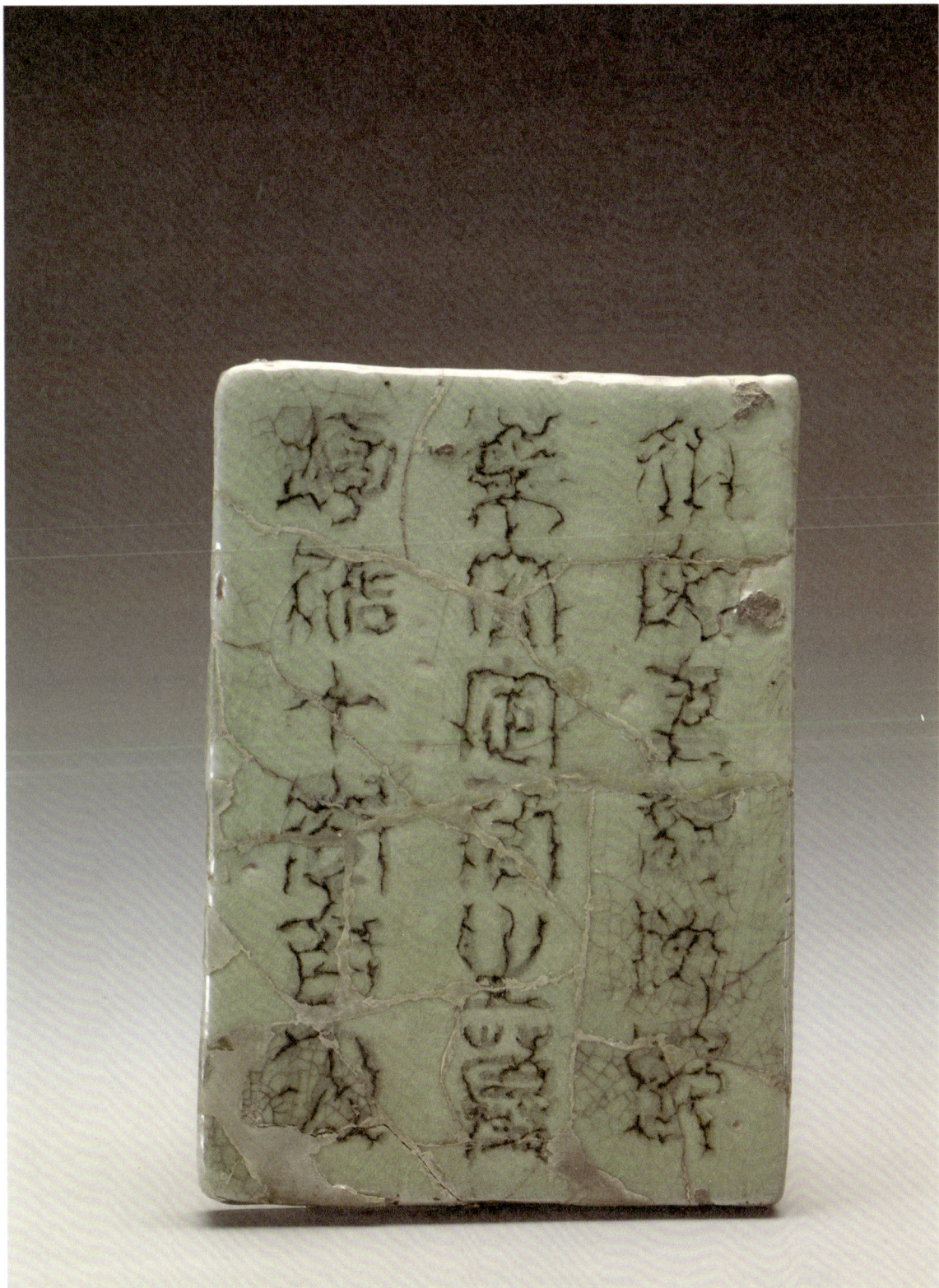

龙泉青瓷墓志极为罕见，补充了宋史现有记载

记者眼前的这件长方形的墓志与叶适的两本著作一起，被安放于博物馆内的一个独立展柜内。据温州博物馆研究员伍显军介绍，这方墓志高33厘米，宽24厘米，厚3.5厘米，正面从右至左书黑釉篆书"大宋吏部侍郎叶文定公之墓淳祐十年吉立"三行十八字。墓志为瓷土烧制，胎质细洁致密，胎色白中泛灰。正面及边缘施青绿釉，釉质厚润透明，玻璃质感强，光亮照人，釉面有冰裂纹。背面无釉，呈深褐色。

它看起来并不起眼，又如何成为温州博物馆的镇馆之宝呢？

其实，这方墓志的历史和艺术价值大了。伍显军告诉记者，首先，是它的材质。据目前发表的考古资料看，古代墓志多用石材，以青瓷烧制墓志极为罕见。这方墓志的青瓷还非普通的青瓷，而是龙泉窑烧制的青瓷，价值更大。龙泉窑是宋代著名瓷窑，产品曾享誉海内外。尤其是在南宋时期，它的釉色之美达到了顶峰。墓志显现出来的淡绿釉色也是当时所创烧的"粉青釉"，所以更显珍贵。其次，墓志采用釉下彩工艺烧制而成。工匠先用褐黑釉料在墓志瓷胎上书写铭文，然后在其上施以淡绿釉料，再入窑以高温一次烧成。虽经高温熔融，字体仍清晰可辨。柔和淡雅的釉面衬映着黑色字体，分外端庄悦目。再者，这件墓志也补充了宋史的现有记载。《宋史·叶适传》中的"卒谥忠定"认为叶适的谥号是"忠定"。这件墓志篆书所写"大宋吏部侍郎叶文定公"则表明叶适的谥号是"文定"，与史书记载有出入。目前很难说两者孰对孰错，但这方墓志的出土确实对现有的记载有所补充"，伍显军表示，"也证明

清晚期瑞安孙衣言、孙诒让父子有关叶适谥号'文定'研究的正确性"。

如果仔细观察，你会发现这方墓志其实并不完整，左下角缺了一小块。是出土的时候损坏了吗？没那么简单。这其中还有一段墓志失而复得、浴火重生的曲折故事。

※ **今生故事**

金石家识宝墓志浴火重生

根据梅冷生《记叶适墓志》一文中的介绍，我们可以大致还原这段故事。

墓志是1940年在温州慈山叶适墓出土的。出土时断为两截，温州当地的一名工匠得到后，卖给了温州的金石家谢磊明。谢磊明从事篆刻艺术，知道这方墓志很珍贵，便珍藏了起来。1948年10月，位于市区杨柳巷的谢家遭火灾，这方墓志也不幸罹难。虽然家已烧毁，谢磊明还是尽力在瓦砾堆中找寻这方墓志的下落，终寻得残片若干。寻得还不够，他还让工匠将其修复完整，但左下角还是缺了一小块。谢氏复督儿辈穷目搜剔，然终不见残块踪迹。1950年6月，谢先生将墓志赠送市图书馆，后移交市博物馆。

这也解释了墓志表面布满修复与黏合痕迹的缘由。修复并非墓志来到博物馆之后进行，而是在来博物馆之前已经完成，这方墓志的价值和金石家谢磊明的独具慧眼也可见一斑了。

还有一个问题，既然龙泉窑在南宋时如此珍贵，那么，又是谁为叶适制作了这块贵重的青瓷墓志呢？

巧的是，墓志上所写的"淳祐十年"，即1250年，正是叶适的百岁诞辰，这只是巧合吗？在伍显军看来，这其中或许有某种关联，"很可能

→
叶适像

是他的后辈为了纪念他的百岁诞辰专门在龙泉定制的"。此外，在厚实的龙泉青瓷上刻字并不容易。"这方墓志可以说也代表了当时龙泉制瓷的高超技艺。"

这方墓志之所以珍贵，也与墓主人叶适不无关系。

叶适，字正则，南宋绍兴二十年（1150）生于瑞安，是南宋时期著名思想家、文学家、永嘉学派代表人物。在哲学、文学和政治等方面均有突出贡献。在我国哲学思想史上具有较高的地位和影响。历官武昌军节推、淮西提举、湖南转运判官、吏部侍郎等。开禧二年（1206），遭投降派诬害罢官。后奉祠家居，著书讲学。嘉定十六年（1223），卒于永嘉，享年74岁。著作有《水心文集》《水心别集》《习学记言序目》。

他对后世的贡献与永嘉学派这个在历史上地域特征鲜明的学派密不可分。明清之际的思想家黄宗羲指出："永嘉之学，教人就事学理会，步步着实，言之必使可行，足以开物成务。盖亦鉴一种闭眉合眼，蒙瞳精神，自附道学者，于古今事物之变不知为何等也。"

南宋时期，恰处在海上丝绸之路中国东部海岸线的中间点上的永嘉（今温州）区域工商业逐渐获得空前发展，新兴的工商业阶层在这里逐渐聚集起来，以贸易性手工业为基础，迅速形成自己的财富，社会基础逐步发生变化。他们要求抵御外侮，维护社会安定，并希望能减轻捐税，主张买卖自由，尊重富人，发展商业。

这时出现的永嘉学派以强烈的爱国主义思想，重视史学研究，尤其重视实用，重视事功为特色，批评理学和心学，提出"道在物中"等许多具有唯物主义思想的观点，认识到商品经济对国家、社会的作用，主张发展商业，务实创新。这些也成为今日"温州模式"的传统渊源与温州人"敢为天下先"创业精神的历史源头。

一方水土养一方人，一方水土育一方文化。一方墓志的背后是一种万世流芳的思想流派，也是一段耐人寻味的温州文化史。

2020年入夏以来，温州博物馆积极策划《金石传馨——碑拓里的永嘉学派故事》展览，计划展出一批永嘉学派学者的墓志文物及其拓片，如《北宋张辉墓志铭》《南宋龙泉窑青瓷叶适墓志》《南宋周诚己夫人张氏墓志》等，同时展出叶适、陈傅良等永嘉学派学者撰写的墓志拓片等，试图以独特的视角，宣传永嘉学派的学术渊源、学术思想及其对社会经济文化产生的深远、广泛影响。

元代选真寺记碑

一块石碑引出一个
"明教遗址"

金庸曾给自己 14 部中、长篇小说写过一副对联:"飞雪连天射白鹿,笑书神侠倚碧鸳"。其中,这"倚",便是指《倚天屠龙记》。

新版《倚天屠龙记》的热映,再次掀起了"金庸武侠"热,同时引发影迷对"明教"(本名摩尼教)的兴趣。但您知道吗?在苍南钱库与金乡交界的偏僻田野上,就有一处明教遗址。并且,在此处遗址上发现的一块石碑,如今被陈列在苍南县博物馆内,被评为国家二级文物,它就是这件选真寺记碑。

→
选真寺记碑拓片

选真寺记碑

选真禅寺

稻田中发现选真禅寺和选真寺记碑

摩尼教起源于古代波斯，在中国以"明教"方式为人熟知。

选真寺俗称"彭家山堂"，位于苍南钱库镇括山社区下汤村，为浙南仅存的三个摩尼教遗址之一（另有苍南炎亭潜光院、瑞安曹村明教寺），也是目前世界上发现的为数不多的摩尼教寺庙之一。

温州博物馆研究员伍显军介绍，1982年，浙江省第一次文物普查时，人们发现民国《平阳县志》有记载，元至正八年（1348）进士孔克表撰写了《选真寺记》，其中写道："平阳郭南行百十里，有山曰鹏山，彭氏世居之，从彭氏之居西北有宫曰选真寺，为苏邻国之教者宅焉。"苏邻国即古波斯，苏邻国教即摩尼教，宋代以后华化的摩尼教就是明教。"平阳郭南"当时已划入苍南，应在金乡、炎亭、括山一带。

1988年春节，《平阳县志》主编林顺道去舅父张正光家拜年，谈及此事。而后，张正光便决定寻找选真寺，最终在括山下汤村发现一座孤立在稻田中的黄色外墙的平房，房门上写着"选真禅寺"，同时还在此处发现了这件选真寺记碑。

碑文记录扩建过程及其结构规模

这件选真寺记碑，高1.55米，宽0.76米，厚0.10米。碑首半圆形，额篆书题"选真寺记"4字，直书二行。碑文楷书15行，满行24字，共561字。其碑文落款时间为元至正十一年（1351），内容记载了当地彭氏族人彭仁翁（字如山）扩建选真寺的过程及其规模等情况。而此碑文的撰写者就是孔克表。

苍南县博物馆工作人员介绍，根据碑文内容分析可知，选真寺是彭氏祖先所建，因为太过简陋狭小，需要重新扩建。而此次扩建主要是彭仁翁与侄儿彭德玉出资。另外，从碑文还可知当时扩建后的选真寺的结构规模，与《摩尼光佛教法仪略》介绍的摩尼寺院的建筑结构基本相符。

※ 今生故事

创建年代最晚应在北宋宣和之前

伍显军介绍，1997年1月，林顺道在距选真寺4公里外的彭家堡村发现了1919年重修的《彭氏宗谱》，该谱全文收录了《选真寺记》，还记载了彭仁翁的家世渊源。

彭氏先祖彭信，于后晋天福五年（940）从今福建霞浦迁到苍南金乡鹏山。彭氏祖居地福建霞浦一带，是当时摩尼教的流行地。与彭氏同时代迁来的苍南林、温、蔡、陈、徐等族，在其族谱中也都能找到先人信仰摩尼教的记载。可见，摩尼教的传播史与苍南金乡的人口迁移史密切相关。

彭氏八世祖彭仲刚（1143—1194）为乾道二年（1166）进士，曾任国子监丞等职。彭氏家族由此兴盛，此后出仕为官者不乏其人。从家族发迹史、彭仁翁近祖生活年代、北宋宣和二年（1120年）禁教等三个方面推断，选真寺的创建年代最晚应在北宋宣和之前。

宋元时期温州摩尼教曾经很兴盛

据史料记载，温州摩尼教鼎盛时期约在北宋末年。南宋黄震《黄氏日抄》卷八十六《崇寿宫记》中记载："政和七年及宣和二年，两尝自礼部牒温州，皆宣取《摩尼经》颁入《道藏》。"《宋会要辑稿·刑法二》中记载，"宣和二年十一月四日，臣僚言：一温州等处狂悖之人，自称明教，号为行者。今来明教行者，各于所居乡村建立屋宇，号为斋堂。如温州共有四十余处，并是私建无名额堂。"可见，北宋末年温州摩尼教信仰活动很突出，有系统的教理和规范的崇拜仪式，当时温州12万户人家中，正规明教寺院以外的"斋堂"就达四十余处。所谓"斋堂"，是设在居民家中的信徒聚会点。

另外，无论孔克表，还是在《竹西楼记》中曾提及明教的元末进士陈高（1314—1367），他们都是元代的官员，可见元代摩尼教传播是公开合法的。

伍显军介绍，13世纪以后，除我国淮南、两浙、江苏、江西、福建等地仍在继续传播摩尼教外，世界各地如中亚、西亚都接近绝迹。因此，我国摩尼教的研究倍受世界学者的重视。然而，摩尼教在我国流传的史料极其贫乏，保存下来的遗址、遗物更为罕见。选真寺及选真寺记碑为研究元代摩尼教在我国东南沿海活动情况提供了珍贵的第一手重要资料。

明《集云山樵诗画》图轴
追寻温州明代书法 "集团军"

历史上著名的"收藏大腕儿"乾隆皇帝最欣赏的几幅画作被称为"乾隆四美"，宋代画家李公麟的《蜀川胜概图》就是其中之一。该画卷首《蜀川胜概》四字，由明代瑞安人任道逊所书。

任道逊是明代温籍书画家。他 7 岁便能赋诗、写大字，12 岁以神童荐举为国子监生，后官至太常寺卿，书画造诣深厚。2020 年 7 月，温州博物馆展出的一批明代温籍书画家精品力作中，就有任道逊的《集云山樵诗画》图轴。

→
明任道逊《集云山樵诗画》之一，正在历史厅展出

以神童被荐为官五十余载

任道逊，出生于1422年，字克诚，晚号坦然居士，又号八一道人。如今瓯海丽岙任宅村的任姓人士乃是其后代。

任道逊天资聪颖，7岁就能赋诗，能书写直径数尺大字，书法极有法度与风格。明永乐、宣德时期人称盛世，天下太平、经济发展、文艺兴盛，朝廷君臣颇重文艺，大字书法亦在其列，并在社会上开始重视儿童习大字。明宣德八年(1433)，12岁的任道逊，以神童被推荐上京。明宣宗闻而奇之，亲自召其至金殿面试，并命他书"龙凤"两字。任道逊镇定自若，一挥而就。宣宗颇为惊奇，又立即出题，曰："九重殿上书龙凤"，任道逊应对："百尺楼头望斗牛"。明宣宗拊掌称妙，大为嘉赏，留任道逊在文华殿深造后，将他录用为国子监生。

任道逊历官宣德至弘治六朝，官至太常寺卿，明孝宗皇帝评价他"性资明敏，书翰精专，效劳禁署，历年滋久，茂著声称"。

据考证，任道逊的遗世作品有碑铭20件、墓志12件、墨迹2件、匾额1件、山水画3件。作品以楷书碑刻为多。他生前曾为瑞安城宾阳门谯楼题额："东南遗观"。又曾题隆山观海亭联："雁落寒汀，潮声入夜月当午；舟归晚浦，山色载春花满蹊"。现今瑞安罗凤镇沙渎村龟山仍有他书写的《坤屿墓表》碑文，字体俊秀，是他晚年的楷书精品。

《集云山樵诗画》图轴
是他晚年生活的真实写照

任道逊生前诗文著作颇丰，有《太极心性图说》《集云山樵文集》《集云山樵语录》《归田百咏》《竹亭稿》《雅鸣集》《家藏集》《坦然子集》《感兴诗》等，惜大都遗失，现存极少。

温州博物馆藏的三件任道逊所绘水墨《集云山樵诗画》，尺寸均为纵147.5厘米，横61.6厘米。正在展出的这件图轴，画面采用高远构图，描绘的是瑞安集云山风景，近处小桥流水，孤舟穿梭，疏林下一草堂，主人独坐怡然读书，对面石径上一老翁拄杖赏景；远处层峦叠嶂，一峰耸立，意境高远。左上角跋："乔木阴阴覆草堂，南华几叶送斜阳。轻舟短屐人来去，谁知家乡是客乡。集云山樵诗画。"钤朱文篆书方印"克诚""太常卿印"，跋首钤朱文篆书椭圆印"坦然"。左下角钤一篆书方印。右下角钤白文篆书方印"磊明所藏"，说明该画曾经为温州金石篆刻家谢磊明所收藏。

而目前未展出的两件图轴，描绘的也都是集云山的景色。根据画的尺幅大小、描绘内容、构图方法、运笔手法、钤印位置以及谢磊明收藏印章、题签时间等判断，它们应为四条屏之中的三件，遗憾缺失了一件。

另外，从任道逊的著作中有《集云山樵文集》《集云山樵语录》，以及墓葬在瑞安市郊进星村焦石山等判断，任道逊晚年应是经常往游集云山，甚至可能就住在集云山附近，温州博物馆的三件《集云山樵诗画》所绘，可能正是他晚年生活的真实写照。

集云山位于瑞安城区东北，现属安阳镇，历来是郊游胜地。清嘉庆《瑞安县志》载："天复二年有白鸟栖县之集云阁，以为祥瑞，更名瑞安。"可见，"瑞安"之名来自集云山祥瑞之兆。

→
明任道逊《集云山樵诗画》之一

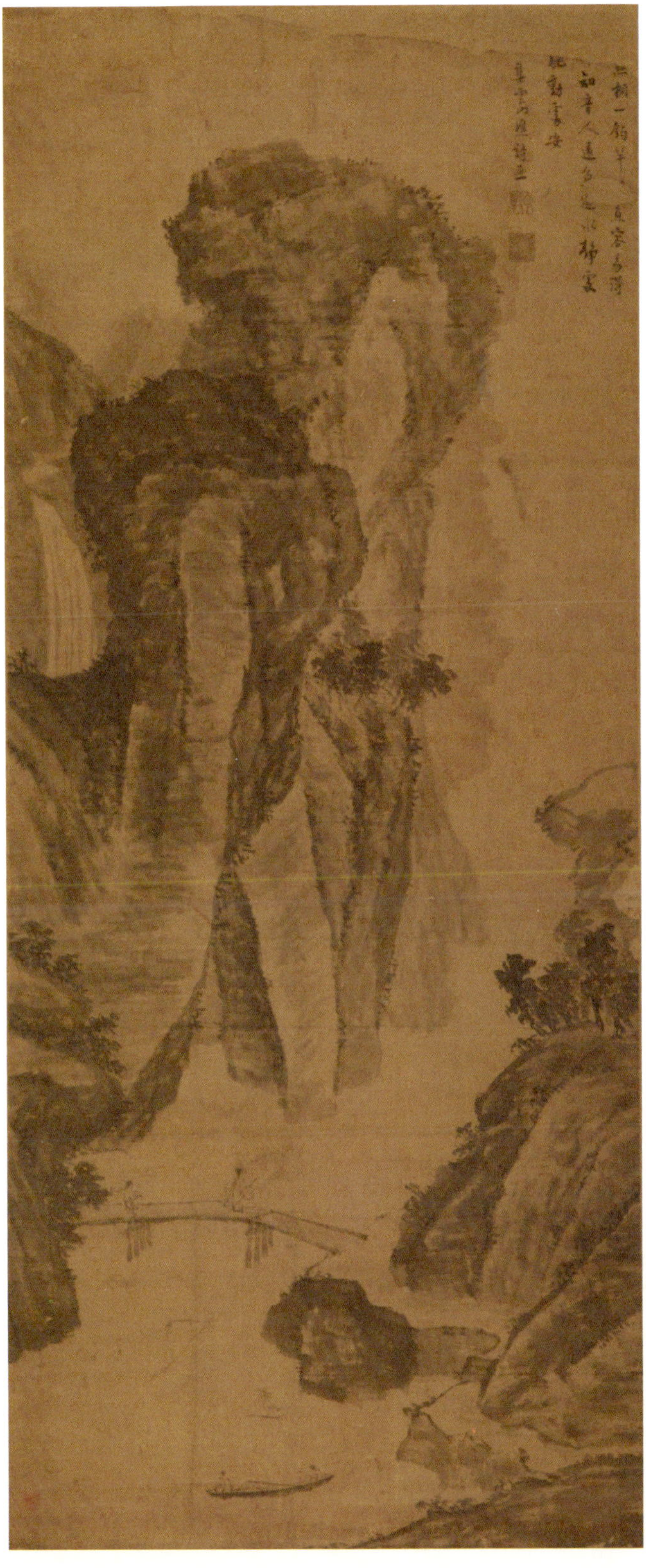

明任道逊《集云山樵诗画》之一

后人自发集资建成纪念馆

瓯海区丽岙（旧属瑞安）任宅村，绝大多数为任姓，都是任道逊的后人，尊任道逊为"八世公"。2011年，任宅村集资建成了任氏宗祠，不久开始筹建任道逊纪念馆。

2018年4月，任道逊纪念馆正式开馆，该馆就设置在任氏宗祠内。任氏族人任克波介绍说，纪念馆分为生平馆、书法馆、绘画馆、诗文馆、养生馆5大馆，通过5个不同专题展现任道逊的人生经历和贡献。

任克波说，在筹建任道逊纪念馆的过程中，大家商议要为"八世公"出书，2015年上半年，辗转打听到龙湾有一位青年书法家陈佐对明代温州书法家很有研究，便找到了陈佐，请他帮忙编著《任道逊书法集》。

在任道逊纪念馆的开馆仪式上，这本由陈佐编著、西泠印社出版社出版的《任道逊书法集》首发。《任道逊书法集》共收入作品33件，多为任氏晚年书作，以墓志铭、碑刻等居多，有4件在千字以上。

一名青年书法家陈佐
发现明代温籍书法家群体

青年书法家陈佐是龙湾瑶溪人，从小喜欢写字，也喜欢研究书法史料，对明代书法家有所研究。

通过多年研究，陈佐发现了一个人数众多的明代温籍书法家群体，里面既有大家所熟知的明朝内阁首辅黄淮（1367—1449）、世称"张阁老"的张璁（1475—1539），还有姜立纲、任道逊、胡宗蕴、黄养正、黄采、黄璨、柳楷、蔡鼎、王焕、金云鸿、张承明、周令、吴昂、张环、赵性鲁、赵士桢、张逊志等。

而对任道逊的研究，陈佐从十多年前就开始了。应任氏族人之邀，陈佐答应编著这本《任道逊书法集》。寻找、拓片、录入、校对、断句……这个过程并不轻松，如书中收入的《佳城总题》（后由温州博物馆征集）诗碑拓片，是2016年在平阳某地房地产开发时，墓主后人迁移坟墓后遗留在田间的。后来，陈佐得到朋友报信：有古董商已经将这些诗碑运到苍南。他当晚赶去，发现其中两块碑上就有任道逊的落款。

陈佐认为，明朝对书法极为重视，明初朝廷向全国招募善书的神童，组成了以黄淮为首的28人的书法导师队伍，培养书法人才，对民间形成一种激励和导向。再加上温州人的乡土观念和抱团心理，使得温籍书法家群体在明代早中期大放异彩。

莫作寻常名迹论

　　它是温州博物馆的镇馆之宝，曾是清代温州书画收藏家的珍藏，孙诒让、林剑丹为之跋诗、撰文，皆称"莫作寻常名迹论"。

　　他是明代著名政治家、思想家和教育家，主张以心治学，从心学书；他又是那个时代的军事家，平定叛乱，堪称"武侠文儒迈等伦"。

　　本文借由《致谢源书》长卷，为您揭秘明代心学集大成者王守仁的传奇人生。

→
王守仁《致谢源书》长卷

王文成公赞墨

曲园俞樾题

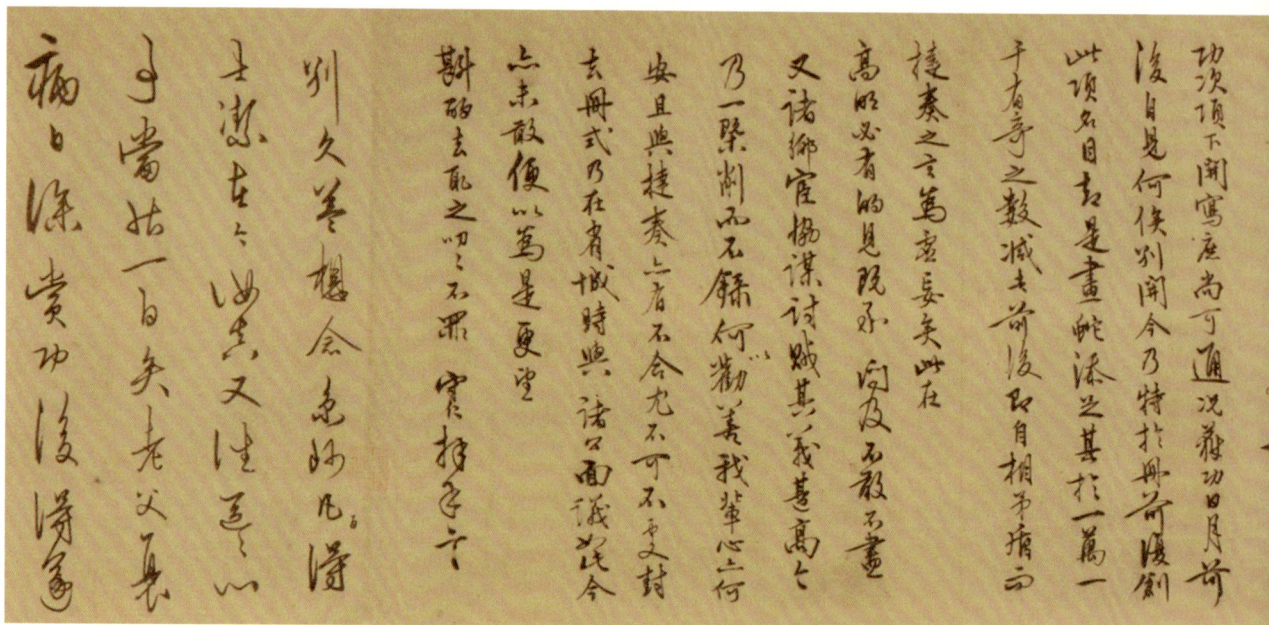

↑
王守仁《致谢源书》长卷

五通信札合裱
定为国家一级文物

王守仁这件《致谢源书》长卷，系五通信札合裱，长380.4厘米，高26.2厘米，每通信札三四页，共19页，1200多字。第一札32行，计400多字，以行楷为主。后四札有行有草。原札文均未注明年月，后有清末学者俞樾、孙诒让等人题跋，断定"绝真无疑"。1995年国家文物局定级专家将其定为一级文物，这是温州博物馆馆藏中唯一一件书画类一级文物。

关于五通信札的内容，温州市书画院名誉院长、西泠印社理事林剑丹撰写的《莫作寻常名迹论——明王守仁＜致谢源书＞墨迹》一文有着详细的介绍。

第一札写于正德十五年（1520）三月前，是王守仁与谢源商讨功次册分类立目问题。原来的功次册是王守仁在南昌"与诸公面议"所定，但谢源所拟定的江西按察司功次册名单，进行了减削，而且将"倡义起兵"归功于谢源本人和伍希儒。因此，王守仁向谢源直陈利害，希望他在功次册造报问题上仍用原方案。

第二、三札内容是王守仁的学生冀元亨受诬被捕，遭到酷刑逼招，"械送京师诏狱"。谢源在平叛不久即回京师，并为冀元亨奔波申辩。正德十六年（1521）四月，嘉靖帝即位，冀元亨获释，仅五天即因"疟痢"不治而亡。谢源不仅曾为冀元亨申辩，还曾为其料理后事，故王守仁深受感动，称赞谢源此举为"仁者用心之道"。

第四札大多数是感谢和叙旧内容。第五札应写于正德十六年十一月初九，嘉靖帝下诏"追论平宸濠功"、再封王守仁为新建伯之后。此时，王守仁已平反冤屈并恢复权位，谢源、祝续等被考察外调的官员，也被吏部"量加擢用"，谢源已是七品知县，因此，王守仁称他为"士洁谢明府"。谢源欲"致书当道"，希望王守仁代向执政者疏通。王守仁劝其作罢，要在困难时刻坚守君子之节。

创立"阳明心学"
人生充满传奇色彩

王守仁（1472—1529），字伯安，别号阳明，余姚人。明代著名的思想家、哲学家、书法家兼军事家、教育家。著有《王文成公全书》《王阳明全集》《传习录》《大学问》等。

王守仁的一生极具传奇色彩。明宪宗成化八年（1472），出身于浙江余姚一个显赫的家庭，父亲王华是成化十七年（1481）状元，官至南京吏部尚书。王守仁5岁仍不会说话，但已默记祖父所读过的书。

明武宗正德元年（1506）冬，宦官刘瑾擅政，并逮捕南京给事中御史戴铣等二十多人。王守仁上疏论救，而触怒刘瑾，被杖四十，谪贬至贵州龙场（贵阳西北七十里，修文县治），当龙场驿栈驿丞。同时，他的父亲王华也被赶出北京，调任南京吏部尚书。路途中，王守仁被刘瑾派人追杀，伪造跳水自尽躲过一劫。随后他踏上路途，来到贵州龙场，根据风俗开化教导当地人，受到民众爱戴。

另据《王文成公全书》卷十二载："正德十四年六月，南昌宁王朱宸濠反。时守仁正以右副都御史，提督南赣、汀漳等处军务。得悉叛讯，急赴吉安，传檄勤王，率兵平叛。御史谢源恰从广东返京，途经吉安，被留军前纪功。守仁迅速平定了叛乱，但却招致猜忌，不仅抑功无赏，反遭多方诬陷。"可见，王守仁是当时文人用兵的代表。

王守仁是明代心学集大成者。阳明心学的直接源头是陈献章与湛若水的"陈湛心学"，反对程颐、朱熹追求"至理"的"格物致知"方法，强调道法自然，重视人的主观能动性，主张天人合一，通过"心即是理""知行合一""致良知"等核心概念实现理论与实践、主体与客体以及内圣与外王的统一，对明清乃至我国近代思想文化产生了启蒙作用。

※ 今生故事
长卷上的题签、题跋
有助于研究其流传经历

这件王守仁《致谢源书》长卷的卷首、卷末题有题签和题跋，对于考证其流传经历具有重要作用。卷首篆书六字题签"王文成公遗墨"。卷末依次有俞樾、孙诒让、王岳崧三人题跋，对王守仁写给谢源的信札内容、谢源其人、阳明心学等进行了考证和介绍。

俞樾（1821—1907），字荫甫，自号曲园居士，浙江湖州德清人，清末文学家、经学家、古文字学家和书法家。俞樾的题跋写于1906年，认定"士洁"即王守仁平宸濠之乱时的纪功御史谢源，"王文成公书札五通，皆与士洁者。士洁不知何人，前数通称'士洁侍御'，后一通称'士洁谢明府'，称谓不同，然其为谢姓则无疑矣。《明史·王文成本传》：'宸濠反，守仁急趋吉安，传檄勤王。御史谢源、伍希儒自广东还，守仁留之纪功'。此士洁，疑即谢源名。"谢源，字士洁，福建怀安人，正德六年（1511）三甲第一百六十五名进士。

孙诒让（1848—1908），字仲容，别号籀庼，瑞安人。孙诒让的题跋写于1902年，赋诗两首，对王守仁的信札及其本人大加赞赏，"冶亭人帖劫余灰，短札犹觇救世才。莫作寻常名迹论，愿将学案补南雷。武侠文儒迈等伦，象山宗派得传薪。救时微管空晞慕，毕竟英雄是学人。"

王岳崧（1850—1924），原名黼廊，字叔高，号啸牧，瑞安人。王岳崧的题跋写于1907年，对王守仁的理学在日本广受欢迎的原因进行了论述，引用了朱彝尊对王守仁诗、书法的评价。

据介绍，这件王守仁《致谢源书》长卷是由叶琮后裔叶自忠、叶之江等捐赠给温州博物馆的。叶琮（字蓉楼）是曾经的温州南北货老大的百年老店"叶德昌"创始人叶锡金的三子，是清代知名温州书画收藏家。

瓯塑非遗传承人
希望创作瓯塑版王守仁画像

瓯塑是温州独有的一项非遗技艺，素有"立体油画"的美称，是一种浅而薄的浮雕。它既有

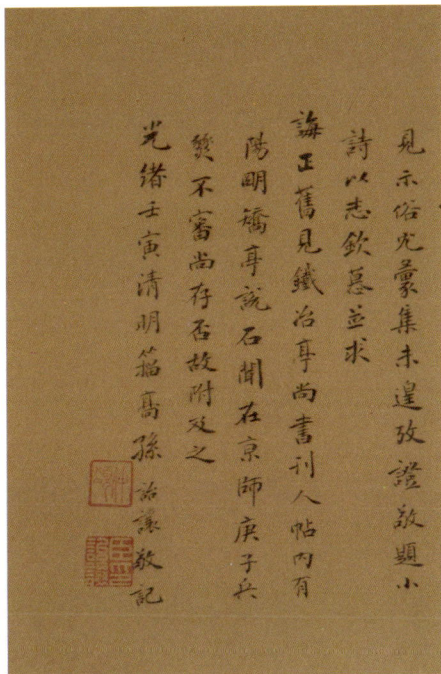

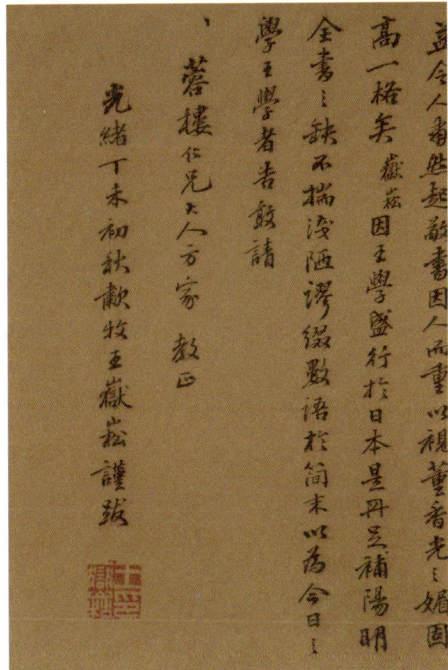

↑
孙诒让等人跋《致谢源书》

油画的美感，又有雕塑的立体感，2008年入选国家级非物质文化遗产目录。

青弘，80后温州青年艺术家，现为温州市第二中学瓯塑社导师，先后师从于国家级非遗瓯塑项目代表性传承人周锦云、画家孟庆江、书法家吴永龙。

多年来，青弘致力于国家级非物质文化遗产温州瓯塑的传承和公益推广，通过课堂上的交流实践，培养学生的兴趣爱好。同时，成立瓯塑传习班、举办瓯塑师生作品展等等，向大家展示瓯塑的独特魅力。

除了醉心于瓯塑创作外，青弘还对王守仁以及他的阳明心学充满兴趣。多年来，她潜心研读王守仁的作品并研究他的生平故事，还在自己的瓯塑创作中融入他的故事，创作出了瓯塑作品《阳明得道之龙场驿》《阳明得道之阳明故乡》等。

近年来，青弘开始研究起王守仁的"颜值"。"他的模样到底是怎样的？"青弘说，尽管现在也有一些流传下来的王守仁画像，但画像中他的模样各不相同。通过研究历史资料，她希望将来能创作一幅自己认可的瓯塑版王守仁画像。

明何白水墨《九畹华滋》图卷
兰心蕙质品自华

明末，温州文学艺术虽有所发展，出现白鹿诗社以及包容、周天锡、姜准等文人雅士，却呈现出一枝独秀、众星捧月的局面。其中，布衣诗人何白以其才情、经历，成为这个时期的最高成就代表，人称天际真人、山中宰相。

今天带您欣赏温州博物馆珍藏的《九畹华滋》兰石图长卷，说说温州兰花的前世今生故事。

↑
何白水墨《九畹华滋》图卷

兰心蕙质品自华

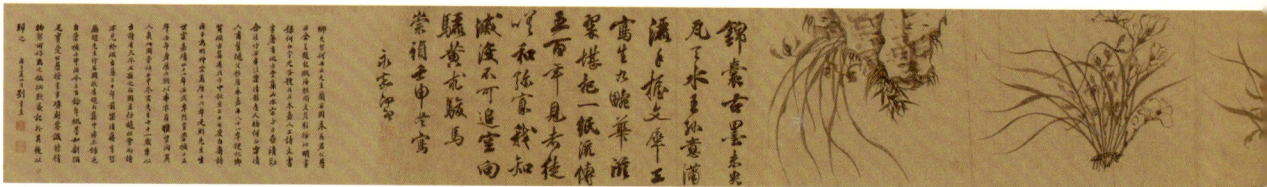

↑
何白水墨《九畹华滋》图卷

曾被书画家马公愚鉴定收藏

这幅《九畹华滋》兰石图，高 28.5 厘米，长 280 厘米，作者是明末布衣诗人何白，其擅画花卉、兰、竹、石等。"九畹"见《楚辞·离骚》："余既滋兰之九畹兮，又树蕙之百亩。"后以"九畹"指称兰花。

这幅图的画面主体部分采用水墨写意法描绘相对独立的兰草七丛，或濒水，或伴石，或束根，或悬崖，或兰花盛开，或初吐嫩芽，以玉兰、瘦荆、篁竹、奇石等为依衬。兰叶任意生长，随风披拂，花瓣随手撇画，不经意中收拾茎叶于一束，看似逸笔草草，兴之所至，撇画成图，实则用心经营，以墨色浓淡变化表现奇石、兰叶、兰花等描绘对象质地、形态和色彩的变化。画石用苏东坡、赵孟頫的简笔法写就，稍加横点为苔，或作马牙点以醒目，花叶婀娜，顾盼有情。

画的后面有何白行书自题七言律诗："锦囊古墨未央瓦，天水王孙意潇洒。手握文犀工写生，九畹华滋翠堪把。一纸流传五百年，见者徒嗟和弥寡。我知灭没不可追，空向骊黄求骏马。崇祯壬申冬写。永嘉何白。"后钤白文篆书方印"何白之印""鹤溪老渔"。画的前端图侧钤印："马公愚鉴藏记"。长卷包首有马公愚题签："明何无咎兰竹长卷真迹逸品。畊石簃藏。"钤印："公愚书画""冷翁"。

温州博物馆研究员伍显军表示，由此可见，该画绘于明崇祯壬申年（1632），温州著名书画家马公愚曾经鉴定收藏。据档案记载，该画由马公愚捐赠。

另外，该长卷还有陈善篆书题签："九畹华滋"，落款："吴门陈善书"，并钤印："碎琴斋""元者"；还有刘景晨行书题跋："乡先哲何丹丘先生《兰石图》卷，马君公愚示余，乞题记。"伍显军介绍，著有《游雁荡记》的陈善曾在 1634 年 11 月来到温州游玩雁荡山，当时何白可能陪同过，并请陈善为此画题签。而刘景晨（1881—1960）曾担任过温州市文物管理委员会首任主任，他对该画的考证十分详细，对何白书画的风格水平进行了评价。

前半生出外游幕
后半生归隐山林

何白（1562—1642），初名守白，后单名行，字无咎，别号丹邱生，又号鹤溪老渔，祖籍乐清，童年时代随父迁居温州城区积谷山下。家境贫寒，但他努力学习，十六七岁即能操笔作诗歌，在温州府里当一名书记员。

万历十五年（1587），何白受到温州府学教授武陵人龙膺的赏识，后去南京，与项季舆、王世贞、吴明卿、陈继儒等诗友交往。为了生活，他四处奔走，给冯元成、李洞南、沈华石等县令做过幕僚。万历二十七年（1599）冬，他从积谷山麓移家城西南郊的渚浦东村筑屋而居，屋名"山雨阁"。三十二年（1604），应郑昆岩的聘请，到陕北榆林游历一年左右。归来后不再外出奔波，与王赞夫、项季舆、王季中、王开先、郑世贞等会文论诗，过着"科头坐啸，课子抱孙"的田园生活。崇祯十五年（1642），病逝于山雨阁，终年81岁，葬在瞿溪金岩。何白著有《山雨阁诗》《榆中草》《汲古堂集》等。

温州博物馆珍藏的何白行书徐渭《煎茶七类》长卷、瑞安市博物馆珍藏的行书《酒中漫兴》诗轴，都是何白隐居闲适的映照。而对于何白的诗文和艺术成就，已有《何白集》（《温州文献丛书》之一，由沈洪保点校）和《明代温州府作家研究》（上海师范大学陈士洪撰写）等专著和论文进行详细论述，讨论最多的还是他的诗文。

何白布衣一生，历经嘉靖、隆庆、万历、泰昌、天启、崇祯六个皇朝，前半生出外游幕，后半生归隐山林。李维桢谓之"诗宗李杜，文宗韩柳"，诗歌题材广泛，或抒写家乡河山之美，或应酬送别，或寄情诉怀。他十分关心民间疾苦，《溪翁行》《村翁行》《哭泉篇》《大水叹》《哀江头》等诗词，或反映农民负担过重，或揭露宦官横暴，具有较高的史学价值。

何白更多的诗篇是抒写温州的河山之美，南北雁荡、仙岩、大若岩、玉甑峰、江心寺等，都有他的吟咏。如《雁荡山水帘谷》："霞扃雪窦白明庭，为惜幽奇策屡停。水石渐穷云路绝，紫崖千仞暮天青。"

自崇禎壬申洎今三百餘年紙墨如新彌
足寶愛公恩擅書畫琢刻鑒識特精
物聚所好為之低佪歎羨記於其後以
歸之
　　戊子夏四月　劉景晨

↑
刘景晨跋《九畹华滋》图卷

瓯海设"兰文化"主题文化驿站

兰花有着两千多年的栽培史，与"梅、竹、菊"合称为"花中四君子"。温州兰文化积淀深厚，有着悠久的植兰、颂兰传统，拥有温州素、雁荡素、瓯江寒兰等名品代表。

2018 年 7 月，瓯海区文化部门与社会力量合办的首家 2.0 版文化驿站，在潘桥街道所辖的福州路 5 号"兰里花园"休闲观光园开站。该文化驿站以"兰文化"为主题，通过定期举办以时尚、文化、艺术为主打特色的活动，为市民提供了一个赏兰、品兰、识兰的公益场所，成为瓯海区的一个特色文化空间。

温州兰里园艺有限公司董事长倪方圆介绍，"兰里花园"本身就是兰花种植基地，以种植国兰、蕙兰为主。2019 年，"兰里花园"休闲观光园更名为兰里自然研学基地，并成为瓯海区中小学生研学实践基地，2020 年成为温州市中小学生研学实践基地。"我们将推出针对中小学生的兰花培育课程，让孩子们通过实践认识兰花、了解兰花。"

另外，倪方圆介绍，该文化驿站除了继续坚持"兰文化"为主导外，还植入了一些传统手工文化，增加了扎染、瓯绣等地方传统文化课程。

永嘉办了 19 届寒兰博览会

温州市兰花协会会长叶建华介绍，温州兰花种植地主要集中在永嘉、瑞安、鹿城、平阳等地，目前拥有兰花种植户五六百人，正规兰苑 100 多个，兰花品种达 1000 多种。而其中，最具温州特色的是瓯江寒兰。

寒兰，又名瓯江寒兰，是兰花中的一个特有品种，永嘉是寒兰主产区之一。目前，永嘉的兰花种植业主要集中在上塘、桥下、瓯北等地，其中桥下镇的种植量最大。2009 年，桥下镇被中国兰花协会评为"中国兰花名镇"。

永嘉县兰花协会是 2000 年成立的，目前会员有 200 多人。永嘉县兰花协会会长叶新仁介绍，协会成立后主推瓯江寒兰。瓯江寒兰叶形舒展飘逸，花色俏丽多姿，香气幽远，花期从 10 月开到 12 月，被兰花爱好者奉为上品。2000 年至今，永嘉县寒兰博览会已经连续举办了 19 届，为广大兰花爱好者、兰农提供了一个精彩、丰富、高端的交流展示平台。

永嘉县兰花协会秘书长何恒的瓯源兰苑开在永嘉上塘戈田山，其所种植的寒兰先后获得永嘉县第十五届、第十七届寒兰博览会特等奖，受到不少"兰友"推崇。何恒说，寒兰最吸引他的点是色彩，寒兰的花色非常丰富，且它还是一杆多花，"现在兰苑以种植寒兰为主，也有少量的春兰、蕙兰。"

何恒介绍，他从一开始就采取了规模种植，以种植为基础来选育品种，目前已经选育出 1000 多个寒兰品种，现在正在培育。在何恒看来，兰花并不难养，只要给予一定土壤条件，保持土壤一定湿度，提供适度光照，保证一定通风条件即可。何恒说，日常他的兰苑都对市民开放，市民可以来观赏兰花，也可以来交流养兰花的技巧。另外，2019 年，他在抖音平台注册了"瓯源兰苑"账号，线上与"兰友"分享心得。何恒说，过去永嘉的兰花种植多为小规模、小范围的形式，虽然现在也有一些往规模化种植，但是他希望未来可以逐步向高端化、产业化发展。

明嘉靖十八年（1539）张璁诰命

听一段"张阁老传说"

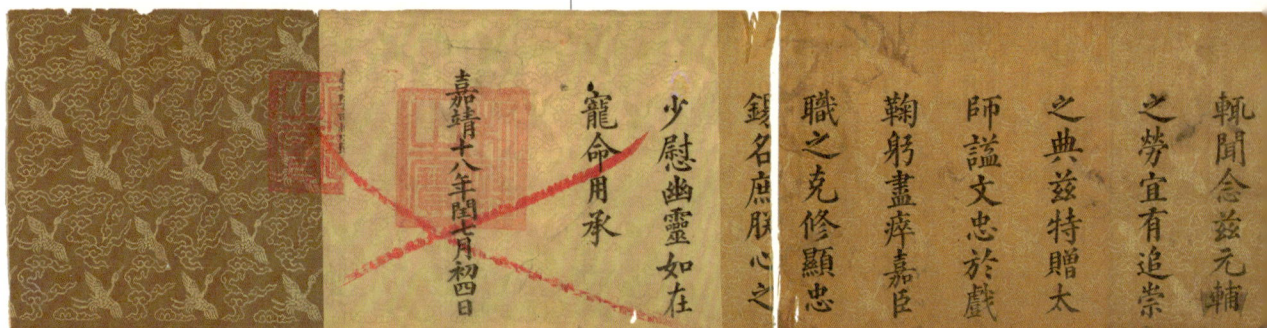

辄闻念兹元辅
之劳宜有追崇
之典兹特赠太
师谥文忠於戏
鞠躬尽瘁嘉臣
职之克修显忠
钱名庶朕心之
少慰幽灵如在
宠命用承
嘉靖十八年闰七月初四日

千年永嘉场，人文星座璀璨。从这里走出的名人里，有南宋状元工部尚书赵建大、明嘉靖内阁首辅张璁、榜眼礼部侍郎王瓒、都察院右副都御史张天麟等政治家。

今天要说的这件"宝贝"，正是与明嘉靖内阁首辅张璁相关，温州博物馆馆藏的一份明嘉靖十八年张璁诰命。它的背后有着怎样的故事，又为何被称为当时温州显赫于世的标志？

↑
明嘉靖十八年（1539）张璁诰命

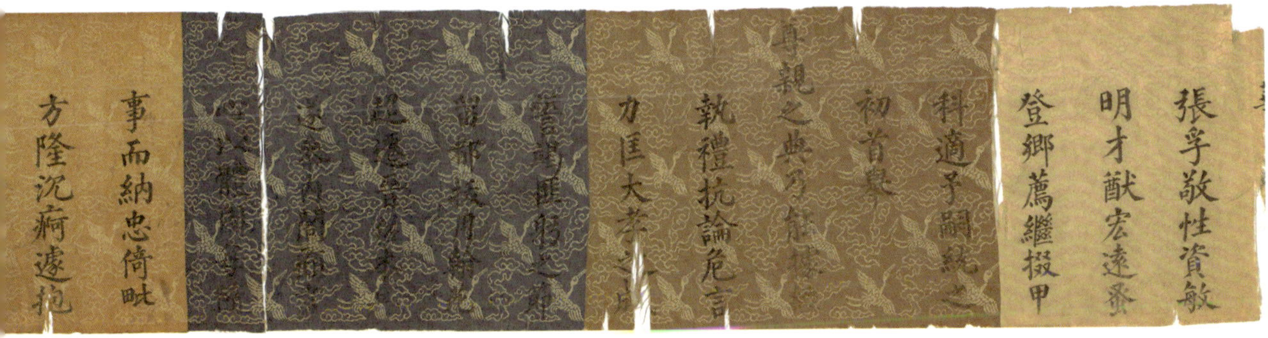

方隆沈痾遽抛　事而納忠傋眡

力匡大姦　執禮抗論危言　再覲之興　初首聚　科適子嗣紹之

登鄉薦繼掇甲　明才猷宏遠畧　張孚敬性資敏　華

← 张璁像

→ 大士门牌坊

※ 前世传说

一封追封张璁为太师的诰命

这封明嘉靖十八年张璁诰命，纵 31 厘米，横 252 厘米，保存状况不太理想，它的前段残缺一小部分，应为"奉天承运"等启头内容，后段部分是整个诰命的主体。

从残断的边缘判断，该诰命的质地是织锦，以棕黄、金黄、淡黄、深蓝等六色相间，满织祥云、飞鹤图案。诰文楷体墨书，现存 25 列，除个别列外，每列 6 字，共存 147 字。

从文字内容看，该诰命是明嘉靖帝追封张璁为太师，赐谥号为"文忠"的诏书。诰命的末尾题跋时间：嘉靖十八年（1539）闰七月初四，此时距张璁病逝将近 5 个月时间；诰命末尾还钤朱文篆书方印"制诰之宝"，墨书编号"字玖佰陆拾玖号"。

温州博物馆研究员伍显军表示，张璁的荣誉之高，直追明朝开国军师刘基。这封明嘉靖十八年张璁诰命堪称温州显赫于世的标志。

7 次赶考未被录取，进入仕途年已四十七

伍显军介绍，张璁（1475—1539）字秉用，号罗峰。后因"璁"字与明世宗朱厚熜的"熜"字同音，世宗特赐名孚敬，字茂恭，人称"张阁老"。

张璁有兄弟四人，张璁最小。他 20 岁考取秀才，24 岁中举人，后 7 次赴京考进士都未被录取。后来，他在瑶溪创办罗峰书院，招收学生，进行讲学。张璁做官很迟，他是嘉靖元年进士，被擢礼部观政。这意味着，他进入仕途时已 47 岁。嘉靖六年（1527）十月，他以礼部尚书文渊阁大学士

参与机要决策，嘉靖七年晋升为首辅。

在明朝，首辅是对内阁大学士中位居第一者的尊称，是与内阁"次辅""群辅"相对而言的概念，这种称呼大致出现于明英宗天顺年间。嘉靖、隆庆与万历初年，首辅、次辅界限严格，首辅之权最重，主持内阁大政，尤其是掌握票拟权，代表人物有杨廷和、夏言、严嵩、徐阶、高拱、张居正等。

最晚到嘉靖时，内阁班次已经列于六部之前，在阁、部之争中占得上风，同时宦官的势力也受到排斥，"阁权始专"。张璁于嘉靖八年、十年、十二年三次担任内阁首辅，可见他备受皇帝信任。

张璁生平著作甚丰，有《礼记章句》《大礼要略》《钦明大狱录》《罗山文集》《嘉靖温州府志》《谕对录》《奏对录》等。民国二十四年（1935），黄溯初的《敬乡楼丛书》中收编了《张文公集》。

※ **今生故事**
"张阁老传说"被列省级非遗名录

早在 2004 年，龙湾区旅游局借首届旅游文化节之际，推出了张璁文化研讨会，并在温州电视台《社情民意中间站》进行了首场"张璁与温州地域文化"访谈节目的直播，"张璁文化"开始走进千家万户。2007 年，龙湾区成立张璁文化研究会；2009 年，成立龙湾区历史学会，为研究张璁、明史等提供了机构和人员保障。值得一提的是，2007 年，"张阁老传说"被列入第二批省级非遗名录。

2016 年，龙湾区举行张璁诞辰 540 周年纪念大会暨温州·张璁文化高峰论坛系列活动，邀请国内外知名学者济济一堂，共同探讨张璁精神，以及新时代下先贤佳风古为今用的意义和影响。中国人民大学教授、博导张立文做《张璁新精神的时代价值》专题讲座，中国明史学会副会长、西北师范大学教授、博导田澍做《论张璁的改革精神》专题讲座，厦门大学历史系教授、博导张侃做《张璁的礼仪实践与乡村治理》专题讲座。

启动申报国家级非遗名录

提起张璁，人们总会想起种种与他有关的纪念性建筑物、地名，如张府基、大士门、三牌坊、张璁祖祠、张璁墓、张璁碑亭、妆楼下、宝纶楼等，历经岁月的洗礼，这些建筑和地名部分尚存，有的还成为鹿城区和龙湾区知名文化景点。

坐落在龙湾区永中街道普门村太师路 53 号的"张璁祖祠"，2011 年被列入"浙江省第六批文物保护单位"。据悉，目前，张氏族人选出十多人负责张璁祖祠的日常管理。

普门张氏后裔第 21 代、张璁文学研究会会长张维庚表示，这些年来，在当地政府的重视和支持下，为推广张璁文化，让历史名人及其文化"活"起来，他们做了很多尝试，包括"五进"：让张璁文化进校园、进社区、进食堂、进工厂、进一般活动场地，与大家分享张阁老的传说。另外，张璁祖祠内开设了"张阁老传说"等 4 个展厅。

明嘉靖三十八年（1559）王沛敕命

一封敕命与永昌堡的故事

在漫长的历史长河中，能够得到皇帝敕封褒扬的温州人并不多，而历经战乱和时间的洗礼，能够留存至今的敕封文书更是凤毛麟角，珍贵异常。

本文要说的这件“宝贝”，是温州博物馆馆藏的一封明嘉靖帝敕封温州抗倭民族英雄王沛的敕命，它与龙湾永昌堡有着千丝万缕的联系。

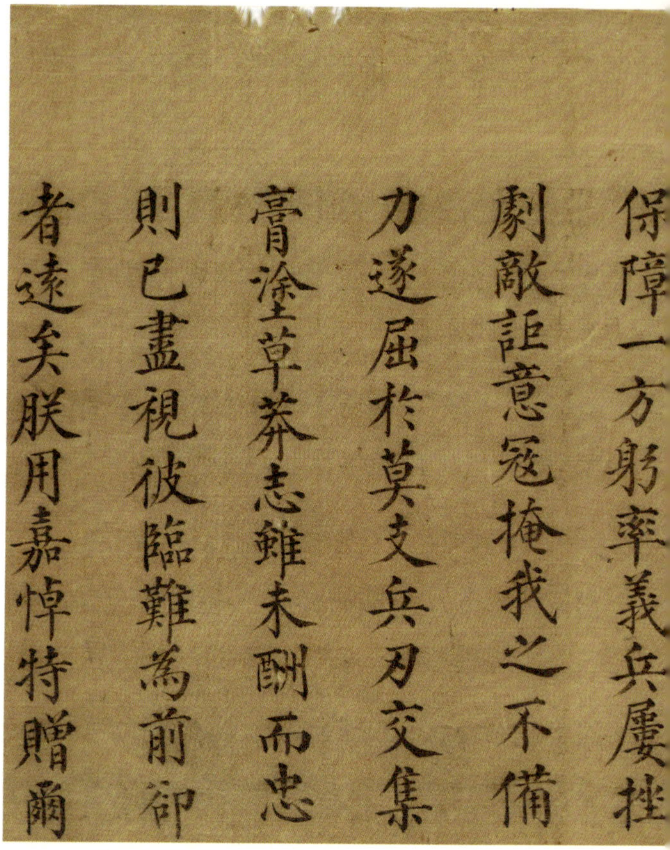
保障一方躬率義兵屢挫
劇敵詎意寇掩我之不備
力遂屈於莫支兵刃交集
膏塗草莽志雖未酬而忠
則已盡視彼臨難爲前卻
者遠矣朕用嘉悼特贈爾

之乎國有彝章寧獨爾靳
柳使士伍奮於戎行尚歆
殊渥永慰忠魂
嘉靖三十八年三月二十二日

↑
明嘉靖三十八年王沛敕命

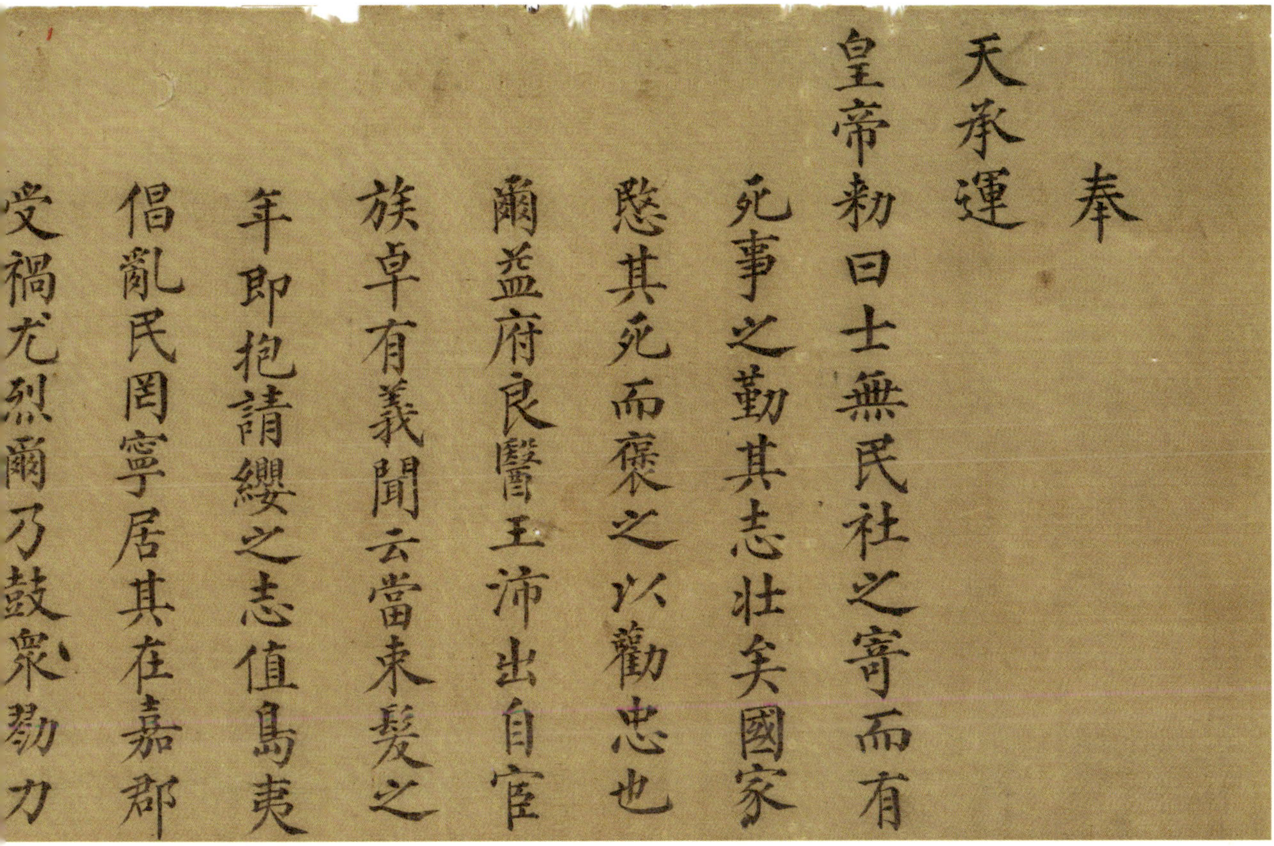

奉

天承運

皇帝勅曰士無民社之寄而有

死事之勤其志壯矣國家

愍其死而褒之以勸忠也

爾益府良醫王沛出自宦

族卓有義聞云當末髮之

年即抱請纓之志值島夷

倡亂民罔寧居其在嘉郡

受禍尤烈爾乃鼓衆勦力

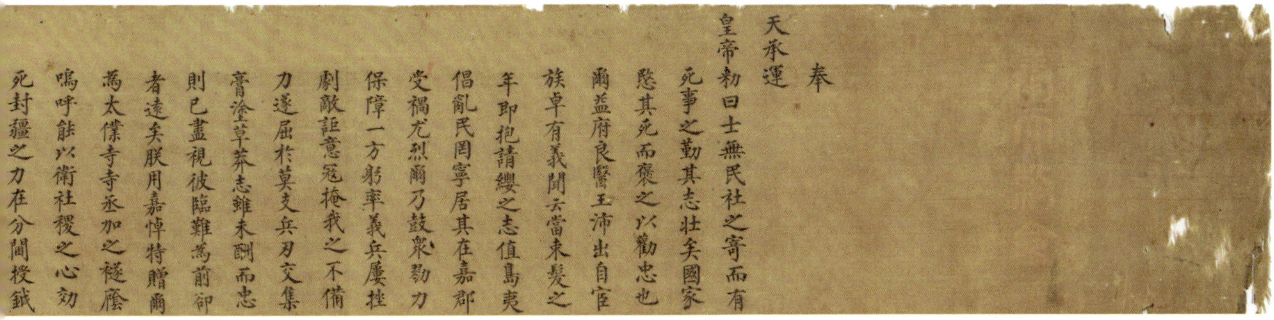

奉

天承運

皇帝勅曰士無民社之寄而有

死事之勤其志壯矣國家

愍其死而褒之以勸忠也

爾益府良醫王沛出自宦

族卓有義聞云當末髮之

年即抱請纓之志值島夷

倡亂民罔寧居其在嘉郡

受禍尤烈爾乃鼓衆勦力

保障一方躬率義兵屢挫

劇敵誑寇撓我之不備

力遂屈於莫支兵刃交集

齎恨草莽志雖未酬而忠

則已盡視彼臨難爲前郡

者遠矣朕用嘉悼特贈爾

爲太僕寺丞加之䘏廕

嗚呼歿以衛社稷之心劻

死封疆之力在分閒授鉞

※ 前世传说

一封珍贵的明朝敕命

这封敕命采用书画卷轴的形式，楷体墨书在米黄色的绫布上。内容部分纵 30 厘米，横 207 厘米。由于时间久远，可以看出它表面颜色愈加发黄，丝线愈加脆弱，边缘部分已有较多锯齿状蛀损。但是，由于王氏家族保管得比较好，所以内容部分仍然十分完整，这在能够流传至今的明代诏书中已算是难能可贵。敕命卷首隐织"奉天敕命"，卷尾隐织"嘉靖三十三年月日制"，可见敕命的布料早在嘉靖三十三年（1554）已经入贡。

敕命内容采用楷体墨书，以示庄严；竖写，共 23 列 212 字，除开始 3 列和末尾 1 列外，其余每列 10 字。抬头部分"奉天承运"四字分为 2 列，"天承"和"皇帝"4 字高出，以示皇威。该敕命的内容大意是褒奖王沛为保卫国家社稷而牺牲。敕命的末尾题款时间：嘉靖三十八年三月二十二日，并钤朱文篆书方印"敕命之宝"，墨书编号"辛字玖佰拾叁号"。可见，嘉靖皇帝下诏追赠王沛为太仆寺寺丞的时间是在王沛牺牲九个多月之后。

据介绍，明、清时期对文武官员及其先代妻室赠予爵位名号时，皇帝命令有诰命与敕命之分，五品以上授诰命，称诰封；六品以下授敕命，称敕封。

王氏族人动议修建永昌堡

王沛（1485—1558），字子大，号仁山，永嘉英桥里（今龙湾区永昌堡）人。出身仕宦世家，舅父张璁为明内阁首辅，长兄王澈官兵部员外郎，次兄王激任国子祭酒兼经筵讲官。王沛排行老三，不乐仕进，习医为人治病。他的抗倭事迹见《明史·忠义传二》，清晚期孙延钊编撰的《明代温州倭寇编年》一书也有较为详细的记载。

王沛的从侄王德（1517—1558），字汝修，号东华。嘉靖十七年（1538）进士，授东昌府推官，有能声。后升户科给事中，以风节自持，上疏请简任辅臣。二十九年，出为广东按察司佥事，备兵岭南，后谢病回乡。

据介绍，倭寇侵扰温州最严重的时间是从嘉靖三十一年到嘉靖四十一年（1552—1562）。根据相关史料记载，明嘉靖三十七年（1558）四月，倭寇大股侵扰温州，王沛毫不畏惧，奋勇抗击，不幸牺牲。之后，王德也在抗击倭寇过程中不幸牺牲。为褒奖王氏叔侄的英勇功绩，当时的朝廷追赠王沛为太仆寺寺丞、王德为太仆寺少卿。

而在王氏叔侄牺牲后，王沛侄子王叔果、王叔杲兄弟发起兴建永昌堡，会同族中父老捐 7000 余金，费时 13 个月，建成之后继续抵抗倭寇入侵。

当时建成的永昌堡南北长达 778 米，东西长 445 米，城高 8 米，基宽 3.9 米，周长 2688 米。城中有城堞 908 个，敌台 13 座，具有极强的防御功能。

※ 今生故事

永昌堡成为江南第一古堡

永昌堡始建于明嘉靖三十七年（1558），是兼具军事和人居生活色彩的私家抗倭城堡，也是明代温州地区具有丰厚人文内涵的文化中心，具有明代建筑特色的滨海型浙南水乡的典范。现为全国重点文物保护单位、国家 3A 级旅游景区、浙江省爱国主义教育基地、浙江省国防教育基地、温州市未成年人思想道德建设阵地等。

据永昌堡景区管理中心主任项建伟介绍，自

→
永昌堡

永昌堡被列为全国重点文物保护单位以来，永昌堡修复工程按照"保护为主、抢救第一、合理利用、加强管理"的工作方针分期实施。2004年以来，永昌堡景区内外20余处古民居陆续得到保护和修复，景区基础设施也得到了进一步提升。2018年，堡内的王福郎故居、圣旨门巷3号启动修复工作，目前已经竣工等待验收。2019年，堡内的庙上路1号、王绍志故居也启动修缮工作。据统计，永昌堡年接待人次近50万。

温州有超千人练习"王家拳"

"永昌堡王家拳"由明朝抗倭英雄王沛和王德首创，再经明万历二十六年（1598）武状元王名世的刻苦钻研，精益求精，成了"破生死关，重攻防，忠义仁勇，立养生道，天人合一"的中华传统优秀武术之典范。"永昌堡王家拳"是永昌堡人抗倭斗争及英桥王氏先祖们坚持忠、义、仁、勇、

积极进取的人本文化的结晶，是永昌堡乡土文化发展的典型载体之一，2009年被列入了第二批温州市非物质文化遗产名录。

武术家王靖岳是温州龙湾区人，系永昌堡英桥王氏第22世嫡孙，现为省级非遗温州南拳（王家拳）传承人、温州市武协常务理事、温州市武协南北拳技术发展委员会常务副会长、龙湾区武术运动发展协会会长。王靖岳说，"永昌堡王家拳"以踢、打、摔、拿的攻防方法为主要动作，现在的"永昌堡王家拳"既是一门实际性的武术，又是一门理论性的武学。

2005年6月初，百集大型电视纪录片《中华武术》摄制组在龙湾永昌堡历时4天拍摄了《永昌堡王家拳》并收入《中华武术》。

目前，龙湾区永昌第一小学等多个学校都把"永昌堡王家拳"作为一项课程，让学生能够积极参与其中。

明隆庆二年（1568）陶明器

岁月更迭，
不变的项乔文化

2018 年是明代温籍名臣、永嘉场七甲人项乔诞辰 525 周年。项乔既为永嘉学派明代传承人，也是中华传统文化"学以致用"的实践家。他是封建官吏从"官本位"走上"民本位"的拓荒者，又是七甲文脉的开山始祖、激励后世的文化标杆。

本文介绍一组于项乔长子项思尧墓中出土的明代陶器，让我们试着追寻项乔文化在温州的故事。

→
明隆庆二年（1568）陶家具、陶俑明器（一组）

一组明代陶器，"重现"明代生活场景

1995年，温州市郊仰义乡陈村农民在普门山山脚平整屋基时发现一座明代墓葬，后证实是项思尧夫妇双室砖室墓。现场经文物部门抢救性清理，出土了一批器物，其中就包含了这组陶器。

这组陶器有床、轿、衣架、巾架、脸盆、脚盆等日用家具6件，以及书童、侍女、轿夫、杂役等站立陶俑9个。它们均是用细泥捏塑经干燥后高温烧制而成，制作细致，做工精良。因为这组陶器属于陪葬用的明器，所以它们都是实物的缩小版。

日用家具明器外表均施一层朱红色颜料象征油漆。陶床高23.4厘米，长21.8厘米，宽13.4厘米，长方形，由上下两部分组成，是典型的架子床样式，设有花牙和花形窗。陶轿由轿身、轿盖、轿杆三部分组成，轿盖为四角攒尖顶，四角弯曲上翘，简洁而活泼。这些家具的造型简朴大方，与目前我们能见到的传世明代家具风格一致，而类似的陶质家具明器，在上海、江苏等地均有发现，在温州系首次发现，它们再现了明代温州地区家具式样。

陶书童头梳螺髻，脸庞秀气，身着交领宽袖襦袍，左手弯曲持书。陶侍女后脑梳发髻，左手垂持茶壶，右手曲起持茶杯，上身着圆领对襟宽袖襦衫，穿尖头鞋，神态拘谨地立于方形座上。陶轿夫均较高大，头戴圆形平顶帽，身着圆领对襟宽袖襦袍，腰系束带，左手弯曲，手掌与肩持平，拇指与食指分开呈握物状，右手叉于腰间，姿态趄趄、神情凝重、目视前方，做随时等待主人起轿状。总之，9个陶俑代表了它们生前所从事的工种，它们的神态如实地再现了生前的工作情况，

如书童持书、侍女提壶、轿夫抬轿等，姿态各异，栩栩如生。

为项乔长子，承续了家族的文脉基因

在项思尧墓室封门处发现了一篇题为《太学生项思尧圹志铭》的墓志。

《太学生项思尧圹志铭》由项思尧的父亲项乔的学生何铠撰写，由项思尧的次子项光祖求撰。根据碑文内容，可知：项思尧（1522—1568），名文焕，号为斋，别号思尧、孤屿山人，永嘉城南九曲里人，项乔长子。

项乔（1493—1552），字子迁，号瓯东，永嘉七甲（今温州市经济技术开发区沙城镇）人。因晚年居住今城区南门的九曲巷，又号九曲山人，曾师从张璁。

项思尧著作有《亦与堂漫录》《自贵轩稿》《惊鸿甲子集》《文江子卯集》等。与他有关的友朋著作有：归有光撰有《项思尧文集序》，见《震川先生集》卷二；康从理《二雁山人诗集》中有《曲池草堂和韵六首为项思尧赋》《白下送项思尧应试北上》《与项思尧叙旧》等诗；侯一麘撰有《项伯子小传》，见《龙门集》卷一九；吴国伦《甔甀洞续稿》卷六有《和项思尧曲池草堂诗二首》；罗洪先《念庵文集》中有诗《雨中别项思尧》；侯一元《二谷山人近稿》卷九有《追和项为斋曲池草堂诗六首》；陈鹤《海樵先生全集》卷六有诗《山居得项为斋见寄》《又得项为斋乃弟秀溪见寄》等。陈文烛有《亦与堂稿序》《孤屿山人项思尧墓表》和《送项思尧下第还永嘉》《送项思汤还永嘉兼怀思尧》诗，均见于《二酉园续集》。由此可见，项思尧是明朝温州官宦家庭乡绅或文人的一位代表，从文化学识

到道德情操、精神品性等多方面承续了家族的文脉基因。

※ 今生故事
成立研究会，致力于研究项乔文化

如今的浙南产业集聚区（经开区）沙城项乔文化研究会，最早起步于 1992 年，2013 年正式成立。目前，项乔文化研究会共有成员 200 多人。

该研究会现任会长项崇华表示，沙城人杰地灵，历史文化悠久，曾涌现出汪成寓、项乔、沈宗光、项国楠、项庭萱、章恢志、谢振瓯等沙城籍名人。其中项乔是龙湾区历史文化名人之一，为明代著名学者、永嘉学派"事功学说"的实践家，当今的温州史学界公认其为永嘉学派在明代的继承者。他的学说弥补了"事功学说"明代在温州的空白，他的理论联系实际的务实作风与革故鼎新的改革精神在今天仍有巨大的借鉴作用。

这些年来，该研究会致力于项乔文化研究，撰写了数十篇论文，举办了多场文化讲座，编写了《项乔简传》《项乔文化研究》（第一辑）及《"项乔集"选读译本》等读物。他们还将项乔文化带入课堂，多次到当地多所学校进行宣讲。

项乔生平著有六卷本《瓯东私录》、二卷本《瓯东政录》、五卷本《瓯东文录》等，其中《瓯东私录》集中体现了项乔从永嘉学派一脉相承、又糅进王阳明心学并形成自身观点的理学思想，如强调"行"的重要性，坚持"格物"为第一要义等。2016 年上海社会科学院出版社出版《项乔集》（上、下册），将项乔的这些著作汇编在一起。

打造文化长廊，将项乔文化融入生活

项乔文化研究会秘书长项有智介绍，2018 年是项乔诞辰 525 周年，为了纪念先人，经当地相关部门商议后，将位于永强大道上一座无名桥命名为瓯东桥，并在桥边立了一块碑，碑上介绍了项乔的生平。

2018 年，在当地政府的支持和协会的努力下，当地的河滨公园立了一座项乔铜像；并以此为契机，于当年 10 月起，在公园里打造项乔文化长廊。

如今，完工后的项乔文化长廊，向市民展示项乔留下的诗词等内容，并不定期进行更新，旨在让项乔文化融入市民的生活。项有智表示，目前协会也在搜集项乔后人的故事，将来也会汇编成书。

李鸿章题签《颐园春宴图》

竞羡神仙侣
名园共千古

在温州博物馆历史厅近现代展柜的显著位置，展示着一件人物画横幅，画中两位老者一站一坐，细看引首题签："颐园春宴图，门下士李鸿章敬题"，该画竟然与清廷重臣李鸿章有着密切关系。

《颐园春宴图》描绘了玉海楼颐园江南园林风景以及孙衣言、孙锵鸣两兄弟晚年退隐闲适生活的场景，题词和题跋承载了孙锵鸣与晚清四大名臣之一李鸿章之间深厚的师生情谊。

→
李鸿章等人题跋

顧園春宴圖

門下士李鴻章敬題

※ 前世传说

画中人是孙锵鸣两兄弟

《颐园春宴图》是一件尺寸较小的写生设色人物图横幅，画心纵33厘米、横127厘米，前面的引首题词纵33厘米、横100厘米，画中两位老者正是清晚期瑞安四大家族之一的孙家的孙衣言、孙锵鸣兄弟。

画面采用横向展开平远构图法，描绘了颐园的近景与远景：近处园内有假山苍松、楼阁水榭，梅花盛开，柳枝抽芽，孙衣言与孙锵鸣两老叟鬓首长髯，手持寿杖，着长袍，穿红履，前者倚坐于石桌旁，后者站立，两人似正闲谈；远处湖水平静，山峦低矮绵延，同样梅花盛开，亭台隐现，一轮圆月缓缓升起，山顶采用米点皴法。好一幅江南园林春天烟润晚景图！或许，这正是孙氏兄弟退隐闲适生活的真实写照。

孙衣言 (1815—1894)，清代官吏、学者、藏书家。字绍闻，号琴西，晚号遁叟，斋名逊学，瑞安人。道光三十年进士。生平努力搜辑乡邦文献，刻《永嘉丛书》，筑"玉海楼"以藏书。有《逊学斋诗文钞》。

孙锵鸣 (1817—1901)，字韶甫，号蕖田，晚号止庵，孙衣言弟，瑞安人。道光二十一年 (1841) 进士，官翰林院侍读学士，以重宴鹿鸣加侍郎衔。是李鸿章的房师。著有《止庵读书记》《东瓯大事记》《海日楼遗集》。

温州博物馆还藏有清末民国瑞安人池虬《陈见初绘〈颐园春宴图〉》题跋印稿，故可知《颐园春宴图》的绘画作者是平阳人陈昙，一位职业画师。

画中有李鸿章等10人题签和题跋

这件《颐园春宴图》的"特别"之处，是因为它共有10位名人题签或题跋。该画前有行楷书引首题签："颐园春宴图，门下士李鸿章敬题。"其后钤"文华殿大学士"朱文印和"李鸿章印"白文印。

经查阅，温州博物馆藏有一件专为该画题写的后跋藏品，题写者依次为：黄绍第、王岳崧、杨晨、李鸿章、冒广生、洪炳文、胡调元、王舟瑶、项骧等9人，大多是孙锵鸣的学生或朋友。其中，李鸿章的题跋是《百字令》词二阕："池台大好，看花枝争袅，月轮初吐，乐事良辰当秉烛……"其落款同样为"门下士李鸿章"，题写的时间是光绪甲午年 (1894) 春日，是所有题跋中时间最早的，足见李鸿章的重视程度。其余题跋的时间大部分为甲寅年 (1914)。项骧的题写时间最晚，为庚午年 (1930)。因此，根据玉海楼的建造时间光绪十五年 (1889)，该画的绘成时间当在1889年到1894年之间。

李鸿章与孙锵鸣师生情谊

李鸿章 (1823—1901)，本名章铜，字渐甫、子黻 [fú]，号少荃 (一作少泉)，晚年自号仪叟，别号省心，安徽合肥人，晚清名臣，洋务运动的主要领导人之一。世人多称"李中堂"，因行二，故民间又称"李二先生"。清晚期，温州出现了一批在全国颇有影响的维新志士，主要有孙衣言、孙锵鸣、黄体芳、孙诒让、宋恕、陈虬、黄绍箕、黄绍第、黄庆澄、洪炳文、金晦、陈黻宸、池志澂、宗源瀚等人。其中，瑞安"三孙（孙衣言、孙锵鸣、孙诒让）五黄（黄体芳、黄体立、黄体正、黄绍箕、

"黄绍第)"相继崛起,声誉隆盛,影响及于全国,改变了此前温州人士默默无闻的状况。

道光二十七年(1847),李鸿章中进士时,孙锵鸣为会试同考官,举荐李鸿章和沈葆桢,于是李成为孙的门下士,孙锵鸣因此被誉为"天下翰林皆后辈,朝中宰相两门生"。在孙锵鸣被罢官之后,李鸿章千方百计为其谋求书院讲席。李鸿章任直隶总督之后,虽位极人臣,仍对孙锵鸣持门下士之礼,特别关心孙锵鸣及其后辈,为其儿子、女婿安排工作。

※ 今生故事

玉海楼曾藏书八九万卷

玉海楼位于瑞安市玉海街道道院前街5号,坐北朝南,由东、中、西三路建筑构成:东路为玉海藏书楼,中路为百晋陶斋,西路为孙诒让故居,占地面积8000平方米,建筑面积2189平方米。百晋陶斋南面有园曰"颐园",即《颐园春宴图》中所绘颐园。

建于清光绪十四年(1888)的玉海楼,是浙江四大藏书楼之一,为清末大儒孙诒让藏书之所,孙诒让曾在此处潜心著述三十年。玉海楼1996年被列为第四批全国重点文物保护单位,1997年被命名为浙江省爱国主义教育基地。玉海楼以孙衣言、孙锵鸣、孙诒让为代表,上接王开祖、林石、周行己、许景衡、陈傅良、叶适等人开创的永嘉学派,后启晚清东瓯务实创新的事功学说,其文化底蕴之深堪称瑞安历史文化的金名片。

关于玉海楼的名字由来,据相关资料介绍,是因孙氏父子敬慕南宋学者王应麟,故取其巨著《玉海》作为楼名,以示藏书"如玉之珍贵,若海之浩瀚"。玉海楼门台石额"玉海楼书藏"为礼部

侍郎顺德李文田书,石联"玉成桃李,海涌波澜"为郭沫若题。

玉海楼藏书颇丰,孙衣言在《玉海藏书记》中写道,"十余年间,致书约八九万卷"。可见,当时玉海楼曾有藏书八九万卷。但后来,古籍渐有散失。

作为孙诒让父子的藏书著书之处,玉海楼在新中国成立后得到政府妥善保护,1975年专门拨款整修,又把过去流散出去的原玉海楼书籍,大力搜罗收购回来,更把大批从其他地方征集来的古籍图书、字画、文物移入楼中,藏书数量达三万余册,按照经、史、子、集、丛书的分类排架。

2013年瑞安市博物馆新馆建成投入使用,同年玉海楼所藏古籍全部搬迁至博物馆文物库房。目前,馆藏玉海楼古籍及民国线装书31801册,善本3000余册,其中17部入选国家珍贵古籍名录,5部入选浙江省珍贵古籍名录。

2020年4月,玉海楼启动修缮工程,在不改变原状的基础上,遵循"保护为主、抢救第一、合理利用、加强管理"的文物保护方针,保护文物及其历史环境的真实性和完整性。这是1995年以来玉海楼最大规模的修缮工程。

清铜镏金头盔

谱写抗英名将卓著军功

想知道中国古代的盔甲有多重吗？

想知道清朝总兵的盔甲长什么样吗？

想知道清朝总兵是怎样一个神奇的存在吗？

请来温州博物馆历史厅，这里正展出一套清朝总兵的盔甲——

→
林正阳使用的织金绣蟒铠甲

这是一套170年前的盔甲

这套盔甲由盔帽和铠甲两部分组成。盔帽呈"U"字形，通体铜质，口径21厘米，深14.5厘米。前后有直梁；连缘前后贴铜镏金镂孔双蟒饰；前额上方有一外凸的"遮眉"，其正中嵌一红宝石；左右两侧贴铜镏金镂空凤纹耳翅。盔顶铜镏金，高16厘米，由几个状似酒盅和一个状似圆球相叠而成，上小下大，左右两个小铜管，可插入翎毛，下端呈覆盘状，称为"盔盘"，周边下沿饰獭尾数束；顶端是一枚红珊瑚。盔帽下方有护领、护颈和护耳，表层均用金黄色纶金线绣织。

铠甲由甲衣和围裳组成，色泽金黄，用绸、棉、缎等材料制成。分四层：内层为浅蓝色绸；中间两层，分别为粗白布和棉质纸或棉絮；外层以蓝缎为地，绣以金黄色纶金线。铠甲通体遍饰铜质镏金泡钉，组成菱形图案，颇似鱼鳞。

其中，甲衣长75厘米，胸围150厘米，袖长66厘米，马蹄袖口，圆领，对开襟。胸、背部用彩色线各绣一组双蟒图案，正中为一金属圆形护心镜。护心镜下部佩一块呈梯形的护腹（也称"前裆"）。两肩上各佩一块护肩，长45厘米，宽40厘米。护肩上部贴铜镏金蟒7条，下部贴铜镏金蟒3条、鲤鱼2条，中央用彩线各绣一蟒头。

综观该套盔甲，用料考究、设计巧妙、工艺精致，在清代遗留至今的武服之中是较为少见的，因此极为珍贵。如果考虑到其重量和尺寸，穿戴该套盔甲的人一定是一位高大魁梧的武将。

盔甲主人是抗英名将林正阳

那么，这套总兵盔甲的主人是谁呢？他便是清朝抗英名将林正阳。

据清朝光绪六年（1880）的《玉环厅志》记载，林正阳（1800—1858），谱名启泰，字振运，号昼堂，浙江玉环厅西青街（今属台州玉环市）人。他从小胸怀大志，爱好骑马试剑，膂力过人，曾以贩鱼担鲜为生，清朝道光初年投军。曾任定海营把总、千总，道光十五年（1835）大阅兵，因武艺超群，被提拔为署理定海右营守备。

道光二十年（1840）7月，英国发动侵华战争，大举进攻浙江舟山的定海，当时清朝守军仅有一门明朝万历年间造的铜炮。定海镇总兵张朝发和知县姚怀祥率部抗击，身为署理右营守备的林正阳，率部据守在海边东岳宫山的前沿阵地。但定海还是一度沦陷。收复后，林正阳根据地形建议构筑可以保障进退自如的土城，得到定海总兵葛云飞的赞同，林正阳还率先捐出薪俸来筑城。次年9月，英军再次大举进攻定海，林正阳随葛云飞及来援的处州总兵郑国鸿、安徽寿春总兵王锡朋，率军4000余人奋勇还击，血战六昼夜，但因敌我兵力和武器装备的悬殊，葛云飞、郑国鸿、王锡朋（史称"定海三总兵"）均壮烈殉国，林正阳也身负重伤，定海再度沦陷。道光二十六年（1846），林正阳与郑宗凯总兵一道收复定海厅城，朝廷按功升任他为黄岩镇标右营守备、标中营游击。后来，他历任玉环营参将、瑞安营副将、乍浦营副将。

咸丰七年（1857），林正阳升任黄岩镇标营总兵，封武显将军（正二品）。咸丰八年（1858），林正阳在任上逝世，葬于玉环县珠港镇陈屿办事

→
清咸丰二年（1852）林正阳及妻室诰命

制曰臣報國戎行著揚武之功
婦順宜家譽命矣同心之助爾
浙江鎮海營參將林正陽之妻
龔氏終溫且惠己貴而勤順以
相夫克佐賢聲於凤夜敬能聚
德益彰靜好於閨閫廢典式道
朝恩宜貴資以阜恩封爾為淑

鸞誥於天遙新帷握邑佐爾圖
象麾下佐戰生克篤當壯猷允
府休命

皇帝制曰布届七德用隆常武之

咸豐　年　月初　日

浙江鎮海營參將

妻五品本身榮封

制曰臣報國戎行著揚武之功
婦順宜家譽命矣同心之助爾
浙江鎮海營參將林正陽之妻
龔氏終溫且惠己貴而勤順以
相夫克佐賢聲於凤夜敬能聚
德益彰靜好於閨閫廢典式道
朝恩宜貴資以阜恩封爾為淑
人於旌揚含乾記禮宗禋
善揚芳裂於紫管勻揭休

鸞誥於天遙新帷握邑佐爾圖
象麾下佐戰生克篤當壯猷允
府休命

处福山桥头村（今属台州玉环市）。1986年，林正阳墓被公布为县级文物保护单位。

※ **今生故事**

从后裔处征集到遗存文物

玉环市，浙江省直辖，台州市代管。夏、商、西周及春秋时代属瓯越地。雍正六年（1728），设玉环厅为温州分府，政务直隶省。1912年，改厅为县，属温处道（1914年6月改为瓯海道）。1959年4月，玉环县建制撤销，1962年4月，玉环县建制恢复（不含洞头县地），属台州辖区。2017年4月撤县建市。

1956年11月，温州区（市）文物管理委员会从林正阳的后裔处征集到一批遗存文物，包括这套盔甲和正在一起展览的箭囊、弓袋，以及御赐林正阳及其亲属的9件敕命、诰命。箭囊、弓袋，与金黄色的盔甲应属配套武将装备，同样做工精致。

温州博物馆原副馆长徐定水曾在1993年撰写《林正阳遗存文物介绍——盔甲、箭囊及御赐诰命》一文，详细描述了这批文物的名称、形状、质地、纹饰、色泽以及制作工艺，尤其在翻译咸丰二年三月初八御赐林正阳及其妻室张氏、用汉满两种文字并写的诰命书上花费了不少心血。他用白话文将其中深奥难懂的遣词造句诠释翻译得一清二楚，使普通人看了都能明白易懂。2011年温州市社会科学联合会整理出版《徐定水文集》，也收录了这篇文章。

那么，总兵在清朝，是怎样的存在呢？说得通俗一点，总兵之上有提督，大概相当于军区司令，而总兵呢，就是军分区司令员。军衔嘛，有说相当于军长的，有说相当于师长的。当然，生搬硬套只是为了便于理解，实际上，总兵在清朝的确是很大的官，正二品。按编制，整个大清一千三百多万平方公里的土地上，只有八十多个总兵，统领着六十多万常备军。

宋朝盔甲最重，清朝盔甲最轻

在古装剧中常常出现许多身穿盔甲的士兵，那么在古代，士兵身上的盔甲究竟有多重呢？

2013年，陕西考古学家通过对宝鸡石鼓山墓地出土文物的清理和研究，发现了现存时代最早的青铜护甲（距今约3000年），表明青铜时代的将军们不仅有青铜甲护腿，还应有青铜护胸等。那么，在中国古代，一套盔甲究竟有多重呢？

从目前的相关研究看，以重量而言，中国宋代的步兵甲应该是史上最重的铠甲了。宋朝因为战马不足，所以对步兵的装备尤为看重。

根据宋绍兴四年（1134）的规定，步兵甲由1825枚甲叶组成，总重量达29公斤，同时可通过增加甲叶数量来提高防护力，但是重量会进一步上升。为此，皇帝亲自赐命，规定步兵铠甲以29.8公斤为限。此后，又把长枪手的铠甲重量定为32～35公斤；由于弓箭手经常卷入近战格斗，其铠甲定为28～33公斤；而弩射手的铠甲定为22～27公斤。

"说完重的，当然有轻的。"温州博物馆研究员伍显军介绍，在清代，轻甲得以发扬光大，在清朝最多的便是棉甲，也称为铁叶甲，是指在坚厚的棉或布料上镶嵌铁片，棉甲在一定程度上具有轻便防寒的功效，适用于在北方作战。

清光绪五年（1879）
《浙江温州府海防营汛图》

永嘉县令画的温州
"机密地图"

温州博物馆藏有一张珍贵的清光绪五年（1879）《浙江温州府海防营汛图》，这是一张跟军事有关的立体全域式地图。从该图可以看出当时军队的营、汛、关、堡等驻扎情况，可谓是机密地图。然而，它的绘制者竟然是当时家喻户晓的《东瓯百咏》竹枝词（亦名《瓯江竹枝词》）作者郭钟岳，一位清晚期温州地方官。

→
清光绪五年郭钟岳绘浙江温州海防营汛图

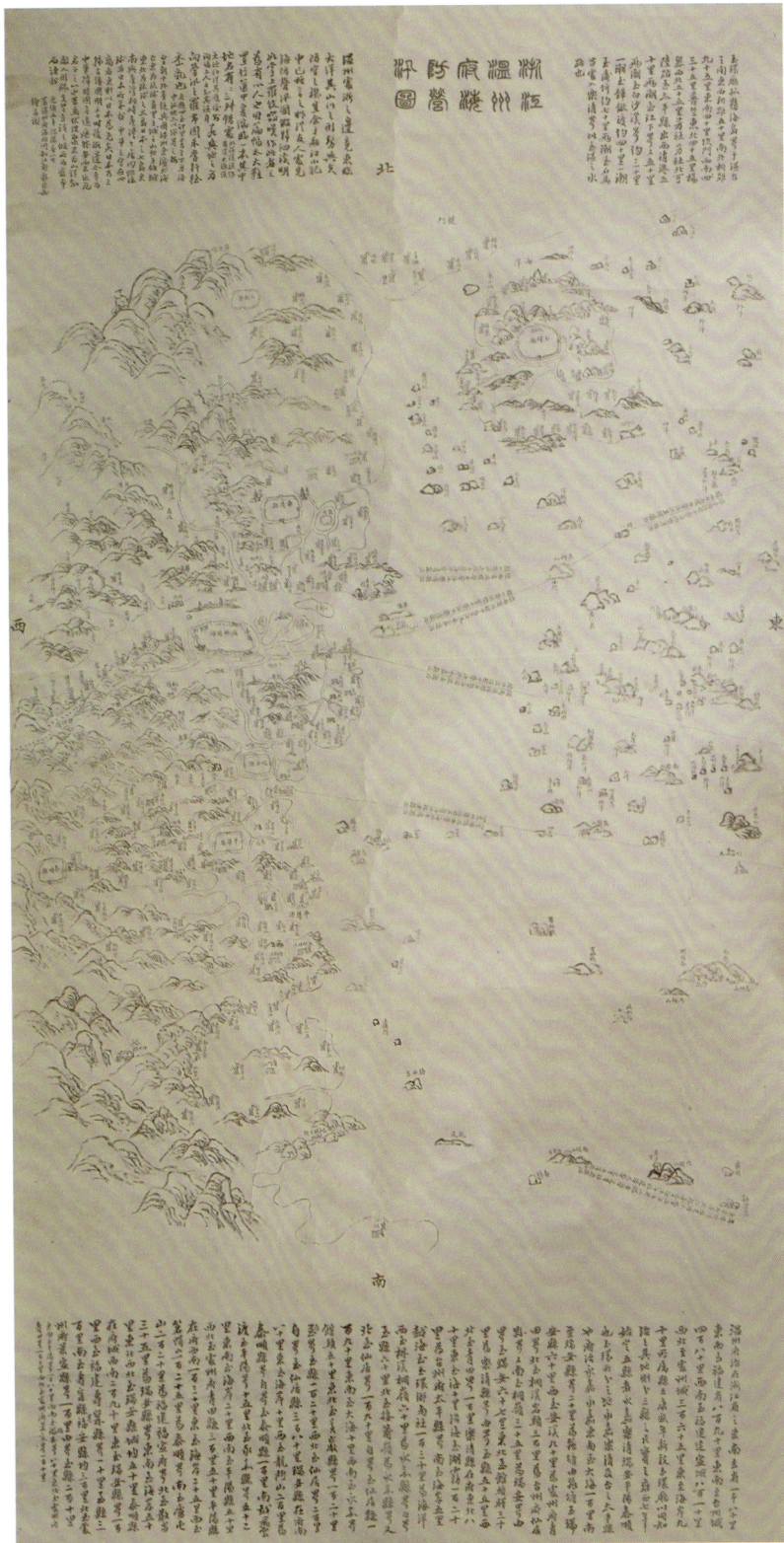

永嘉县令画的温州"机密地图"

画中标出了当时洞头百余座岛

这幅《浙江温州府海防营汛图》，现装裱为书画立轴形式，纵137厘米，横64厘米。采用传统技法绘制，直接题字注明东南西北方位，上北下南，右东左西。它立体形象地展现了当时温州境内岛屿、港泊、洲渚、城池、山川等地貌，如洞头的百余座岛均一一标出，出海航道也清晰可见；而当时温州海、陆各地的军事布防、岛屿的分布，温州府城周边的地形地貌均按原样绘制。从图中可见，当时军队的驻防分营、汛、关、堡驻扎。整个图面保存完好，画面清晰。如果用放大镜观察细处，还能清楚看出当时着墨的浅淡深浓。

在图北和图南空白处，写有长长的题跋。图北题跋：中间篆书题写图名"浙江温州府海防营汛图"；右侧题写关于孤悬海岛的玉环厅的内容，如方位、范围、岛屿之间的距离、港口以及潮汛和到乐清界的水路等。图南题跋：温州府治方位、距离省城里程、四至，所属永嘉、乐清、瑞安、平阳、泰顺等五县的县界等。

图北左侧的题跋内容则比较重要，它对于考证绘制该图的原因、目的、时间、作者等起着关键作用。从中可以看出，时任温州府海防同知的江都人郭钟岳绘制了该图，他认为，温州地处浙江边境，东临大洋，山川防守十分重要，防守的机宜已在他的《瓯江小记》中略叙。因为在友人处看到的《海防营汛图》篇幅太大，不方便携带，且有二三处错误，舆地方向、营汛标志紊乱，所以他缩小临摹了一幅。

绘制者是清晚期温州地方官

郭钟岳，字叔高，号外峰、红豆庄主人，自称讷道人、天倪子、凌云子、天下第一有情人等，江都（今江苏省扬州市）人。清同治年间（1862—1874），郭钟岳任温州府司马（为知府、知州的佐官，分掌督粮、缉捕、海防、江防、水利等）；光绪三年（1877），他曾倡议"月捐若干俸金，创办惠民药局"，分设在府城隍、三港庙、天后宫三处，对赤贫患者，免费取药，以济民病；光绪十八年（1892）代理瑞安知县；光绪十九年（1893）代理乐清知县。他还曾任永嘉县令、署理玉环厅同知，最高官职为浙江候补同知。

在温任职期间，郭钟岳采风问俗，搜集逸事，于同治十一年（1872）作竹枝词一百首，名《东瓯百咏》（亦名《瓯江竹枝词》）、其内容涉及温州的历史、地理、人文、物产、民情风俗、社会风貌诸多方面，如《白鹿城》《颂瓯绸》《拦街福》《瓯江潮》《五马街》《蝤蛑》《小杭州》等等。他的著作还有《瓯江小记》《说文绎》《罪我录》《食报录》《天倪斋诗钞》《和天倪斋词》等。《西泠酬唱集》卷三收录他的诗作49首。这些词作"言婉而讽雅，含风人之义"。写物抒情，翔实生动，雅俗共赏，饶有兴趣，正如他自己所说，供"里巷歌吟，褒者扬，贬者劝"。

郭钟岳还擅长书法，篆、隶、行、草四体皆精，并能镌刻。温州博物馆藏有他的《恭祝诰授武功将军希程都督大人五旬荣庆序》楷书手稿、隶书八体五山七言联、行书《谢宣城怀故人诗》斗方等作品10余件。

2013年，在重修东瓯王庙的过程中，发现了《东瓯王庙之碑》石碑，碑额上的六个篆体大字，由郭钟岳题写。另外，仙岩梅雨潭观音洞右侧也留有他的题刻。

※ 今生故事
前人留下的温州唯一一张立体全域图

早在 2000 年，这张距今已有 140 年的军事地图曾在温州"露过面"，后因种种缘由又杳无音信。

2006 年，在山西的一次文物会议上，一位来自海南的与会代表透露这张图在海南海口的一位收藏家手中。当年 7 月，经过联系沟通，温州博物馆派人专程飞往海南，最终从这位收藏家手中征集到了这张地图。据悉，这是目前为止发现的前人留下的温州唯一一张立体全域图。

海防营汛图是古代用于陆地驻防的一种专用地图，采用陆地仰望海洋的视角来描绘海岸或沿海陆地、岛屿的防守状况，它的史料价值显而易见。

原温州博物馆馆长金柏东推测，成图时郭钟岳身为"管军事的地方副职领导"，曾亲历温州各地进行调查研究，并以探险的精神到过温州 8(大) 岛 72 屿，对原有的"海防营汛图"进行修改记录。对照该图，笔者找到了玉环厅的坎门、西青港、乐清的石马、铧锹渡等地名。郭钟岳《西青渡》诗云："一角沧波数点山，翠螺新染镜中鬟。蒲帆送我华秋渡，回首烟云忆玉环。"郭钟岳《瓯江小记》载："带鱼，玉环洋面所产，渔民冬时之一大出产也……闽、浙接壤之民多赖此生活，共渔于玉环之坎门。冬钓关一年之收获……"可见，郭钟岳曾亲自到过玉环厅的很多地方现场考察，该图的准确性很高。

温州政区图、城区图每年更新

中国关于地图的记载和传说可以追溯到 4000 年前，《左传》上就记载有夏代的《九鼎图》，《周易》有"河图"的记载，《周礼》中有 17 处关于图的记载。测量是绘制任何地图最首要的一步。史书中就有古人为了绘制地图进行实地测绘的记录。那么，现在的地图又是怎么绘制的呢？

温州市勘察测绘研究院成立于 1984 年，原隶属温州市规划局，2014 年经脱钩整合重组，成为温州设计集团有限公司下属国有企业，专业从事工程勘察、测绘、地理信息领域的生产、科研、开发和应用。

该院工作人员介绍，每年根据相关要求，该院都会更新温州政区图、城区图，"这是因为每一年城市都会发生变化，多了一栋楼、多了一座桥、一条路……都要在新的地图上体现出来"。而现在绘制地图的方式与过去早已不同，绘制人员会根据基础地理信息库的数据，通过计算机进行绘制，实现全数字化流程。像与《温州晚报》合作多年的《温州楼市地图》，则是绘制人员根据基础地理信息库的数据，绘制出一张基础地理底图，然后在此基础上添加楼盘信息等，综合绘制而成。

百工 竞美

五代吴越国阿育王漆塔

宋代温州漆器 "全国第一"

吴越国，是唐末宋初五代时期十国中的一国，由浙江临安人钱镠所创建，以杭州为都城。宋代是温州社会经济文化发展的重要时期，温州漆器手工业因 "民勤于力而以力胜"，取得了迅速发展，进而名扬天下，成为唯一敢于以 "温州" 冠名的地方产业品牌。可以说，温州是宋代最发达、领潮流的漆器生产中心。

走进温州博物馆，来看看这座五代吴越国阿育王漆塔，探寻属于温州漆器文化的历史变迁。

→
五代吴越国阿育王漆塔

或为高僧释延寿募缘所造

这座五代吴越国阿育王漆塔，残高 19.3 厘米，底边长 12 厘米，是 1965 年温州市南郊北宋白象塔出土的一件文物。

细看这座阿育王塔，呈方形、中空，由基座、塔身、四角山花蕉叶和塔刹四部分组成，塔刹已损。顶部略凸，剔刻十二瓣莲纹，周刻人字纹。山花蕉叶外侧面各刻诞生、出家、苦修、说法、驯象、涅槃等佛传故事两层，共 16 则，图案略模糊。内侧面刻佛像三层：上层刻一坐佛，中层刻一站立佛，后有葫芦形背光和圆形头光，底层刻两坐佛。塔身四壁的连珠纹券门内各镂刻一佛本生故事，为萨埵太子舍身饲虎、尸毗王割肉贸鸽、快目王舍眼和月光王施首；券门外和横楣上饰忍冬纹；四角置倚柱，柱头各立一金翅鸟。基座四面各开四龛，每龛饰一坐佛。

据相关研究，吴越国是五代十国时期两浙地区极为重要的地方政权，最盛时版图有十三州一军八十六县，历三代五王，立国近百年。吴越国多以阿育王塔盛装佛舍利或者佛经，据说钱俶费时十年造八万四千塔，散布到当时的杭州、台州、温州、福州等地，用材有铜、铁、银、漆等。吴越国境内的高僧以延寿最著，弟子二千，名闻高丽，最得钱俶宠信。有专家认为，该漆塔极有可能是延寿募缘制造的一万座夹纻胎阿育王塔中的一座。

宋代温州漆器号称"全国第一"

那么，什么是夹纻胎呢？夹纻胎又称"脱胎"。纻即麻布。其做法是以木或泥做成内胎，再以涂漆灰的麻布等裱糊若干层，干实后，去掉内胎，最后在麻布壳上髹漆。这种轻巧的胎体初见于战国，秦代尚不多见，两汉中期以后逐渐流行，成为重要的胎体种类之一。早期温州夹纻胎漆器极为罕见，该阿育王漆塔为目前所见的唯一一座夹纻胎阿育王塔。

我国古代漆器工艺的发展，从新石器时代原始粗放漆器的使用，到制作精工彩绘嵌玉漆器的良渚文化时期，是漆工艺史上出现的第一个高潮；继战国秦汉漆器生产进入巅峰之后，至唐宋元时期漆工艺再次升华；尤其是宋时代漆工艺更出现了一个百花齐放、姹紫嫣红的旷世盛景，在我国漆器历史上起着承前启后的作用。宋代漆器在继承前代的基础上，不断创新，不仅种类、器形更加丰富，而且髹饰漆艺呈现出全面运用的趋势，素髹、描金、描漆、针刻、戗金银、识文、雕漆、剔犀、扣器、螺钿等后世主要的漆艺基本齐备，戗金银、识文、剔犀等漆艺更是登上了历史的顶峰，为后世漆器的发展奠定了基础。

温州是宋代最发达、领潮流的漆器生产中心。宋代温州漆器号称"全国第一"。《东京梦华录》《梦粱录》《都城纪胜》的记载均表明，在北宋都城开封和南宋都城临安都开设有温州漆器专卖店，足见温州漆器档次之高。

→
五代吴越国阿育王漆塔山花蕉叶

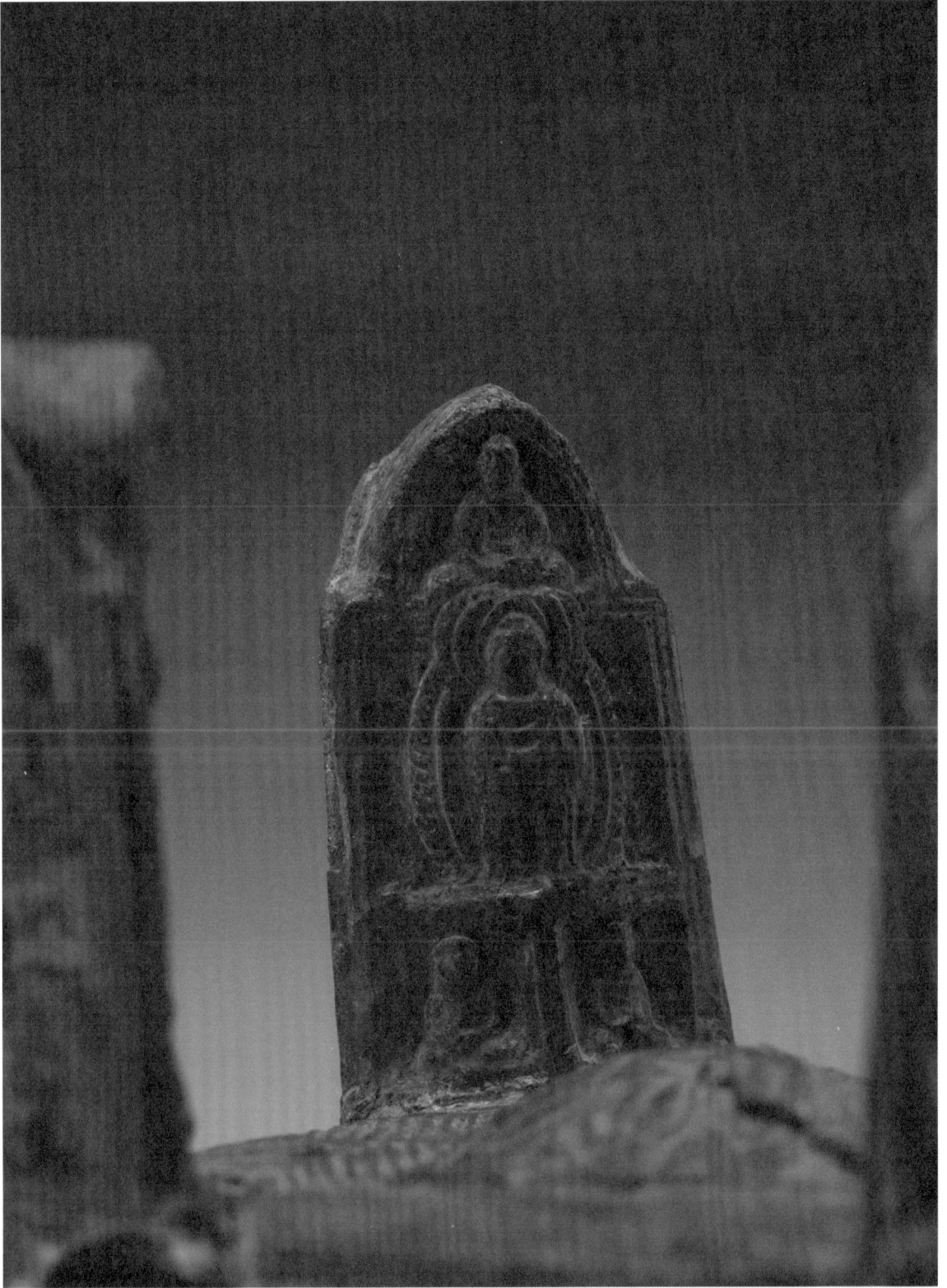

目前，全国各地出土和发现温州漆器的遗存有三类：墓葬、佛塔和温州老城区及其周围建筑工地。2005—2010 年，温州老城区及其周围建筑工地先后出土 30 余批次 300 多件宋元时期漆器。虽然这些漆器大部分是残件，并且以素髹日用器皿为主，但是经过修复，完整器物多达 100 余件，相当一部分带有温州铭文，少量漆片采用了戗金、描金、描漆、针刻、雕漆、剔犀、攒犀、嵌银扣等漆艺，为研究全国各地墓葬和佛塔出土的温州漆器提供了源头性资料。

※ 今生故事
为夹纻漆器申报非物质文化遗产

这些年，只要有时间，何必阔就常到温州博物馆观看这座五代吴越国阿育王漆塔。他是苍南何氏夹纻漆器第五代传人、浙江省非物质文化遗产"夹纻漆器"代表性传承人。

何氏夹纻漆器技术可追溯到清代光绪初年。何必阔的祖辈何盛瀛从平阳县水头镇亲戚家学会了脱胎夹纻造佛像的技艺，并传给了他的三个儿子。他的第三个儿子何传坤不仅继承了父艺，还独创了桐油夹纻制胎法，开发了一批仿古漆器。后来，何传坤又将一生所学所创传给了他的儿子何经璧和内亲姜颜生。据流传下来的说法，当年何氏夹纻漆器产品大量销往雁荡山、五台山等风景名胜和佛教圣地，深受人们喜爱。

何必阔从小就对漆艺有兴趣，初中毕业后就拜堂哥——何氏夹纻漆器第四代传人何必东为师。1991 年，何必阔开始学习夹纻漆器佛像的制作。一连三年，他跟着堂哥何必东在山西五台山学艺；1994 年，他开始在福建独立制作夹纻漆器；2007 年，他拥有了自己的工厂。

2009 年，为了申报夹纻漆器非物质文化遗产，何必阔花了好几个月时间整理材料。最终，夹纻漆器入选第三批浙江省非物质文化遗产，何必阔也入选第三批浙江省非物质文化遗产"夹纻漆器"代表性传承人。

目前，何必阔已有十多件漆艺作品荣获国家级、省级奖项。其中，《西方三圣》获得"首届中国莆田佛教用品博览会"银奖，《锦上添花吉祥瓶》获"浙江省青年非遗雕塑类作品展"银奖，《异形瓶》获"中国（杭州）工艺美术精品博览会"铜奖，《戗金填彩卧龙漆瓶》获"非遗薪传——浙江传统塑艺陶艺精品展"金奖，《平步登高》获中国浙江工艺美术精品博览会铜奖等。

与高校对接开课传承非遗文化

如何将何氏夹纻漆器技术传承下去，是何必阔近年来一直思考的问题。

何氏夹纻漆器的制作方法看似简单，实际操作则需熟练的技巧和丰富的经验，完成一件作品所用的时间长则需要数月之久，而一个学徒要能独立制作漆器至少需要 3 年学习时间。早些年，他曾打出招徒广告，计划招收 22 周岁以下，爱好工艺美术或者有美术和雕塑基础的青年，每个月包吃住还提供生活费，一度无人问津。即便是如今，也只有两个正式招收的徒弟。

2016 年，何必阔与温州大学瓯江学院对接开课，开设漆器饰品设计、综合材料装饰两门课程。何必阔说，目的就是让非遗进校园，至少是让现在的学生能够认识漆艺，了解古代的漆艺文化。

→
北宋白象塔

宋代温州漆器"全国第一"

北宋瓯窑青釉褐彩蕨草纹执壶

混血的宝壶暗藏玄机

　　央视制作的《国家宝藏》，一度成为火热的综艺节目，豆瓣评分高达 9.3。这则综艺节目，以全国九大博物馆 27 件"镇馆之宝"的体量，带领观众开启了一场"博物馆奇妙夜"的文博探索之旅。而在看过了千里江山图、瓷母等重量级国宝后，您是不是也好奇，想知道我们温州都藏着些什么宝物呢？

　　那么，今天带您来看看博物馆里的"镇馆之宝"之一——北宋瓯窑青釉褐彩蕨草纹执壶。

→
北宋瓯窑褐彩蕨草纹青瓷执壶，1983 年温州市郊锦山出土

混血的宝壶暗藏玄机

壶把花纹间印有"七何"二字

这件北宋瓯窑青釉褐彩蕨草纹执壶就摆放在温州博物馆二楼历史厅最显眼的位置。

执壶通高 25.1 厘米，口径 5.1 厘米，底径 7.5 厘米，胎质灰白，坚硬致密。通体施淡灰绿色釉，匀净细腻、滋润光亮。盖呈宝塔形，双重口，盖面绘褐彩纹。壶口部较高，直壁。肩饰弦纹一道。腹呈椭圆形，在腹上部对称压印四道竖凹纹，形似瓜棱。底足外撇内凹。流细长弯曲。腹部纹饰特别，绘的是褐彩蕨草纹。整个器形瘦长清秀，颇具古波斯金银器的造型特征。

在细长扁曲的壶把上，把面模印缠枝花纹和连珠纹，且花纹之间印有"七何"二字。

"七何"为何？这"七何"并非执壶拥有者的名字。中国古陶瓷学会会员、温州博物馆研究员伍显军表示，"七何"可能是当时制作这件执壶的工匠留下的，而"七"应该是他在家族中的排行。

宝壶或来自古代"海上丝绸之路"

由于这件执壶所具有的古波斯银器的造型特征，曾让不少人一度猜测并非出自瓯窑。如今，这种猜测已被否认。

在永嘉三江坦头五代至北宋窑址中曾出土与该壶造型相似壶盖、壶口标本，从该壶的胎质、釉色及彩绘特点看，该壶应为北宋时期温州一带瓷窑所产。

那么，此执壶的"异域风情"由何而来？

有专家认为，这件带有西亚风格的执壶上的挺拔的叶状纹饰，不是普通低矮的蕨草，而是椰枣树叶纹，而壶盖上的纹饰表达的可能就是椰枣

树成熟的果实——成串的椰枣。在中国的瓷器上，早在唐代就已经出现了类似的椰枣树叶纹。椰枣树叶纹也是一种寓意深刻的装饰纹样，寄托着阿拉伯民族对于幸福生活的向往和美好未来的憧憬。此外，壶把模印的缠枝卷草花卉纹和连珠纹也是唐代丝织品常见的纹饰，受到波斯萨桑王朝艺术风格的影响。所以，这件瓯窑执壶可能也是瓯窑文化和波斯文化的产物。

"海上丝绸之路"在两宋时期已兴盛，温州是"海上丝绸之路"的重要港口城市，青瓷、漆器、丝绸和印刷品在海外贸易中占有较大比例。伍显军猜测，这件执壶的主人可能是来自中亚等国的商人，商人通过古代"海上丝绸之路"来到当时的温州定制了此执壶，但最终却没能带走它，将其留在了温州。因此，它很可能是"海上丝绸之路"中西文化交流的重要见证物。

30 多年前从西山一建筑工地出土

1983 年，温州西山亚热带植物研究所正在进行土木建设，在一个露出来的土坑墓里，研究所员工发现了这件执壶并主动上交。执壶出土的位置正是西山窑址群的所在，分布着唐宋时期瓯窑的代表性窑址群。南从灰炉山起，北经雪山、正和堂、护国岭、乌岩头直至双桥村，窑址众多，曾出土大量瓷器。

据了解，在浙江早期瓷窑之中，越窑、瓯窑、婺州窑和德清窑都比较著名，产品各具特色。各窑出土或传世的精品不在少数，但是摘取国宝级文物桂冠的却是凤毛麟角。

1995 年 5 月，国家文物鉴定委员会专家组来温州鉴定时，看到青瓷褐彩蕨草纹执壶时，都被

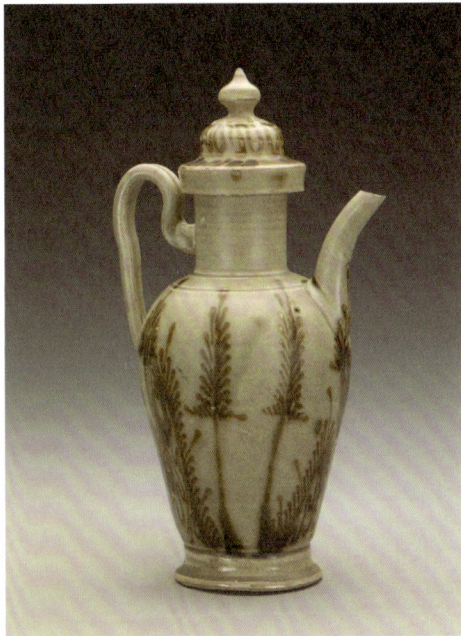

→
北宋瓯窑褐彩蕨草纹青瓷执壶

它那独特清秀的造型和绚丽流畅的彩绘所吸引，连连赞叹："太美了，真是一件难得的艺术品。"一致将其定为国宝级文物。温州博物馆研究员伍显军表示，这件执壶是瓯窑的代表作品，是目前国内唯一保存完好的瓯窑青瓷褐彩执壶，也是迄今为止瓯窑仅有的一件国宝级文物。

千年瓯窑文化得以复兴与传承

温州制瓷历史悠久，瓯窑是我国最早的青瓷瓷窑之一。远古时期，今温州地域内大量生产和使用这种叫"瓯"的陶器，"瓯"又是温州的简称。东汉晚期，在长期烧制印纹硬陶和原始瓷的基础上，瓯窑工匠已能烧制出成熟青瓷。而到了魏晋南北朝时期，瓯窑制瓷技术趋于成熟，并逐步达到繁盛，产品种类丰富。

伍显军表示，从这把执壶就能够看出当时瓯窑技艺的精湛程度，"2000年以后，我们曾尝试

邀请专家对该件执壶进行仿制，但出来结果相差甚大，都没有成功，就足见这把执壶的'精致'。"

而最令人欣喜的是，千年瓯窑文化正在得到复兴与传承。

2016年，永嘉县三江街道龙下村开始打造瓯窑文化特色小镇，以瓯窑为龙头，将瓯窑青瓷工艺与中国茶文化、酒文化等相结合，制作独特的创意青瓷，打造综合性文艺小镇。

非遗瓯窑烧制技艺传承人、市瓯窑工艺美术大师陈景炜的永嘉瓯窑陶瓷艺术研究所就在瓯窑文化特色小镇内。从18岁拜师学艺到如今，陈景炜已经与陶瓷打了50多年交道；而为恢复传承瓯窑烧制技艺，他曾与朋友们多次踏访位于永嘉的唐代瓯窑旧址，收集旧瓷片，寻访当地村民。经过反复试制，他初步掌握了瓯窑各时期坯釉配方及瓯窑釉下褐彩生产方法，成功仿制了一批古瓯窑器物，同时也创作出了一批时尚的瓯窑新品。

北宋水月观音菩萨青瓷坐像

一个与瓯窑相关的
传承故事

温州博物馆白象塔出土文物展厅里展出了一件北宋水月观音菩萨青瓷坐像，它属于国家一级文物，入选《中国文物精华大辞典·陶瓷卷》。

晚唐至北宋是瓯窑制瓷业的发展高峰时期。透过这件北宋水月观音菩萨青瓷坐像，可以看到哪些与瓯窑相关的故事和传承呢？

→
北宋观音菩萨青瓷坐像

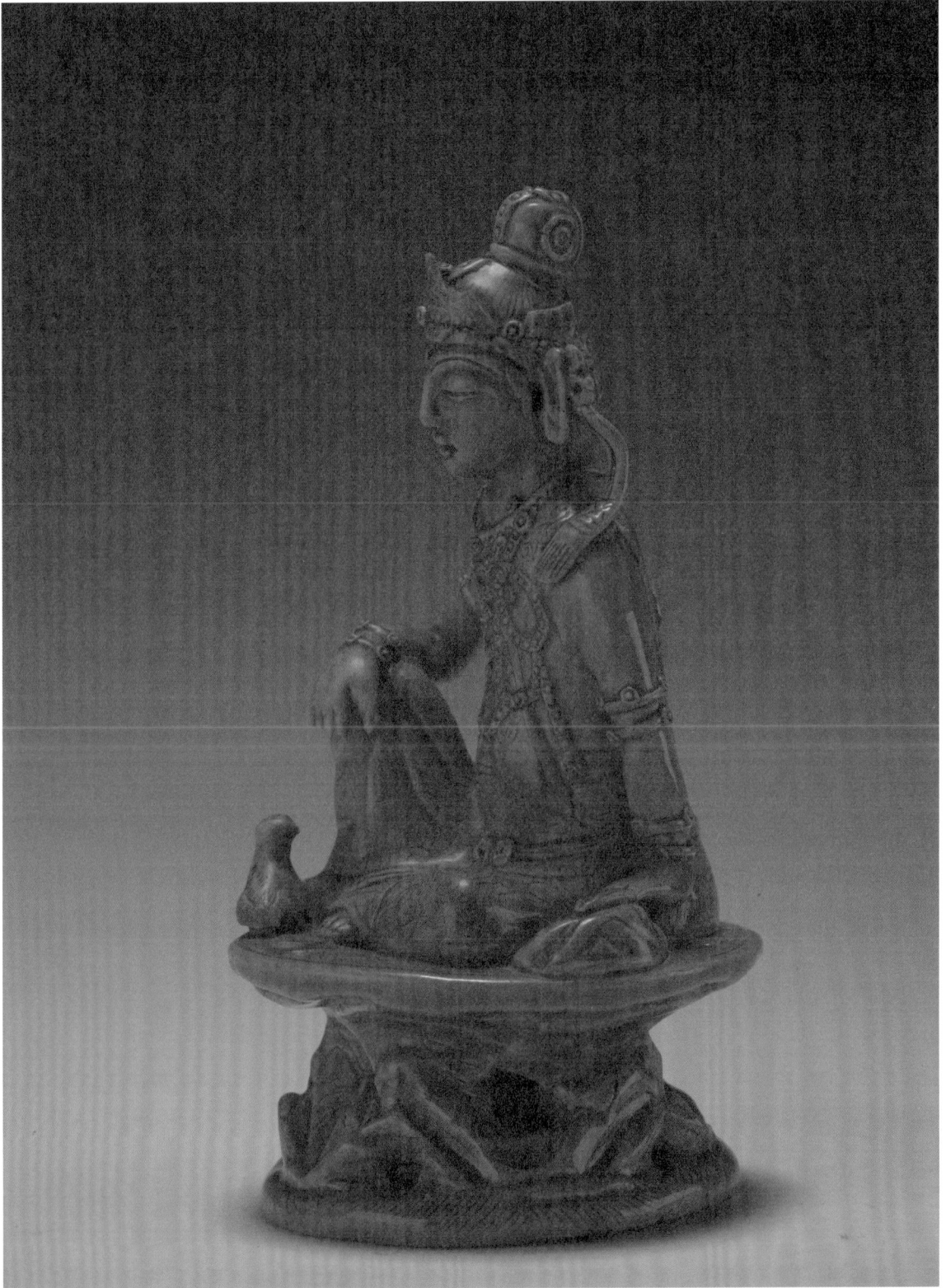

塔中发现的唯一一件青瓷造像

这件北宋水月观音菩萨青瓷坐像，是 1965 年于瓯海区南白象镇白象塔出土的。

据明释成钦《永嘉白塔寺重修宝塔募缘疏》、民国释显培等《重修白象宝塔记》记载，它创建于唐代贞观年间，北宋咸平年间，进行了第一次大修。1999 年 11 月重建白象塔。

据介绍，1965 年，专家在白象塔内共清理出钱币 2000 多枚，彩塑、砖雕、木雕、陶瓷以及漆器、经书、绘画等各类文物 200 多件，白象塔可谓北宋佛教文物研究的"宝藏"。而这件北宋水月观音菩萨青瓷坐像是该塔中发现的唯一一件青瓷造像，出自该塔二层第三面壁内。

该坐像通高 24 厘米，胎质细腻，呈灰白色，通体施淡青绿色釉，釉质匀净滋润，光泽透亮。如果仔细观察，会发现底座与菩萨是分别雕塑，应是工匠在胚胎将干未干之际，将菩萨安放于底座之上。

据介绍，这种坐姿观音菩萨俗称"水月观音"。水月观音图像是一种本土化的观音样式，其始创于中唐时期，晚唐以后逐渐盛行。关于水月观音图像的记载，最早见于唐代张彦远的《历代名画记》，书中两处提到周昉画过水月观音。目前最接近周昉所创作的水月观音图像出土于敦煌藏经洞。白象塔中出土的唯一一件青瓷水月观音坐像，是早期水月观音图像的典型代表，也是现存为数不多的北宋陶瓷观音造像。

倾向于是件北宋瓯窑瓷器

有关该观音菩萨青瓷坐像的烧造窑口问题，业界目前有两种观点：一种是认为，它是北宋龙泉窑青瓷产品；而另一种观点则认为是北宋瓯窑青瓷产品。

综合该件北宋水月观音菩萨青瓷坐像的胎釉特征、烧造工艺以及其他因素，伍显军更倾向于认为这是一件北宋瓯窑青瓷作品。

晚唐至北宋是瓯窑制瓷业的发展高峰时期。北宋时期瓯窑仍以西山为主，窑场蜿蜒数里，以品种繁多、制作精湛和釉彩淡雅晶莹而负盛名，瓷窑有正和堂窑、护国岭窑、乌岩庙窑、小山儿窑等。瑞安潮基港与飞云江夹角地带也是窑址密集区，瓷窑有瑞安陶峰乡上瓷窑、下瓷窑、丰和乡门前山村缸窑岭窑、荣垟村大团山窑、荆谷乡潘岙村鲤鱼山窑、梅屿乡外三甲村外三甲窑等。瓯窑传统主要产区楠溪江流域也有很多瓷窑，并有向上游扩展的趋势，如永嘉东岸乡箬岙村后背山窑、坦头村大头坟山窑、仁溪乡厅底村厅底窑、七圣庙窑、仁家坪村蛇山窑。此外，比较重要的瓷窑有鹿城区黎明乡山下村杨府山窑、苍南藻溪盛陶窑址群等。

80 后"陶艺师"回乡圆梦

娄林峰是一位土生土长的瑞安人。最初，娄林峰并不是一位制瓷匠人，他在温州经营着一家广告公司，是一个平面设计师。2013 年，他毅然决然地放下一切原有的生活，卖掉自己经营的一家广告公司、一家小会所和三间茶馆，独自到龙泉学艺，倒腾起了瓯窑。

在龙泉，娄林峰一待就是四年，拜了浙江工艺美术大师王传斌为师。娄林峰说，初期学的基本是龙泉窑瓷器的制作工艺，学成了，自己才开始默默摸索制作瓯窑瓷器。后来，他在龙泉创办了自己的工作室。

2017年，娄林峰回到老家陶山，在郑宅村打造了"汉臣"瓯窑工作室。娄林峰说，最初就是想找个安静地方潜心研究瓯窑文化、提升技艺。但后来，发现郑宅村这里挨着不少瓯窑遗址，瓷土也十分适合烧制瓯瓷，有很多瓯窑素材可以研究。

目前，"汉臣"瓯窑工作室已经初具规模，拥有手工坊、气窑、柴窑、收藏室等。未来，这里还将有产品展示厅、体验区等。

多年探究瓯窑的制瓷工艺和釉色体系，娄林峰已经成功烧制出瓯窑釉色系列作品，并开发了汝玉系列和官窑釉系列作品。2015年以来，他的《一苇渡江》《刻花斗笠碗》《瓯窑莲瓣盖罐》等作品多次在浙江工艺美术博览会、温州国际时尚文化产业博览会上获奖。

温州博物馆馆藏的这件北宋水月观音菩萨青瓷坐像，对娄林峰来说有着特别的意义。目前，他正尝试参考该件坐像烧制工艺进行再创作。"我给自己的目标是一年完成180件瓯窑作品。"娄林峰说。

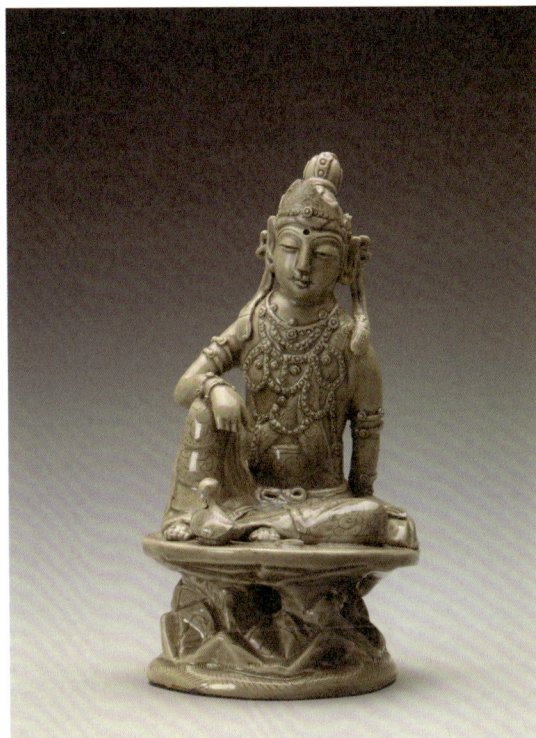

↑
北宋观音菩萨青瓷坐像

瑞安正打造南山瓯窑小镇

据悉，陶山镇曾多次出土壶、坛、瓮、盘、罐、灯盏等瓯窑器物，现在保留多处瓯窑青瓷窑址，如位于陶山镇的上瓷窑青瓷窑址、大团山青瓷窑址等，多以民间日用瓷器为主，注重艺术性与实用性融合，其中郑宅村周边的瓯窑遗址十分具有代表性。

娄林峰说，推广瓯窑是他最大的心愿。在他的印象里，小时候，在郑宅村周围，遍布着十来个有着千年历史的窑址。

随着"汉臣陶艺"入驻郑宅村，已经为陶山瓯窑文化产业发展带来了蝴蝶效应。

产业振兴、文化振兴、生态振兴是乡村振兴战略的一部分，陶山拥有丰富的瓯窑历史文化资源。自2018年下半年开始，陶山镇开始策划依靠这里丰富的瓯窑历史文化资源，整合资源打造南山瓯窑小镇。2020年，陶山镇已经着手打造南山瓯窑小镇。

北宋《佛说观无量寿佛经》
活字印刷残页

它，
让权威专家兴味盎然

温州博物馆白象塔出土文物展厅里面展出的众多文物中，有一件看似十分不起眼的文物，甚至可以说是残缺严重的文物，它就是北宋《佛说观无量寿佛经》活字印刷残页。

这件残页，却是权威专家十分感兴趣的研究对象，曾经引起国内外专家学者高度重视，并有众多专家对其进行了相关研究。

→
北宋《佛说观无量寿佛经》活字印刷残页

※ **前世传说**

活字印刷残页上可辨认出 166 个字

这件北宋《佛说观无量寿佛经》活字印刷残页宽 13 厘米，残高左 8.5、右 10.5 厘米，是 1965 年从白象塔第二层第三面墙壁中出土的。虽然纸色已发黄，但质地坚韧柔软，纤维细长，颇似棉纸。1987 年，温州市文物部门在整理撰写塔中出土的北宋文物报告时，发觉它与同塔出土的宋版印经相比，存在不同之处，显得有些特殊。经反复研究，初步断定它是北宋活字印刷品。

温州博物馆研究员伍显军介绍说，该件活字印刷残页上的内容是《佛说观无量寿佛经》第四观至第九观部分，字体是宋代流行的宋体字，可以辨认的字共计 166 个。并且，经过众多专家的研究，认为其存在四方面活字印刷品的特征。

其一，字径较小，字间距很小，密密麻麻、回旋环绕排列，有的几乎首尾相插，如将"一一"印成"＝"，将"十一"印成"土"等；行距不一样，大致呈中间疏、两边密的状态，犹如佛像袈裟悬垂的衣纹。字的倒顺呈一顺一逆的方向排列，跟唐宋时期专为陪葬用的买地券文字呈一顺一逆的方向相同，意为适应阴间、上天诸神的阅读习惯。

其二，字形拙劣粗率，长短大小不一，笔画粗细不均，还有笔画变形的状况，即使是同一个字，也有大小粗细的变化，还有刻法的不同，显示出可能是不同师傅刻字的结果。

其三，在有的行列的回旋转折处出现倒字现象，如"皆以杂色金刚"的"色"字横卧；有漏字现象，如第六观中，"有五百亿宝楼，其楼阁中有无量诸天"句，脱漏"其楼"二字，"此想成已，名为粗见极乐世界"句，脱漏"名"字；有的句子中间出现一个或三个"○"号，如"有无○量诸

天，作天伎乐"。这些都有可能是排字时有意为之或者疏忽。

其四，纸面可见到字迹有轻微凹陷，墨色浓淡不一。

或是迄今发现存世最早的活字印刷品

印刷术是我国古代四大发明（指南针、火药、印刷术、造纸）之一，具有悠久的历史。我国古代印刷术主要分雕版印刷术和活字印刷术。专家们认为，受石碑、印章等拓印技术的启发，雕版印刷术的诞生年代大约是在公元 7 世纪前期的唐朝初年，这是世界上最早的印刷术。而雕版印刷术自唐五代时期步入了推广行用阶段，此后历经三个世纪左右的持续发展，至北宋出现活字印刷。宋体字是一种字体大小一致，笔画粗细匀称的字体，它的出现与运用为古代印刷（包括活字印刷）的全面发展提供了基础。

根据相关研究，宋代温州雕版印刷业兴盛，刻印书籍数量多、质量高、流传广。如今，温州博物馆、浙江省博物馆目前保存较多温州佛塔出土的宋代佛经，多是刻印书籍。1994 年龙湾区皇岙国安寺千佛塔出土的《蚕母》彩色版画，是我国现存最早的一件套色版画。而正是因为温州雕版印刷业的兴盛，为后来的活字印刷的出现奠定了基础。

伍显军表示，目前，史金波、钱存训、尹铁虎、孙启康、牛达生、李斌等专家对于该残页是否为活字印刷尚未达成一致意见，有认为是活字印刷，有认为是活字捺印，有认为是佛经版画。但是，他认为，从节省成本角度考虑，佛教信徒虔诚地采用活字印刷是完全有可能的，因此还是偏向于认为这是活字印刷品。并且，如果认定该残页采

用的是活字印刷品，应是迄今发现存世最早的活字印刷品。

2014年，韩国在索契冬奥会闭幕式上的宣传片提出了"韩国人发明活字印刷"观点。听此新闻，温州博物馆向媒体出示了这件《佛说观无量寿佛经》，它比韩国宣称的最早印刷品——1239年印刷的《南明泉和尚颂证道歌》早了一个多世纪。从这个意义上来说，该佛经残页采用的是活字印刷的观点，已为多数专家所认同。

※ 今生故事

东源木活字印刷术有800多年历史

东源村位于瑞安市平阳坑镇，村里有著名的木活字印刷展示馆。据当地《太原郡王氏宗谱》记载，元初，隐居在福建省安溪县长泰里的王法懋开始把木活字印刷术引入编修族（宗）谱事业之中。从此，"梓辑"（对运用木活字印刷术编修宗谱的一整套工艺的概括性称谓）之艺问世，并历代相承。

据了解，东源木活字印刷术迄今已有800多年历史，传承了23代，作为中国唯一仍在使用的活字印刷技艺，是四大发明之一——"印刷术"源于中国的最好证明，被誉为古代印刷技艺的活化石。2008年入选国家级非物质文化遗产保护名录，2010年11月以"中国活字印刷术"为名被联合国教科文组织列入"急需保护的非物质文化遗产名录"。根据向联合国教科文组织做出的承诺，瑞安市政府对中国活字印刷术首先采取一系列抢救性的保护措施：政府对传承人定期给予经济补助，鼓励和支持传承人带徒授艺；引导民间宗族修谱的文化传统，鼓励采用木活字印刷宗谱，让这项遗产继续在文化市场的需求中继承下去。

吴魁兆是木活字印刷技术非物质文化遗产的代表性传承人之一。他16岁跟随王朴如学艺，现在每年都会接到做宗谱的活计。据他介绍，目前温州共有木活字印刷技术非物质文化遗产传承人17人。2009年，瑞安市成立了活字印刷协会，有从事该行业工作的120人入会。

瑞安木活字印刷术传承人澳洲"献艺"

由瑞安市人民政府和中国美术学院联合主办的文明传承与未来希望——中国木活字印刷与当代汉字水墨艺术作品展览，于2018年12月初在澳大利亚墨尔本和悉尼举行。温州市的木活字印刷技术非物质文化遗产代表性传承人王钏巧、吴魁兆现场制模、刻字、排版、印刷，向澳大利亚人民展示了中国古老的印刷技艺和东方文化的魅力。

吴魁兆说，东源木活字印刷术，完整地再现了活字印刷的作业场景：刻字、检字、排版、校对、印刷、打圈、划支、填字、分谱、草订、切谱、线装等20道工序，是活字印刷术源于我国的最好实物证明。他家收藏有10来万个字模，这次他带去了1万多个字模去澳大利亚。

近年来，中央电视台新闻综合频道等多次播放的专题片《深埋的物证》中，也有许多内容涉及东源村木活字印刷术。

北宋木刻套色版画《蚕母》

现存最早的木刻
套色版画

温州博物馆历史厅里展示的绝大多数是文物原件，但这件来自北宋时期的木刻套色版画《蚕母》，用的却是复制品。原来，这是从保护文物的角度出发，防止紫外线长期辐射对纸质文物的伤害，因此才用了复制品。

那么，这幅《蚕母》，缘何被专家判定为是我国现存最早的木刻套色版画？由它，又是否可以寻找到温州桑蚕丝织业的历史痕迹？

→
北宋木刻套色版画《蚕母》
1987 年龙湾区皇岙村国安寺千佛石塔发现

※ **前世传说**

画中是千年前的蚕母形象

1994 年，温州博物馆的工作人员在整理国安寺石塔内发现的破损严重的一批印本、释道画时，发现了这幅木刻套色版画《蚕母》。

国安寺石塔，坐落在龙湾区皇岙村五峰山麓。1987 年，浙江省文物局拨专款对该塔进行修缮。根据修复时发现的碑文，推断该塔建于北宋元祐庚午至癸酉 (1090—1093) 年间。

这幅《蚕母》，藏于塔的第三层塔心方形石室内，同室内藏有北宋元祐辛未 (1091) 碑记一方，因此可以断定它为北宋元祐年间（至迟 1093 年）或稍早的印刷品。

《蚕母》局部残缺，但整体效果未受影响。画面以蚕母、蚕茧和吉祥等图案为主，较为完整地反映了北宋时期蚕神的形象和蚕茧丰收的情景。画面左上方的长方形字框内有直排"蚕母"二字。

左侧为蚕母立像，头梳高髻，髻上插花；面颊丰满圆润，白皙而带红晕；柳眉清秀，双目深沉，容光照人。

温州地区历来是桑蚕丝织业发达的地区。新石器时代的一些遗址，如乐清白石杨柳滩遗址、鹿城区上戍乡曹湾山遗址、鹿城区藤桥镇屿儿山遗址、瑞安市碧山镇山前山遗址、龙湾区上河滨村龙岗山遗址等，均有纺纱工具石纺轮或陶纺轮发现，说明温州先民已能将松散的细纤维质捻成麻花状线索，而用于缝制或编织。瑞安岱石山西周晚期至春秋初期的一座石棚墓扰土层中，采集到的一件原始瓷罐残片上堆塑有蚕纹。南朝刘宋时育蚕一年八熟。隋代，豫章、永嘉等地蚕一年四五熟，勤于纺绩，亦有夜浣纱而且成布者，俗呼为鸡鸣布。北宋永嘉胡氏栽桩为业。宋代"温地不宜桑而织纴工"（陈谦《永宁编》），但是从北宋慧光塔发现团鸾纹红罗双面绣经袱和花枝纹褐罗双面绣经袱来看，温州的丝织和刺绣工艺都有很大发展。

系我国现存最早木刻套色版画

我国古代版画（木刻）历史悠久，比欧洲早五百多年，是世界版画的策源地。鲁迅先生在《木刻纪程》小引中说："中国木刻和图画，从唐到明，曾经有过体面的历史。"

隋唐之前的中国佛教石窟、寺院壁画中采用了漏印填彩技术。唐代，随着雕版印刷术的发明，书籍由写本时代进入印本时代。这时，刻书和版画技术有机地结合在一起。早期有木版捺印、木版刷印的佛教彩色版画。套色印刷法是雕版印刷术发展过程中的新成就，主要采用两种方式：一是单版涂色印刷，即用几种颜色涂在一块雕版上，然后覆纸印刷；一是套版印刷，则是用两块或两块以上的版片，使用不同颜色，逐次印在同一纸上。

温州博物馆原馆长金柏东先生研究认为，这幅《蚕母》具备明显的雕版套色印刷特征，如线条刚劲、规整，帛巾、对襟的纤细线条，有轻微凹陷；线条粗细、浓淡不一，过渡欠自然，长线中有断线出现；"蚕母"两字，字体苍劲有力，干练明快，并设有长方形字框，与北宋版本字体及版画字框式样相一致；用色多样，色调明快、协调。色区边缘整齐。因此，可以断定这是一件北宋元祐（至迟1093年）或稍早的套色版画，是我国现存最早的木刻套色版画。

蚕母作为艺术形象留传下来的为数不多，早期的仅见宋代巨鹿遗址出土的人物雕版，该版尚可隐约看出"三姑置蚕大吉"六字，"疑是宋代民间供奉的蚕神神像雕版"。温州博物馆这幅《蚕母》，年代确切，且有"蚕母"两字，是被专家判定为现存最早反映蚕母形象的作品。

※ **今生故事**
非遗"三术"重现屏纸版画

那么，当年制作这幅《蚕母》的技艺，在如今的温州是否还有流传？

记者来到瑞安平阳坑镇东源村，找到了今年63岁的王钏巧。他是瑞安仅有的11位木活字印刷术"谱师"之一，也是纸马雕版印刷术技艺的唯一传人，是目前瑞安独有的一位身兼两项传统技艺的"双料"省非遗传承人。

只见他在纸马木雕版上刷一层墨，然后铺上一层宣纸，再用棕刷反复均匀按压……轻轻揭纸，一幅生动的《麒麟吐玉书》跃然眼前。

东源村是中国木活字印刷技艺的主要传承

地，作为东源王氏后裔的王钏巧，幼时酷爱字画。1974年，18岁的他跟随堂叔祖王声初和堂兄王钏合学习传统的木活字印刷技艺及修谱技艺。至于纸马雕版印刷术，他则是在成家后，跟着妻子的家人学习的。他天赋聪颖、勤学苦练，很快就熟练掌握这两门技艺。

王钏巧说，东源的纸马雕版印刷术是民间祈福禳灾祭祀活动焚烧的各种各样雕版印刷品的总称，也是中国民俗版画体系中的特殊类型。它在明末清初之际由福建传入瑞安并传承至今，2014年被列入浙江省非遗名录。

曾于1980年代后期任职泽雅区区长，提出大力开发泽雅旅游业的周荣光，近年着手研究瓯海与瑞安两地的"三术"（造纸术、木活字印刷术、纸马雕版印刷术）融合问题，即将瑞安的木活字印刷术及纸马雕版印刷术呈现在泽雅屏纸上。2018年5月，他找到了王钏巧。王钏巧找出收藏多年的纸马雕版，用周荣光带来的屏纸制出了版画。

王钏巧说，现在他一直在新制雕版，拓宽题材，推动纸马雕版从祭祀民俗到装饰收藏的功能转变。他甚至还设计了套色版，让屏纸版画形式感更强、色彩更丰富。而这种套色版，就是保留最古老的套色版画的工艺，与这幅《蚕母》的制作工艺相似。

开设版画课程获好评

浙江省版画家协会理事、温州商学院传媒与设计艺术学院教授廖笑焱，擅长水彩、铜版画。2007年铜版作品《楠溪雪霁》入选全国第十八届版画展并被浙江美术馆收藏；2009年铜版作品《张溪》入选第九届全国三版展，并被中国美术馆收藏。

2019年，温州博物馆曾邀请廖笑焱与市民分享了一个话题——当代版画艺术和传统年画。她表示，版画艺术伴随着印刷的发明与发展，拥有非常悠久的历史。中国古代版画主要是指木刻版画，如这幅北宋套色版画《蚕母》图，就具有较高的历史价值和艺术价值；而当代版画主要指由艺术家构思创作并且通过制版和印刷程序而产生的艺术作品，是以刀或化学药品等在木、石、麻胶、铜、锌等版面上雕刻或蚀刻后印刷出来的图画，如温州博物馆的固定陈列"王维新铜版画陈列厅"中的铜版画、历史厅中展示的抗战题材木刻版画等。

温州曾是中国抗战版画活动的重要阵地。1931年，鲁迅先生在上海倡导发起中国新兴木刻版画运动，在这个时期，温州曾涌现了大批的版画大师。如今，在温州从事版画创作，虽然不及书法、国画等艺术门类这么普及，但也为数不少。

2020年开始，廖笑焱在学校针对大三学生开设了黑白木刻的选修课，教学生一些比较基础的木刻版画技艺。

北宋水晶舍利小木塔

小木塔与小"米粒"

在温州博物馆的白象塔出土文物展厅内，有一对比成人拇指略大的北宋小木塔，看似很不起眼，却小巧精致。令人称奇的是，在它们出土 45 年后，也就是 2010 年，专家偶然间在其中发现了一颗结晶舍利子。

→
北宋水晶舍利小木塔

※ 前世传说

白象塔内出土一对北宋小木塔

白象塔，坐落于温州市瓯海区南白象街道，据明释成钦《永嘉白塔寺重修宝塔募缘疏》、民国释显培等《重修白象宝塔记》记载，它创建于唐代贞观年间，在北宋咸平年间，进行了第一次大修。北宋崇宁三年（1104）开始烧制重建需要的塔砖，北宋政和五年（1115）重建完成。重建后的塔为七层六面楼阁式塔。此后八百多年的时间里，它历经风风雨雨，一直没有重建，直到 1999 年。

上世纪 60 年代，白象塔倾斜严重，塔顶偏离中心达 1.98 米，第三四层出现多处裂缝，局部塔壁剥蚀严重，岌岌可危，无法再次加固维修。1964 年，经浙江省文物部门批准，决定拆除重建。1965 年 2 月到 4 月，白象塔拆除完成。在由双层塔墙组成的壁龛内，专家共清理出钱币 2000 多枚，彩塑、砖雕、木雕、陶瓷以及漆器、经书、绘画等各类文物 200 多件。如今，大家看到的白象塔，则是 1999 年重建的。

这对比成人拇指略大的北宋小木塔，就是 1965 年从该塔中出土的。

其中一件基本完整，高 6.1 厘米；另一件塔顶残缺，残高 3.9 厘米。小木塔的材质为槐木，由基座、塔身和塔顶三部分组成。塔顶有五个相轮、塔刹与宝珠，表明该塔的等级较高。塔身圆鼓，中空，表面有多道采用旋木（车辙）工艺制作时留下的纤细线条。

所谓的旋木技术，是指在木方上旋转雕刻出线条，这种技术是现代木工车削加工的先祖，将木方固定在可旋转的卡轴上并使木方匀速旋转，然后用刀具对旋转的木方进行车削，使木方表面形成连续、旋转的线条，这种线条动感十足，极具风格特征。

经专家鉴定，这对北宋小木塔为藏传佛教喇嘛塔式小木塔，被评定为国家二级文物，其外形与北京北海公园的白塔相似。

宋代温州被称为"百工之乡"

宋代经济重心转移至东南沿海，是目前中外史学研究者公认的观点。宋代也是温州政治、经济和文化发展的高峰时期，无论是农业、商业，还是手工业都取得了迅速发展。宋代温州号称"百工之乡"，手工业大致可以分为两大类：一是官府手工业，如造船、制盐等；二是民间手工业，如漆器、蠲纸、陶瓷等。

据相关史料记载，北宋哲宗元祐五年（1090）至北宋徽宗政和四年（1114）的 20 多年里，全国官营造船场每年造船 2900 多艘。北宋哲宗年间，"诏温州、明州岁造船以六百只为额"，那时温州的造船产量和宁波并列全国第一。民间漆器业与官营造船业同属漆木器制造，所需良材均来自瓯江上游的处州（今丽水）或闽东，工艺上有许多共同之处，都需要专业化分工合作。

温州官营造船业的发展带动了民间漆器业、木器业的发展。从江苏淮安等地一些墓葬、温州白象塔等处出土或发现的大量北宋漆器来看，北宋中期温州漆艺已发育完善。

温州博物馆研究员伍显军介绍，白象塔出土的这对北宋小木塔，塔的基座呈束腰须弥式，上端平坦承托塔身，下端多级台阶状；塔的表面经过打磨，比较光滑；整个小木塔显得小巧精致，庄重挺拔。塔身、塔顶结合处可旋开，但又严丝合缝。所有这些都说明北宋时期，温州木器制作工艺已经十分高超。

※ 今生故事
相隔 45 年发现结晶舍利子

2010 年 1 月，为出版大型文物丛书《白象慧光》，温州博物馆组织专业技术人员和摄影师拍摄白象塔内发现的文物。在整理文物时，时任温州博物馆馆长金柏东再次关注到这对小木塔。

在仔细观察这对小木塔后，金柏东拿起其中一件基本完整的小木塔晃了一下，隐约听见有细微的声音，猜测塔内有东西。随后，他戴上手套，两指捏住塔身轻旋，真的打开了，再用手电往里一照，竟然发现了一颗晶莹透明的"小米"。

这颗"小米"究竟是什么？为了解开疑问，温州博物馆专家带着它远赴北京，请故宫博物院宫廷宗教文物专家王跃工进行鉴定。在用高倍放大镜等仪器检测后，王跃工分析这颗"小米"的透明度强，与佛教圣物舍利相类似，认为是舍利的可能性极大。此外，他还对内藏玄机的小木塔显示出特别的兴趣，表示类似车辙技术理论上应出现在元代，而小木塔是北宋年间的文物，这可能将该工艺历史前推百年。

2010 年 2 月，自北京回温之后，温州博物馆正式向外宣布白象塔出土的小木塔内藏有佛教圣物舍利子，并重新布置了展柜，让市民可以一睹这颗结晶舍利子。而另一件小木塔，由于有残缺暂未打开。

关于佛教圣物舍利、舍利子的说法有多种。舍利为梵文音译，也称舍利子，译成中文为灵骨、身骨，是佛、高僧肉身火化后的一种颗粒状结晶物，在佛教中被视为圣物。

传统手工业与文化繁荣相辅相成

这对北宋小木塔及塔内结晶舍利子的发现，引发了笔者关于传统手工业创新与文化繁荣相辅相成关系的思考。

传统手工业的创新是指为满足社会需求，利用现有的知识和物质，提出有别于常规的思路、见解，改进或创造新的事物、方法、元素、路径、环境，并能获得有益效果。传承是社会得以存在和延续的基础，创新是推动社会进步和发展的动力。创新是传统手工艺类非物质文化遗产自我革新的内在要求。传统手工艺遵循"在传承中创新"的基本原则，不偏离本源，技艺上精益求精，符合本民族固有之审美观念。

北宋舍利子小木塔用于储藏结晶舍利子，根植于传统佛教文化，采用当时最先进的旋木（车辘）工艺制作，精益求精，这正是文化繁荣与工艺创新相结合的具体表现。

由此可以看出，任何一种传统手工业的创新，都离不开文化繁荣的总体环境。

→
舍利子

北宋彩塑观音菩萨立像

宝贝号称"东方维纳斯"

说起温州博物馆的"镇馆之宝",北宋瓯窑青釉褐彩蕨草纹执壶算是一件,还有一件则是北宋彩塑木胎泥塑菩萨立像。

这尊立像出自瓯海南白象镇的白象塔,当时与它一并出土的另一尊彩塑泥菩萨立像,目前也是浙江省博物馆的"镇馆之宝"。

在这两尊立像身上,不仅能看到宋代彩塑的典型艺术特征,更能看到属于温州的"瓯塑"的地方特色。有专家称,它们是"东方维纳斯"。

→
北宋彩塑观音菩萨立像
1965 年瓯海区南白象街道白象塔出土

白象塔出土 2000 多件文物

白象塔原称白塔，位于今温州市瓯海区南白象镇。这是一座砖木结构的塔，六面七层，楼阁式，塔高 31.3 米。据相关记载，它创建于唐代贞观年间（627—649），第一次大修于北宋咸平年间（998—1003）。

1965 年 2 月，因白象塔三四层出现多处裂缝，塔身倾斜 1.98 米，濒临倒塌，省文物部门遂发文批准拆除。

温州博物馆副馆长高启新介绍说，在拆除白象塔时，在塔的一至五层发现了大批文物，包括彩塑、钱币、漆器、佛经、瓷器、铜器、绘画等 2000 多件（枚）。其中，北宋彩塑 42 件，包括天王像、罗汉像、供养人像、舞伎像等，保存较完整的有 31 件。在塔内二、三层发现"政和五年六月"朱笔铭文砖 5 块，系砖砌方形窖穴（天宫）的盖砖，上面记录了造塔领班、工匠姓名及日期，为建塔时间提供了确切证据。

高启新不无遗憾地表示，当时塔的地宫已被盗掘，不然会有更加精彩的发现。

如今的温州博物馆展厅内，有一座白象塔缩小版复制品，以及从白象塔拆下来的葫芦形塔刹。

"镇馆之宝"出自白象塔内

北宋彩塑木胎泥塑菩萨立像就出自白象塔内。当时一并被发现的一尊北宋彩塑泥菩萨立像，现保存在浙江省博物馆。

这两尊立像，缘何都能成为"镇馆之宝"？

在高启新的引领下，我们来到二楼历史厅，近距离欣赏到了这尊立像。只见此像石绿色高髻，缀饰璎珞，两绺垂鬓和宝缯分别从耳后披垂至肩。面部丰腴长圆。长眉细目，画睛点珠。直鼻红唇，嘴角稍启，微微含笑。下颌丰满，双耳垂肩，饰花形耳珰。内穿赭红描金菱格纹右袒襦衫，外披朱红色袈裟。胸饰璎珞，下着白色方格田字纹罗裙，花瓣形裙摆曳地。双手腹前相叠，衣裾缠绕于左小臂，跣足立于双瓣仰莲座上。菩萨体态轻盈，神态闲适自若。

高启新说，收藏在浙江博物馆的那尊立像的特征与其相同。就是因为两像各部分比例适度，透视准确，线条圆润流畅，都表现了典型的宋塑特征，才成为如今的"镇馆之宝"。

据了解，这些彩塑佛教造像大多供于石窟和寺庙中，如甘肃敦煌莫高窟、永靖炳灵寺石窟、天水麦积山石窟及山东长清灵石寺、河北正定龙兴寺、山西大同华严寺等。在塔内发现彩塑造像的个案可谓寥寥无几，而温州白象塔却发现了如此集中、如此精美的彩塑造像，目前也仅此一例。

出于文物保护角度很少展出

相对其他文物，彩塑相当"娇气"，其保存环境不仅需要恒温恒湿，还要保持绝对平稳和防止光照。

2005 年，浙江省博物馆的两尊北宋泥塑彩绘观音像接受了来自国家文物局、敦煌研究院等处的 10 多位国内顶级文物修复专家的"会诊"和"治疗"。那么，温州博物馆内的彩塑保存得如何呢？

高启新介绍说，温州博物馆曾请敦煌研究院的专家进行了全面修复，目前状态良好，尤其是作为"镇馆之宝"的这尊国宝级文物立像，如今依旧色泽鲜艳、神态传神。

温州博物馆的工艺馆展厅以"白象塔的故事"为主题，集中展示着许多出土自白象塔的文物。据高启新介绍，在 2004—2008 年间，这尊立像也是在该展馆内展出，之后出于文物保护的角度考虑，才将其从展柜内撤下。2018 年 5 月 18 日，完成提升工程的历史厅正式开启，在该厅设置的海上丝绸之路部分，温州博物馆再次展出了这尊立像。

希望更多年轻人来学瓯塑

瓯塑源自汉代，俗称彩色油泥塑，又称"彩色浮雕"，是温州独有的民间艺术，地方传统工艺美术品之一。它是用桐油和泥碾细合成为原料，运用堆塑技艺的手法，用于装饰寺院、庙宇门壁和民间嫁妆品，如梳妆盒以及家具漆器等。它与"黄杨木雕""东阳木雕""青田石雕"并称"浙江三雕一塑"。2008 年 6 月 7 日，瓯塑被列入第二批国家级非物质文化遗产名录。

从白象塔出土的这批彩塑，在塑像的璎珞、钏等装饰物上采用了瓯塑的制作原理和工艺。

今年 77 岁的省级非物质文化遗产瓯塑传承人、省级工艺美术大师吴小红从事瓯塑已有 50 多年，见证了瓯塑的起起落落。她说，这几年，政府越来越重视传统工艺的传承和保护，瓯塑作为国家级非物质文化遗产的一员，也不例外。但是来学习瓯塑这门艺术的年轻人还是太少了，希望能有更多的年轻人喜欢瓯塑，将瓯塑这门技艺传承下去。

作为青年一辈的瓯塑艺人，温州市工艺美术研究院瓯塑研究所副所长陈茅也表示，现在瓯塑与装潢、建筑都有了融合，发展还是不错的，未来要考虑的就是传承，希望能有更多的年轻人来学习。

↑
北宋彩塑观音菩萨立像 浙江省博物馆藏

❶ 相关链接

1979—1980 年，北京人民大会堂浙江厅的左面墙壁上竖立着瓯塑《西湖天下景》。

1995 年，北京人民大会堂浙江厅重新装修，把原来《西湖天下景》面积扩大为 1800×500cm 的《西湖天下景》（现代版）。此画融入中国画、水墨画效果和装饰画元素，一直陈列到 2004 年。

2014 年，一幅融合国画、油画、雕塑（浮雕）和摄影艺术手法的瓯塑《雁荡秋色》，竖立在北京人民大会堂浙江厅的左面墙壁上。

南宋绍兴七年（1137）三条桥瓦片
见证最早最孤独的廊桥

泰顺被誉为"千桥之乡""浙南桥梁博物馆"，目前尚保存着唐、宋、明、清时期的石拱桥、古廊桥、石梁桥、石木混合结构桥等桥梁多达 958 座。尤其是木拱廊桥，以其巧妙优美的结构造型，再现了《清明上河图》里虹桥形象，被誉为"中国瑰宝"。

在泰顺的众多廊桥中，有人称三条桥是中国最孤独的廊桥。而它，也是泰顺县文献记载历史最早的桥梁。

本文将通过一块由三条桥上而来的瓦片，向您讲述关于它和三条桥"前世今生"的故事。

→
南宋绍兴七年 (1137) 三条桥瓦片

南宋绍兴七年 (1137) 三条桥瓦片拓片

三条桥曾经两度重建

这件南宋绍兴七年（1137）三条桥瓦片是泰顺博物馆的藏品，目前借展于温州博物馆。该瓦片长 30 厘米，宽 23 厘米，厚 1.3 厘米，上刻"丁巳绍兴七年九月十三日，□工作瓦，其年米谷直价□□□五十文。"泰顺博物馆工作人员介绍，1982 年 11 月 4 日，当时温州市文物管理处的金柏东、泰顺县文博馆的夏碎香、叶日初、何向群等一行四人到三条桥考察时发现了这件瓦片。

三条桥为编梁木拱廊桥，横跨于泰顺洲岭与垟溪乡交界的横溪之上，呈西北、东南走向。桥的西北岸是洲岭，东南岸是垟溪。此桥全长 26.68 米，宽 4.05 米，离常水位高 9.55 米，单孔净跨 21.26 米。相传，最早人们曾用三条巨木跨溪为桥，故名三条桥。在距现桥上游 30 余米处的西岸石壁上尚有古桥三个柱洞遗址。

而之所以有人称"三条桥"是中国最孤独的廊桥，正是因为它所处位置偏僻，周边几乎没有什么居住的人家。

据清《分疆录》记载，"三条桥最古，长数十丈，上架屋，如虹，俯瞰溪水。旧渐就圮，道光间里人苏某独立重建，拆旧瓦，有'贞观'年号。"因此，此桥是泰顺县文献记载历史最早的桥梁。由此，专家们认为三条桥始建于唐贞观年间，而由这件南宋绍兴七年三条桥瓦片，可以猜测此桥曾于南宋绍兴七年重建。现桥因桥上有墨书"清道光廿三年重建"的字样，可以判断现桥是那时再次重建的。

1982 年，三条桥被列为泰顺县第一批文物保护单位；2005 年 3 月被列为浙江省第五批文物保护单位；2006 年 5 月 25 日被列为全国重点文物保护单位；2012 年被列入世界文化遗产预备名单闽浙木拱廊桥遗产点。

似《清明上河图》的虹桥

廊桥顾名思义，就是有屋檐的桥。历史上的泰顺，村落分散，交通不便。人们出外行走十几里都难以见到人烟。按照泰顺先祖们的"交通规划"，在相隔一定里程的大路（石砌路）边上，要建上一座供人歇脚的风雨亭。而桥上建造屋檐，不但可以保护木材建造的桥梁免受日照雨淋侵袭，而且起到风雨亭的作用。有的廊桥还有供人暂居的房间。

泰顺廊桥研究保护中心工作人员介绍，时至今日，泰顺境内尚保存着唐、宋、明、清时期的石拱桥、古廊桥、石梁桥、石木混合结构桥等桥梁多达 958 座，包括木拱廊桥、木平廊桥和石拱廊桥在内的明清廊桥有 31 座，在世界桥梁史上占有重要地位的木拱廊桥尚存 6 座，其中有 18 座古廊桥被列为省级文物保护单位，15 座古廊桥单体被列为国家重点文物保护单位。因此，泰顺是拥有"国宝级"廊桥较多的县。

这 6 座有着重要地位的木拱廊桥分别是泗溪姐妹桥（溪东桥、北涧桥）、三魁薛宅桥、罗阳仙居桥、筱村文兴桥、西旸三条桥。其中以北涧桥，溪东桥最为著名，而三条桥是泰顺廊桥中最古老的一座。

20 世纪 70 年代，著名桥梁专家茅以升组织科学家对浙南叠梁木拱桥进行实地考察与比较研究，确定大量留存于浙南山区的叠梁木拱桥就是北宋时期盛行于中原的虹桥结构，在由茅以升主编的《中国古桥技术史》一书中记载了 4 座泰顺木拱桥。泰顺廊桥闻名于世，因其结构与北宋张

The cultural relic of Wenzhou　瓯 物

↑
三条桥

择端所画的《清明上河图》中的虹桥极为相似，它以梁木穿插别压形成拱桥，形似彩虹，故名虹桥。

※ **今生故事**

廊桥有了工匠传人

46岁的曾家快来自木匠世家。1990年，18岁的他跟人学习木工活儿。他说，当时想法很简单，就是要学一门手艺，养活自己和家人。直到2002年，他才开始"研究"廊桥。

其实，在真正开始研究廊桥前，曾家快就对它非常熟悉，因为从小生活在泰顺北涧桥边上。曾家快说，因为常常看到游客和专家前来参观廊桥，让他萌生了研究廊桥建造技法的念头。之后，通过对北涧桥结构的分析和琢磨，曾家快找来材料，利用空闲时间，搭建起了一座一米多长的廊桥模型。而这座浓缩版的木拱廊桥引起了泰顺县有关部门的关注。为了传承木拱廊桥建造技艺，泰顺一家单位出资9000元，让曾家快建一座真的木拱廊桥。

2003年，曾家快用这9000元，在泰顺县泗溪镇的南溪上建了一座长11米、高7米、净跨7米的木拱廊桥，这是他负责建造的第一座廊桥。曾家快说，从那时至今，他一共负责建造了十多座桥。其中有两座在泰顺以外的地方，分别在浙江衢州和台湾南投，而台湾南投的这座廊桥是2019年1月完工的。

2017年，温州市委组织部等单位评选首届"温州市十大青年工匠"，曾家快作为泰顺掌握完整建造廊桥技艺仅存的二人之一，榜上有名。

修复了4座古廊桥

2016年9月15日，泰顺遭遇百年一遇的"莫兰蒂"超强台风，一日之内，薛宅桥、文重桥、文兴桥3座国宝级廊桥相继被冲垮。廊桥受灾后，泰顺县文物部门第一时间向社会发布紧急通告，当地民众积极响应，迅速开展"全民救桥"行动，找回了3座廊桥的95%以上大中构件。社会各界心系灾区、情聚廊桥，合计认捐到位资金达607.69万元。

曾家快接下了修复文兴桥的工作。文兴桥建于清咸丰七年(1857)，至今已有160多年，横跨于泰顺筱村镇坑边村的玉溪上，是典型的叠梁木拱廊桥。

曾家快说，文兴桥的结构非常奇特，桥身北侧略高、南侧略低，这种倾斜的结构让修复难度增加了不少。而且，廊桥原木构件保存着较多历史信息，特别是廊桥各构件的榫卯关系体现了古代工艺水准，因此要尽力做到修旧如旧。

曾家快带着工人们，耗时大半年时间，终于将文兴桥修复完毕。从2003年至今，除了文兴桥，他还负责修复了北涧桥等3座廊桥。

南宋磁州窑白釉黑彩花卉纹瓷罐

"藏宝罐"里的
古代商标故事

位于河北省邯郸市的磁县，古时被称作磁州，是著名的中国磁州窑文化的发祥地。而磁州窑是中国古代北方最大的民窑体系，也是著名的民间瓷窑，有"南有景德，北有彭城"之说。

30 多年前，永嘉县出土了一件南宋磁州窑白釉黑彩花卉纹荷叶形盖瓷罐，当人们打开罐盖时，发现其中竟还藏着 60 余件银器。

是谁将这只产自北方的磁州窑瓷罐带到了这里？又为何将如此多的银器藏于罐中？

→
南宋磁州窑白釉黑彩花卉纹荷叶形盖瓷罐

永嘉出了一只"藏宝罐"

这件由永嘉县文物馆收藏的南宋磁州窑白釉黑彩花卉纹荷叶形盖瓷罐，如今被温州博物馆借展，展出在该馆的历史厅内。

初见这只瓷罐，就觉得它十分特别，黑白对比鲜明，图案十分醒目。可以说，它的风格与之前曾看到过的瓯窑、龙泉窑瓷器截然不同。

据该馆研究员伍显军介绍，这只瓷罐通高 30 厘米，口径 16 厘米，底径 17 厘米，荷叶形盖，釉色呈泛黄的卵白色。盖面饰三朵黑彩花草纹；罐身以粗细均匀的双线弦纹区分为肩、腹、下腹三段，颈部绘珠点纹，肩部绘六瓣花草纹，腹部两大海棠花形开光内绘摇曳花枝纹，外填花草纹；纹饰疏密有致，线条明快有力，色彩对比强烈。

1983 年 3 月，当时的永嘉县四川区下嵊公社（现永嘉巽宅镇一带）的一处山下，有人在平整土地时，在距地表约 1 米深处发现了窖藏的这只瓷罐，打开罐盖后，从其中发现了 60 余件银器，其中较为完整的有 51 件。

伍显军介绍说，由于从此罐里还发现了 1 枚北宋英宗时期治平元宝铜钱和 1 枚南宋理宗时期端平通宝铜钱，因此结合银器，专家判定瓷罐的最晚年代是南宋端平年间（1234—1236）。

罐里银器多为女性饰物

从这只瓷罐中发现的银器，除 1 件兽面纹银碗外，都是装饰品，表面镏金，大部分属发饰品。1984 年第 5 期《文物》杂志《浙江永嘉发现宋代窖藏银器》一文具体罗列了从这只瓷罐中发现银器的种类，它们分别是银钗 28 件、银簪 16 件、双箍面银钏 2 件、刻有铭文的银钗杆 8 件、麒麟形与蝴蝶形、花形银饰 5 件。但如今，由于命名的分歧，实际上银钗和银簪的数量可能有变化。

其中，银簪的形制多样，有镂空戏珠龙纹搔头式、镂空如意云纹椭圆叶形、花卉纹扁方形、双层蜀葵形花头式、镂空喇叭花筒式、菊花纹管锥状、镂空双花头桥梁式、并头双花筒三叉式、贝形花头桥梁式、并头双花筒桥梁式等多种。银钗有双股花筒形、五折花头桥梁式两种。而从这只瓷罐发现的这件兽面纹银碗，外壁以翻铸和压印工艺，饰两组对称的仿商周时期的凸兽面纹图案，兽面的双面颊浅刺细珠纹，制作工艺水平较高。

伍显军说，不管是这些银簪、银钗，还是这件兽面纹银碗，都反映出宋代银器制作方面已达到了高水平。

遗憾的是，从此瓷罐中发现的银器如今收藏在永嘉县文物馆，目前没有对外展出，我们只能透过一些照片资料来欣赏它们的精美之处。

※ 今生故事

银器铭文相当于"商标"

据资料显示，商标的起源可追溯至古代，当时工匠将其签字或"标记"印制在其艺术品或实用产品上。

伍显军介绍说，从这只瓷罐中发现的许多银器上都标注有铭文，采用刻画和点戳两种技法刻铭。铭文内容有"京溪供铺记""京溪供铺功夫""蔡景温铺""冯将仕工夫""任七秀才造""陈宣教""余宣钱""施八郎""马千一□""林瑞□""城南周□□""余定毅""北山仕""安定"等，至少可以看出有三个店铺和十余个工匠的名字。这些铭文其实就是它们各自的"商标"。实际上反映出宋代

↑
南宋搔头式镂空戏珠龙纹镏金银簪

封。并且，他猜测佩戴这些发饰品的妇女是地位尊贵之人。

或是随官员"出逃"而来

宋代是我国古代瓷器全面发展的时期，不仅品种齐全，而且名窑遍及全国南北各省，出现汝、官、哥、定、钧等五大官窑和越窑、长沙窑、耀州窑、磁州窑、吉州窑、龙泉窑、建窑、登封窑、定窑、景德镇窑等十大民窑，形成青、白、黑、彩釉瓷竞相争辉的局面。

据介绍，磁州窑是宋金时期北方最大的民间窑场，磁州窑瓷器的纹饰题材丰富，花鸟鱼虫、龙凤鹿马、市侩景物、童叟仕宦、诗歌词赋、儿歌词曲等无所不绘。而这只瓷罐从它的造型和纹饰上看都是典型的南宋磁州窑风格。

那么，它是如何从北方来到千里之外的永嘉的呢？

伍显军表示，这就要联想宋朝的社会政治环境。当时，赵氏王朝积极推行"重文轻武"政策，弃武从文成为一种社会风气。正是这种文弱的政治，使宋朝不能统一版图，与辽、金、西夏等少数民族地方政权长期并存。北宋主要与辽、西夏对峙，南宋主要与金、蒙古对峙。在社会动荡的情况下，永嘉县在北方做官的官员在南宋末返回了家乡，并且，最有可能是乘船走水路而来。在紧急时候，官员或其家属把这些代表财富的银器都放在了瓷罐内，窖藏掩埋了起来。

伍显军表示，温州地区出土北方瓷窑瓷器数量极少，一次性发现如此多数量精美的银器，也是属于仅有，它们对研究永嘉县"海上丝绸之路"历史和宋代银器发饰品及其制作工艺具有重要价值。

手工业制品商品意识增强的特征，打上金银店铺、工匠名号或标注金银成色等的戳记，以保证产品质量和防伪所需，利好销售。

伍显军表示，与"京销铤银"铭文表明银铤是京城临安店铺销铸的一样，"京溪供铺记"铭文表明该银器是当时都城开封或临安的店铺制作，而"任七秀才造"表明打造该银器的工匠是一名秀才，具有较高的文化水平。因此，这批银器应来自当时的都城开封或临安，最有可能是开

流光溢彩，
尽显龙泉青瓷美

　　说起泰顺，人们最先想到的，或许是在世界桥梁史上堪称一绝的廊桥；或许会是堪称王牌旅游景点之一的氡泉……

　　这里要说的可不是上述景点，而是在此发现的一件元代龙泉窑青瓷玉壶春瓶，是它流光溢彩间，尽情流露的龙泉窑青瓷之美。

→
元代龙泉窑青瓷玉壶春瓶

流光溢彩，尽显龙泉青瓷美

极可能是元代龙泉窑外销瓷

泰顺有啥"宝贝"？当我们询问温州博物馆研究员伍显军时，他立刻想到了这件龙泉窑青瓷玉壶春瓶。而这件"宝贝"出自泰顺筱村镇。

玉壶春瓶又叫玉壶赏瓶，是宋瓷中具有时代特征的一种典型器物。流行地区广，沿用时间长，宋以后历代各地窑场均有烧制。它的造型是由唐代寺院里的净水瓶演变而来。基本形制为撇口、细颈、垂腹、圈足，是一种以变化柔和的弧线为轮廓线的瓶类。这种瓶的造型定型于宋代，历经宋、元、明、清、民国直至现代，成为中国瓷器造型中的一种典型器物之一。而明代的玉壶春瓶以青花品种最为常见。

眼前这件玉壶春瓶高 26.5 厘米、口径 6.8 厘米，底径 8.3 厘米。

喇叭口、细长颈、斜肩、鼓腹、圈足微外撇……它有着玉壶春瓶最典型的姣好"身姿"。

通体施粉青色釉，细腻匀净，莹润如玉……它有着玉壶春瓶最完美的"外貌"。

造型匀称，曲线流畅……它是最具代表的元代龙泉窑青瓷精品之一。

这些都是伍显军对它的形容。他介绍说，粉青是一种釉色，青釉的品种之一。以铁为主要着色元素，施釉较厚，入窑后经高温还原焰烧成，釉色青绿之中显粉白，有如青玉，故名。

这批窑藏瓷器具有明显的时代特征。根据韩国新安沉船中发现的两万多件青瓷和白瓷中有类似这件玉壶春瓶的瓷器，能够判断这件玉壶春瓶极可能是元代龙泉窑外销瓷。而粉青釉把杯的形制近似北京昌平元墓出土的影青把杯。牧牛砚滴

十分罕见，其胎骨、釉质和造型风格也有元代龙泉窑的特征。

极可能是经飞云江来到此处

那么，这样一件典型的龙泉窑外销瓷，究竟是如何来到此处的呢？

龙泉窑是中国历史上的一个名窑，宋代六大窑系之一，因其主要产区在浙江省龙泉市而得名。它开创于三国两晋，延续至今，生产瓷器的历史长达 1700 多年，是中国制瓷历史最长的瓷窑系之一，它的产品畅销于亚洲、非洲、欧洲的许多国家和地区，影响十分深远。泰顺、文成等地都有龙泉窑的窑址。

那这件玉壶春瓶，会是"本地制作"吗？伍显军的回答是否定的。他表示，这一方面是因为目前出土的泰顺窑瓷器，并没有类似的瓷器物件；另一方面是这件玉壶春瓶的烧制工艺是属于比较高超的，当时泰顺窑尚不能达到。

考虑到它是一件典型的龙泉窑外销瓷，又非泰顺本地烧制，且泰顺与龙泉相近，又有飞云江经过。因此，伍显军判断这件玉壶春瓶，以及与它一起出土的这批龙泉窑瓷器，极可能是经飞云江来到此处，因为某种原因，临时被掩埋在了此处。

※ **今生故事**

发现时被误认不值钱

1983 年，泰顺筱村镇南浦乡当地有户村民为重建新房将旧屋推倒，从旧屋的地基下挖出了一处窑藏，内有瓷器 6 件，上覆盖铜钹 2 件。

泰顺县博物馆前馆长张俊说，当年，这家主人听说地下挖到了瓷器，只当是不值钱的东西，

→
元代龙泉窑青瓷牧牛砚滴

只留下了这件玉壶春瓶，其他几件都分给了帮忙建房的工人们。后来有人意识到这些瓷器有些历史，就通知了当地文物部门，工作人员才循着线索前去征集。

征集的过程还算顺利，最后一共征集回了包括这件玉壶春瓶在内的七件文物。

张俊表示，这几件瓷器胎质细洁致密，瓷化程度甚高，发音清亮。釉层丰厚如凝脂，厚1.2毫米以上，外观色泽莹润，这种瓷器非经多次素烧、多次上釉的复杂工艺是难以获得的。

曾入选全国 500 件精品赴京展出

如今，这件玉壶春瓶存放在温州博物馆内。张俊表示，这主要是考虑到目前泰顺县博物馆的保管条件不够，且没有合适的展厅，才在几年前将其与其他同窑藏出土的物件一起送到了温州博物馆进行保管。

1997 年，出自该窑藏的这件龙泉窑青瓷玉壶春瓶和粉青瓷碟被选入国家文物局为喜迎"香港回归"而在北京举办的"全国考古新发现精品展"，当时全国只选了 500 件，这两件是温州地区入选的两件。

此外，1999 年，浙江省文物局为"庆祝新中国成立五十周年"和"迎接澳门回归"而举办的"浙江省文物精品展"，此器物也在杭州参与展出。

伍显军表示，这一批窑藏瓷器，对于研究全国各地龙泉窑外销瓷器的外销途径有很大的研究价值。

民国黄杨木雕《捉迷藏》摆件

朱子常与黄杨木雕的现代传承

东阳木雕、乐清黄杨木雕、青田石雕三种传统雕刻艺术并称"浙江三雕"。

温州民间雕刻大师朱子常，继承传统雕塑技艺，结合黄杨木特点，运用独特的手法，创作了许多优秀作品，这组《捉迷藏》就是其中一件代表作。

→
朱子常木雕《捉迷藏》

以"捉迷藏"扬名国内外

《捉迷藏》组雕，通高 25 厘米，长 29 厘米，宽 18 厘米，温州博物馆 1966 年征集。它以樟木雕刻园林为底座，下方双足间镂空，上方玲珑剔透太湖石布置四周，做成园林假山，后边六角亭雄踞山巅，右侧一竹笋状松皮石耸立一方。所有樟木雕底座、园林假山、六角亭、竹笋石都涂以一薄层黑褐色漆，作为衬托背景，与黄杨木雕小孩形成鲜明对比。

作者朱子常（1876—1934），名正伦，字子常，永嘉（今鹿城区）人。近现代著名黄杨木雕刻名家。因其技艺高超，不同凡响，时人称其为"伦仙"。朱子常出生于城西街一个清贫的画匠家庭，5 岁丧父，因家境清寒，寄养于外祖父家。耳濡目染，他对造型艺术发生了浓厚兴趣。

9 岁开始，朱子常先后师从大舅父陈汝斌学习塑佛像、姑丈潘雨庭学习泥塑、雕花、髹漆画和龙灯木雕、木偶头面雕刻。23 岁左右，他开始涉足龙灯木雕和木偶头面雕刻。后经友人启发，他尝试性地创作了富有艺术价值的黄杨木雕圆雕人物。1915 年，他所创作的黄杨木雕作品《捉迷藏》组雕获美国首届巴拿马国际博览会二等奖，自此扬名海内外。

朱子常的作品现存世较少，仅浙江省博物馆、温州博物馆收藏了《六孩戏弥勒》《捉迷藏》《济公》《苏武牧羊》《布袋和尚》等 20 多件作品，民间则较为少见。

黄杨木雕因木材而得名

黄杨木雕因所雕刻木材是黄杨木而得名。黄杨木生长缓慢，四五十年的直径仅有 15 厘米左右，所以有"千年难长黄杨木""千年黄杨难做拍"（乐器中的一种拍子）的说法。相传最早是由一位雕塑神像、佛像的民间艺人，偶然发现了黄杨木质地坚韧光洁，纹理细密，色黄如象牙，年久色渐深，古朴美观，硬度适中，是一种雕刻小型圆雕的最佳材料。

温州是黄杨木雕的主要产地。黄杨木雕起源于民间元宵节时盛行的"龙灯会"上木雕龙灯装饰的木雕小佛像。至清末发展成为以精细见长的优美的工艺欣赏品，供人们案头摆设。内容题材大多表现中国民间神话传说中的人物，如八仙、寿星、关公、弥勒佛、观音等。

2006 年 5 月 20 日，乐清黄杨木雕经国务院批准被列入第一批国家级非物质文化遗产名录。2008 年，乐清市象阳镇以黄杨木雕而被复评为"中国民间文化艺术之乡"。

用百国之木讲述百国故事

出生于乐清的高公博是乐清黄杨木雕代表性传承人，在木雕、树根雕领域的创作研究已有 50 多个年头。他开拓了黄杨根雕、黄杨劈雕和黄杨意雕艺术，是中国工艺美术木雕行业界公认的代表人物。

说起和乐清黄杨木雕的缘分，高公博说，还得从读中学时说起。那时，他每天放学都会经过乐清县黄杨木雕厂，因好奇进入其中，看到了栩栩如生的黄杨木雕作品，瞬间被吸引。之后，他用一些废弃木料尝试雕刻，兴致盎然。1965 年，他以学徒身份进入该厂学习，自此开始了黄杨木雕创作。

→
朱子常木雕《捉迷藏》

"和我同时进厂的 16 个师兄弟，都改行了，只有我选择坚守下来。"高公博说。50 多年的积累，让他有了今天成绩，其中的"酸甜苦辣"，恐怕只有他自己才懂。

高公博介绍说，眼下他正埋头创作新作《百国之木和"一带一路"》系列。为了这部作品，他前后准备了 6 年，通过各种方式，收集"一带一路"沿线 100 个国家的特色木头过来进行创作。坦桑尼亚的乌木、加拿大的椴木、印度尼西亚的檀木……这些来自不同国家、不同质地的木种，在他的雕刻刀下，变化成了一个个栩栩如生的极具当地风土人情的艺术作品。高公博表示，目前这个系列已完成了 70 多件作品，待全部完成后，将进行公开展出，邀请市民近距离观赏。

以创新思维来推动发展

在高公博看来，"浙江三雕"中，眼下东阳木雕、青田石雕的发展都比乐清黄杨木雕要好一些，乐清黄杨木雕似乎是在"原地踏步"。

高公博说，以衢州开化的根宫佛国文化旅游区为例，它以根雕艺术、盆景艺术、赏石文化与园林古建为载体，融华夏上下五千年历史璀璨的文化于奇根异木，构建了一幅恬静优雅、天人合一的画卷。而乐清黄杨木雕，同样也可以开辟一个民间艺术集中旅游区，以政府带动，让社会参与。

在他心里一直有一个愿望，希望乐清能有一个黄杨木雕的主题博物馆，"就是给黄杨木雕作品提供一个展示平台，一个和国内外交流的平台"。

如今，除了忙于黄杨木雕的创作外，高公博还常常往返于上海、宁波等地高校，向更多热爱民间艺术的年轻人，分享自己的经验和技术，助力非物质文化遗产"活"起来、传下去。在高公博看来，所谓传承就是接过前辈手中的优秀传统技法，通过自己的创新思维，大胆地向前推动，如此，才能让非物质文化遗产更好地得以传承与发展。

馆藏彩石镶嵌最早的
实物依据

彩石镶嵌是一种将石雕与木雕相结合的工艺美术，通过雕琢打磨等 18 道制作工序，将天然的彩石加工成设计好的图案镶嵌在木材上面，呈现出石材古朴高雅特质以及木料的天然纹理色泽，成品凹凸玲珑，色彩明亮，可登大雅之堂。

温州彩石镶嵌是民间传统工艺中的一颗璀璨明珠，2008 年，被列入第二批国家级非遗名录。彩石镶嵌在温州约有四百多年历史，但温州博物馆最早的实物依据仅止于民国徐耀明彩石镶嵌浮雕《叶适像》挂屏这一件。

→
民国徐耀明彩石镶嵌《叶适像》挂屏

宋棠水心先生遺傷

温州彩石镶嵌的实物依据

这件挂屏外框长 47 厘米，宽 33 厘米。白色大理石内框长 20 厘米，宽 16 厘米。内框上方嵌白色隶书八字"宋叶水心先生遗像"。框内浮雕的叶适头戴文官帽，帽檐、帽梁漆黑，前嵌三块白玉，象征着高官身份。他面额宽广、两颊丰厚、眉毛修长、八字胡、笔尖状长须、大耳、嘴角含笑，给人以和蔼可亲的形象，恰似一位慈祥的中老年儒雅文人。他身穿镶黑边朱红色对襟白色圆领衣，黑边内饰连体回纹。由于宋朝规定，只有五品以上官员才可以穿朱色官服，所以该半身像对于人物的年龄、官阶身份以及面相特征等，都塑造得十分准确。

叶适（1150—1223），字正则，号水心居士，温州永嘉（今温州市鹿城区）人，出生于瑞安，是南宋时期著名思想家、文学家、永嘉学派代表人物，著作有《水心文集》《水心别集》《习学记言序目》。

这件挂屏的作者徐耀明是民国初期温州彩石镶嵌匠师。从挂屏来看，作者创作时，应已参考叶氏宗谱等资料。

据传起源与一种石料有关

彩石镶嵌是一种将石雕与木雕相结合的工艺美术。2006 年，彩石镶嵌项目入选温州市首批非物质文化遗产名录，2007 年被列入第二批浙江省非物质文化遗产名录。2008 年，彩石镶嵌被列入第二批国家级非遗名录。

温州镶嵌工艺的历史十分悠久。鹿城区上戍乡曹湾山新石器时代遗址出土的红色漆器上镶嵌有几何形曲面玉片；瓯海区仙岩西周土墩墓出土的青铜剑的剑柄上双面镶嵌绿松石。据史料记载，宋代温州漆器采用了镶嵌螺钿工艺。但是，真正现代意义上的彩石镶嵌的起源可能与温州本土一种石料有关。

永宁江北罗浮乡，也就是今天的瓯北千石村，出产一种松软的石料，适宜雕刻，当地人称之为"罗浮石"。因矿床所在处有华严尼寺，古时也称华严石。明代姜准在《岐海琐谈》中提到，嘉靖年间，永嘉主事周尹岱开采罗浮石，以镶嵌器物杂具。罗浮石属叶蜡石之一。由此看来，从青田经瓯北至泰顺及福建寿山，确有一条叶蜡石矿的矿脉存在。

清光绪八年（1882），永嘉老艺人潘阿明开始用青田彩石片镶嵌在红木和花梨木上。以后，艺人不断革新创造，除制作挂镜、小屏工艺品外，还增加了对联、挂屏、立地屏风、箱柜等。新中国成立后，温州艺雕厂老艺人王培珍、吴振德等人创作的彩石镶嵌作品《中国古代八大发明家》，陈列于北京人民大会堂。

《冻石成画》亮相央视

目前，温州彩石镶嵌从业人员仅 20 余人，国家级非物质文化遗产项目镶嵌代表性传承人、浙江省工艺美术大师缪成金是其中最具代表性的一位。

1958 年，年仅 15 岁的缪成金被分配到温州艺术雕刻厂工作，被当时知名彩石镶嵌艺人王培珍相中收为徒弟。其时彩石镶嵌产业发展迅猛，前景看好，缪成金跟一帮师兄弟在师父的带领下制作了大批精品，也传承了一门好手艺。

2017 年 3 月，央视科教频道《探索·发现》大型栏目《手艺》纪录片摄制组，专程来到缪成金位于鹿城区仰义街道的崇林斋彩石镶嵌工作室进行拍摄，详细了解彩石镶嵌这项工艺的精髓。该期节目《冻石成画》于当年 5 月播出，温州彩石镶嵌手艺一时美名远扬。

说起当时的拍摄过程，缪成金依然兴奋不已。他说，之所以兴奋，是因为通过央视的镜头，让全国人民看到了温州彩石镶嵌的美。

子承父业开拓创新

缪一川是缪成金的儿子。他 14 岁开始跟从父亲学艺，如今和父亲共同经营崇林斋彩石镶嵌工作室。

缪一川说，有一段时间，他独自去西班牙闯荡，在西班牙做着与彩石镶嵌完全无关的生意。一次偶然机会，西班牙当地著名画家马鲁艾看到了缪一川收藏父亲作品的相册，对其父亲的作品赞叹不已，还把照片发到了 Facebook，引起西班牙艺术家朋友圈的轰动。由此，缪一川重新正视彩石镶嵌这种工艺，并决定回国继续跟随父亲学习。

缪一川说，他把彩石镶嵌的传承分成了两条支线：一条继续追求艺术至高境界，一条探索制作符合市场需求的作品。

以前，彩石镶嵌通常用于门板、衣橱柜上，产品比较单一。而他把彩石镶嵌的未来定位在了高端艺术品和日常生活用品上。缪一川说，回国后，他先是花了两年时间，改进工作室里的彩石镶嵌设备、程序，然后把目光聚焦在如何让彩石镶嵌新作品更好地符合市场消费水平。这些年，他驾驶着一辆货车，载着彩石镶嵌作品全国各地到处跑，寻找合作机会。

在上海举行的"2019 全国手工艺产业博览会暨非物质文化遗产传统技艺展"上，缪一川的彩石镶嵌作品《白头偕老》《春夏秋冬》分别获得了"国匠杯"金项奖、"国匠杯"最佳创作奖。缪一川说，获奖作品是他的又一次创新，是在水泥板上进行的彩石镶嵌创作。

民国铁木结构脚踏弹棉机

弦舞飞花手艺高

"弹棉花啊弹棉花，半斤棉弹成八两八哟，旧棉花弹成了新棉花哟，弹好了棉被那个姑娘要出嫁……"这是电影《巧奔妙逃》中的一首插曲，名叫《弹棉花》。

如今，在温州，仍有不少人会在自家女儿出嫁前准备几条全新的、手工弹出来的棉花被作为嫁妆。

那么，弹棉花，到底是怎么"弹"的呢？过去与现在，又有何不同？温州博物馆历史厅正在展出的一台民国双麒麟商标铁木结构脚踏弹棉机，讲述的就是一段与弹棉花有关的故事。

→
民国双麒麟商标铁木结构脚踏弹棉机

我国最早的铁木结构弹棉机

2015 年，温州博物馆征集到的这台民国双麒麟商标铁木结构脚踏弹棉机，长 160 厘米，宽 110 厘米，120 厘米。其外形像一个长方形木箱，内有三个大的带刺铁滚轮，以圆形转轮相连，是我国最早的铁木结构弹棉机。工人用脚有规律地踩踏前方踏板，带动铁滚轮，把棉花弹蓬松。它操作方便，每天能加工棉花 70 多斤，较当时手工弹棉提高效率十多倍。

这台弹棉机的发明者李毓蒙 (1891—1961)，字步号，出生于瑞安东山车头村农家。他 13 岁拜师学裁缝，1916 年成功发明铁木结构脚踏弹棉机。

1917 年，李毓蒙制造棉絮机器厂正式亮牌，这是温州首家机械制造企业。他给弹棉机的商标品牌取名"双麒麟"，还成功申请了专利和注册商标，先后参加上海总商会第一次展览会、浙江西湖物产博览会等全国性商品展览会，荣获诸多奖项。

1925 年，李毓蒙与项荫轩、吴银泉等工商界人士联合创办温州毓蒙铁工厂，加速了温州近代民族工业产业的集聚与崛起。

2009 年，弹棉机制作技艺被瑞安市政府列入第三批非物质文化遗产。

温州历史上有重视工商的传统

弹棉，是中国古代的制棉技艺，据可查的历史已有 800 多年。有人说，它曾是三十六行中的"末等"；也有人说，它是永嘉现当代经济的萌芽。改革开放之初，数以万计的永嘉"弹棉郎"为谋温饱走南闯北，占得先机，向各行各业渗透，成为温州经济大潮中的中坚力量。

温州历史上有重视工商的传统，清初出现了中国最早的股份制。雍正四年 (1726)，泽雅镇垟坑村村民凑股兴建碓坊，以摩崖石刻的形式明确分担费用等事项；乾隆五十五年 (1790)，泽雅镇塘泽村潘子玉等七人合股建造一座碓坊，刻石碑以明确相互权责。

在时代潮流激荡下，近代工业开始发展，出现了办厂的热潮，机器锯板业、棉织、肥皂和针织业是最早兴起的行业。20 世纪 30 年代，温州经济进入兴盛时期，城区出现了十来家较大企业，如光明火柴厂、普华电灯公司、陶化罐头厂、百好炼乳厂、鹿城织布厂等。温州产品参加国际博览会时，更是多次获奖。

18 道传统工序制作一床棉胎

2012 年，永嘉棉胎手工制作技艺被列入第六批温州市非物质文化遗产名录。

2014 年，徐晓兵以弹棉技艺成功获批温州市非物质文化遗产传承人。

今年 45 岁的永嘉枫林人徐晓兵，是徐家第四代弹棉手艺传承人，11 岁开始学艺，是众多永嘉弹棉匠中的一位，却也是少数几个坚持至今的弹棉手艺人。如今，他的店铺就开在永嘉上塘沿江路上，一楼为弹棉胎的作坊，二楼为弹棉技艺展示馆。

在弹棉文化展示馆里，有不少他自行搜罗到的历朝历代弹棉工具。他说，这几天，他正准备将其中一套工具送到温州大学北校区民俗博物馆。以后，他将不定期到该馆演示永嘉棉胎手工制作技艺。

系上腰带，后背插上一根一米多长的背中杆，左手拿起弹花弓，右手拿起一把弹花榔头，敲击弓上的弦，弹在雪白的棉絮上。一时间，一声声弦响，一片片"雪花"飞扬……从铲棉、拔弓、弹棉花，到压平、做花、扦纱经、磨棉胎……徐晓兵说，用永嘉棉胎手工制作技艺制作棉胎，一共有18道工序，每道工序都马虎不得。

徐晓兵说，每年都有近万人到他的弹棉文化展示馆里观摩永嘉棉胎手工制作技艺。另外，他也还积极参加"非遗进校园系列活动"，向学生们展示传统技艺。

2013年中央电视台科教频道《探索·发现》栏目播出的弹棉花纪录片《弦舞飞花》，就是以徐晓兵为主要人物拍摄的。

15年从来没因质量问题被投诉

徐晓兵说，最初在沿江路开业时，周边还有好几家弹棉花店，后来都因为生意不好停业了，只有他家店铺生意不断。尽管店里用上了新式弹棉机，但是传统手艺依旧是制作优质棉胎的核心技术。

一床2.4米长、2.2米宽的棉被，可以做成只有1公斤重。一年下来，能销售近5000条，每条价格从100至350元不等。由于经济实惠、诚信经营、手艺过硬，想到徐晓兵店里订制棉胎，需要提前预约。原本只有冬季是弹棉的旺季，现在天天是旺季。

徐晓兵说，他开店15年，从来没因质量问题被投诉。

采访时，永嘉花坦朱女士正好在徐晓兵店里，说女儿订婚，她要订上5床棉被。而之所以特地找到这家店，就是因为听说徐晓兵的棉胎质量够好。

徐晓兵说，这些年，他有过一些学徒，基本学的是半手工的制作技艺。未来，他希望会有更多人来学习他的传统技艺，让这门手艺传承下去。

→
李毓蒙

民国瓯绣《飞霞胜景图》
针针线线皆关情

浙江有着"三雕一绣"的说法,"一绣"说的是瓯绣。

瓯绣,亦名"温绣",是从装饰生活用品逐渐发展起来的刺绣工艺,早期的绣品有神袍、戏装、寿屏等,后来又扩展到了刺绣山水、人物、走兽、书法等,具有较高的观赏价值和装饰效果。

2001年,浙江省将瓯绣列为重点保护艺种之一。2006年,瓯绣入选第一批浙江省非物质文化遗产名录。2008年,瓯绣被列入第二批国家级非物质文化遗产。

温州博物馆的众多收藏中,有一件十分珍贵的瓯绣作品《飞霞胜景图》,曾多次在中国丝绸博物馆等省内国有博物馆巡展。而它描绘的,正是近百年前温州市区积谷山麓飞霞观及其周围景致。

→
1922年金筑山瓯绣
《飞霞胜景图》绣片

飛霞勝景
鳳稱奇
臥澍高樓
世共知
驕客経時
留雪爪
憑欄懷古
動遐思
壬戌暮春
金筞山
題

※ **前世传说**

一针一线绣出飞霞观及其周围景致

瓯绣始于唐代，兴于明清。800 多年以前，温州地区已运用刺绣美化服饰，绣品技艺也达到相当水平。据说，瓯绣最早产生于民间善于刺绣的妇女之手，古时温州少女有"十一十二娘梳头，十二十三娘教绣"的刺绣传统，足见当时瓯绣普遍和兴盛。

这幅《飞霞胜景图》，横长 51 厘米，纵宽 36 厘米，画面以写实的手法描绘了温州市区积谷山麓飞霞观及其周围景致：远处是积谷山顶和留云亭，山腰有云辉亭和驻鹤亭，古木参天，城墙屹立，飞霞观的三间三层楼房比肩耸峙，楼前有桥有水有船，一人划船，还有一人静坐船中，恰似一幅江南小城静谧山水胜景图。

该图的重点是一棵遒劲古老的樟树从飞霞观二楼横卧穿窗而出，而后努力向上生长，枝叶繁茂，表现出强大的生命力，这就是积谷山著名的景点——卧树楼。画面的右上方题跋："飞霞胜景夙称奇，卧树高楼世共知。骚客经时留雪爪，凭树怀古动遐思。壬戌暮春，金筑山。"钤印"金筑山"。由此可知，它是 1922 年金筑山的瓯绣作品。

一场大火烧毁飞霞观与卧树楼

积谷山位于市区中山公园内。自古以来，这里文化底蕴深厚。旧时，积谷山有谢客岩、池上楼、飞霞洞、卧树楼、升仙台、留云亭等胜迹，历来是名人雅士游览佳处，留下众多摩崖题刻，数量之多、历史之久为温州市区所独有。其中，早年飞霞洞内曾建有一座飞霞观，首建于何时，史志未载。飞霞洞侧相传刘根升仙处，岩石上还镌有"昇

台"两个字，苍古异凡笔。可惜据清末大儒孙诒让《东瓯金石志》记载，这二字在道光年间因岩石颓坏，今已无存。

卧树楼上，曾挂有一副回文对联："卧树楼台楼树卧，飞霞洞口洞霞飞"，可顺读，也可倒读，读来颇耐人寻味。相传该联出自温州最后一任瓯海道尹张宗祥之手。张宗祥（1882—1965）是中国现代书法开创者之一，新中国成立后任西泠印社社长、浙江图书馆馆长等职。

可惜的是，1927 年，一场大火，将飞霞观与卧树楼全部烧毁。张棡《杜隐园日记》中记载了这场火灾情况。起火原因据说是永乐师管区师长余宪文之弟在此养病，身边带有数百元现钞，被小偷发现后，想通过放火趁火打劫，不料钱没偷到手，火势燎原以致酿成大祸。

据介绍，"卧树"，实际是谢客岩旁一棵扎根山岩、旁逸斜出的老樟树，由于横着生长，类似汉武帝宫苑里一日三眠三起的"人柳"，被取名为"卧树"，象征着隐士高卧山林。那场大火，让这棵古樟也受损，只剩半截残根。令人意外的是，多年之后，这棵古樟的残根又长出新枝绿叶。1994 年，它被列为温州市古树名木。

※ **今生故事**

诗书画绣，一针一线皆传情

张国民是温州瓯绣厂高级设计师，代表作有《天池浴鹤图》《雄姿奋发》《天籁》《五色牡丹图》《瓯绣八骏图》《荷塘白鹭图》等。其作品多次参加国、省、市级工艺美术精品展览，并荣获百花奖、金鹰奖、映山红奖特等奖、金奖、银奖等诸多重量级奖项。

2001 年，为了挽救瓯绣这一濒危的艺种，在

190　　The cultural relic of Wenzhou　　瓯 物

市政府相关部门的支持下，张国民在市区鼓楼成立了温州市瓯绣艺术研究所，担任所长。2011年，温州市工艺美术研究院（市工艺美术大师楼）挂牌成立，温州市瓯绣艺术研究所迁入该址。

张国民介绍，瓯绣的种类有彩色绣、素色绣、仿古绣、仿真绣、水墨绣、双面绣等。其特点是构图精练、色彩绚丽、针法严谨、运针灵活善变、绣理分明、绣面光亮，具有鲜明的地域工艺特色，作品诗、书、画、绣结合，绣时针法融笔法物象理法于一体，以针线传情，有着深厚的传统文化内涵和艺术、工艺研究价值及较高的欣赏收藏价值。

张国民说，先有图，后有绣。过去，制作一幅好的瓯绣作品，从画图样开始就马虎不得，而且图样多半是一种全新的创作，并不是沿用过去的图样。但现在，能设计、绘制一幅好图样的设计师还是太少了。"传承瓯绣，要传承瓯绣的精髓，要让大家看到瓯绣的与众不同之处。"他说。

传统结合创新，拓展瓯绣市场

温州市瓯绣研究所现任所长林媞，是瓯绣省级非遗传承人。从16岁进入温州瓯绣厂工作至今，她从事瓯绣创作40多年了。2001年，林媞创作的《锦羽迎春》参展杭州西湖博览会，获得第二届中国工艺美术大师作品暨工艺美术精品博览会金奖。

林媞说，这些年，他们的创作题材从传统花鸟、人物，逐步向本土风光发展，推出了温州本土特色伴手礼。且无论题材怎么变化，瓯绣精髓一直在其中。

瓯绣国家级非遗传承人施成权，1957年出生，从事瓯绣业已40多年。她的儿子王施大学学的是外贸，深受母亲熏陶，毕业后投身瓯绣创作，成为施式瓯绣第四代传承人。由王施设计、施成权主绣的双面异色绣《荷墨》，就是母子俩搭档合作的成果，荣获第十四届中国工艺美术"中艺杯"艺术品评比大赛金奖。

在施成权的工作室里，壁挂作品是卖得最好的。这些年，她还尝试做包包、做衣服，和人们的日常生活相结合，扭转瓯绣仅仅是手工艺品的概念，进一步拓展瓯绣市场。

施成权在温州市图书馆举办过以"一针一线绣匠心千丝万缕中国梦"为主题的展览会，展出了40多件作品。"只有传统与创新相结合了，瓯绣作品才会有更好的市场。"她说。

民国航海罗盘

追溯宋元时期
辉煌造船业

2019 年 12 月 17 日, 中国第一艘国产航母"山东舰"在海南三亚某军港正式入列, 标志着中国正式进入"双航母"时代和国产航母时代, 中国的综合国防实力又向前迈进一步。

与航母相比, 本文要说的这件"宝贝", 显得非常渺小, 但它却是古代海船航行必备工具的基本样式。

它, 是一件民国航海罗盘。它的故事, 与宋元时期温州辉煌的造船业和先进的航海技术密不可分。

→
民国航海罗盘

出自东门店铺的民国航海罗盘

　　这件民国航海罗盘，是当年温州市区东门一带店铺生产的一件普通航海罗盘。说它普通，是因为温州东门一带从宋末开始，就已经成为制造船用指南针的重要产地，延续至清末民国，东门康乐坊、行前街一带还保留着数家生产指南针的店铺，生产销售这种罗盘。

　　这件航海罗盘呈圆形，高3.8厘米，直径7.0厘米，由朱红色漆盒盖和盒状外壳两部分组成。

外壳和针盘采用本地硬质车木，盒底保留车木旋削痕迹。车木温州话叫"车辘"，系用刀具对旋转的圆木进行切削的工艺，这是一种传统的木匠手工艺，唐宋时期兴盛。车木盒中配有支轴架和灵敏转动的磁针。针盘以黑色漆为底色，上用白色漆写有方位刻度：内圈为四卦（乾、坤、艮、巽，或称四维）、八天干（甲、乙、丙、丁、庚、辛、壬、癸）和十二地支（子、丑、寅、卯、辰、巳、午、未、申、酉、戌、亥），共 24 个方位；外圈对应子、午刻北、南方位，对应四卦刻西北、西南、东北、东南方位，对应卯、酉刻八卦之中的震、兑卦符号。这种工艺制造的航海用指南针个大规正，针位准确，使用方便，密封性能与抗风浪性能尤为优良，已与现代指南针功能相差无几，受到历代航海家和舟师的欢迎。

足见古代温州航海技术发达

指南针，古代叫司南，主要组成部分是一根装在轴上的磁针，磁针在天然地磁场的作用下可以自由转动并保持在磁子午线的切线方向上，磁针的北极指向北磁极，利用这一性能可以辨别方向。它常用于航海、大地测量、旅行及军事等方面，与造纸术、印刷术、火药共称为我国古代的"四大发明"。

早在战国时期，我国劳动人民已经发现了天然磁石吸铁和指示南北的现象。人们利用磁石指示南北的特性，制成了最初的指南针——司南。先秦和秦汉时期的司南，到宋代开始发展为指南鱼、指南龟和指南针。《古今注》《管氏地理指蒙》《九天玄女青囊海角经》《疑龙经》《雪心赋》《针发诗》《新仪象法象》等众多文献（其中较多属于堪舆占卜类书籍），记载了指南针和罗盘发展过程中的形

态、相关认识及其改进，包括地盘、中针、缝针、正针、磁偏角等，这个过程十分漫长，长达 1000多年，直到宋代才有实质性的改进。

北宋沈括《梦溪笔谈·杂志一》记载："方家以磁石磨针锋，则能指南，然常微偏东，不全南也，水浮多荡摇。指爪及碗唇上皆可为之，运转尤速，但坚滑易坠，不若缕悬为最善。其法，取新纩中独茧缕，以芥子许蜡缀于针腰，无风处悬之，则针常指南。其中有磨而指北者。余家指南、北者皆有之。磁石之指南，犹柏之指西，莫可原其理。"这段文字提到了装置磁针的四种方法：水浮、指爪、碗唇、缕悬，其中沈括认为缕悬法"最善"，但是后世广泛应用的是水浮法。水浮法指南针的出现，为指南针在航海的应用奠定了基础。《萍洲可谈》等文献记载的可能就是早期海船上的指南水浮针罗盘，它的使用为远洋航行创造了条件，而温州博物馆历史厅展出的这件航海罗盘是对水浮针罗盘的进一步改良应用，主要是铁磁针和支轴架的改进，使其更加灵敏转动，它最早可能在宋末已经出现，足见温州航海技术的发达。

※ 今生故事
《真腊风土记》有关罗盘针位记载

元代温州人周达观所写的《真腊风土记》，是根据其在真腊（今柬埔寨）所见所闻撰写的一部介绍当地社会生活的著作，详细描述了吴哥王朝的政治、经济、地理、风俗、宗教和建筑艺术，成为世界上最早关于吴哥文化的直观记录。该书已成为珍贵的国际历史文献，有法、英、日文等10 多种译注本。其中，1981 年中华书局出版的《真腊风土记校注》由著名考古学家、社会活动家夏鼐（1910—1985）校注，他是整理研究《真腊风

土记》的集大成者。

《真腊风土记·总叙》中记载:"自温州开洋,行丁未针,历闽、广海外诸州港口,过七洲洋,经交趾洋,到占城。又自占城顺风可半月到真蒲,乃其境也。又自真蒲行坤申针,过昆仑洋,入港。"夏鼐在校注中指出,"行丁未针"和"行坤申针",都是指航海罗盘的方向针位,这是最早关于航海罗盘针位的记载。此前,北宋末年朱彧著《萍洲可谈》、徐兢著《宣和奉使高丽图经》两书中有关于航海使用罗盘针的记载,但均未记载针位。

在校注中,夏鼐详细介绍了《淮南子·天文训》的二十四方位记载,乐浪王盱墓、甘肃武威汉墓、安徽阜阳汝阴侯墓出土的地盘实物上的二十四方位以及明代张燮《东西洋考》关于"正针""缝针"的介绍,指出我国古代罗盘上实际有四十八向,每向相隔7°30'。据此,夏鼐先生绘制了《周达观航行路线图》,在右下角绘制了罗盘针位图,考证"丁未针"的方向为202°30'(方位角),或南22°30'(方位),"坤申针"的方向为232°30'(方位角),或南52°30'西(方位)。温州博物馆研究员伍显军表示,《真腊风土记》的最大贡献就在于详细记录了针位,是目前所见最早的记有针位的书籍。

80后温商掌握核心制造技术

温州地处东南沿海,有着较多条件优良的天然港口和悠久的舟船制造史。

温州是宋代全国重要的造船中心之一。据相关记载可知,当时温州最大的官营造船场就设在永嘉县城北沿江港口郭公山下,其他各县如平阳县蒲门寨也有官营造船场。南宋,温州的造船工艺有了进一步提高,已能依照"船样"(图纸)打

造船舶。温州打造的海船,在当时看来是世界上最先进的海船种类之一。

如今,一位80后温商经营的江苏德侨装备制造有限公司掌握着船用低速柴油机曲轴的核心制造技术。

"仅是去年,德侨装备就生产了70多根船用低速柴油机曲轴,分别销往国内外。"世界温州人联谊总会青年委员会常务副会长、江苏吉玛新材料科技有限公司总裁、江苏德侨装备制造有限公司总裁周凯说。

周凯是温籍侨领周建国之子。1978年,身为温州肉联厂员工的周建国,作为温州最早的一批创业者下海经商,商海沉浮数十载。2006年从浙江理工大学毕业后,周凯曾以侨眷身份旅居巴西,数月后,主动放弃在巴西的永久居住权回到中国。他先在深圳自主创业,后回到温州,逐步继承了其父亲创办的中外合资企业——温州康龙石油化工有限公司。在父亲帮助下,周凯于2017年成功收购了江苏常熟两家大型制造业企业——江苏德侨装备制造有限公司和江苏吉玛新材料科技有限公司。

大型远洋轮船柴油发动机中的核心部件曲轴,此前核心技术一直掌握在外国人手中。目前,国内虽已攻克技术难关,却只有四家企业能够生产这类曲轴,德侨装备就是其中唯一的民营企业。自2017年起,德侨装备还进入了军民融合领域,成为军工装备加工制造方面的合格供应商。

魏敬先发绣孙中山像挂屏

一针一发亦是大外交

所谓发绣，是以人的天然色泽发丝为材料，以针为工具，遵循造型艺术的规律，在绷平整的布帛上施针度线，创造形象的艺术。

温州博物馆珍藏着一幅"发绣外交家"魏敬先先生的作品——孙中山像挂屏。从这幅发绣作品里，或许能一窥温州"发绣外交"的传奇故事。

→
现代魏敬先发绣孙中山像挂屏

一针一发绣出"东方一绝"

温州发绣是省级非物质文化遗产项目，它与杭绣、宁绣、瓯绣、台绣合称浙江省五大刺绣，也是中国 24 个地域绣种之一。

据史料记载，元代就有温州发绣，元代王振鹏创作了《端阳竞渡图》，他的学生夏明远以头发代丝线绣出《滕王阁》等作品。和普通丝线绣相比，利用发丝天然色泽来表现作品的发绣，形象逼真而富有立体感，能经久保存，独具艺术特色。

现代温州发绣承钵于元代传统工艺，吸收传统刺绣的营养，施以创新手法，成为一门新兴的工艺品种。

这幅孙中山发绣是温州博物馆 2012 年征集到的，纵 71.2 厘米、横 60.8 厘米。作者魏敬先（1937—2018），江苏省沛县人，1963 年毕业于南京艺术学院美术系，被分配至温州工作。

上世纪 70 年代，魏敬先开始钻研用头发丝绣制现代人物肖像，曾为世界多国元首制作发绣肖像并作为国礼赠予。他曾任温州大学美术系教授、温州市人像绣研究所所长，享受国务院特殊津贴。他的发绣作品——世界名人肖像被誉为"东方一绝"和"不可多得的珍品"。

"发绣外交"提高温州知名度

1992 年 6 月，在温州华侨饭店的一次会议上，时任市委书记孔祥有提出了"发绣外交"一词，表扬魏敬先为知名人士绣像取得的功绩。也正是这一年，《温州日报》在头版刊发了题为《温州的"发绣外交"》长篇报道。

魏敬先从艺后的几十年时间里，先后制作了古今中外名人肖像百余幅，其中作为国礼赠送的就有十来幅。

孟永国是魏敬先的学生之一。他介绍说，作为国礼，温州发绣作品曾多次被赠予外国元首，并且深受欢迎。如 1995 年 4 月，为荷兰女王绣制发绣肖像，由温州旅荷侨领面赠女王；1996 年，温州发绣艺术家为巴基斯坦总理贝·布托和尼泊尔国王和王后绣制肖像；1996 年 11 月，成为国家主席江泽民出访南亚四国时的礼品；2002 年 6 月 6 日，发绣作品《叶利钦》作为江泽民主席的礼品赠送俄罗斯前总统叶利钦。

绣出温州第一件彩色发绣作品

2018 年 3 月，浙江省文联在杭州举行全省文艺界巡回宣讲启动仪式并举办首场宣讲。孟永国登台做首场宣讲，分享自身的从艺故事和人生感悟。

孟永国毕业于温州师范学院（今温州大学）美术系，作为浙江省优秀大学毕业生，留校进入温州市发绣研究所工作，从事发绣创作研究迄今近 30 年。

在发绣创作实践中，孟永国碰到了一些难题：材料太过于单一、工具用起来不能得心应手、作品装裱问题等，材料的局限影响了艺术上的发挥。

一个偶然的机会，他遇见来自荷兰阿姆斯特丹艺术学院的两名女教师，凭借职业的敏感性，他觉得两位女士的金发一定是发绣的好材料。通过魏敬先老师牵线，孟永国结识了两位洋老师，顺利拿到金发，开始了创作。经过半年的艰苦绣制，他的第一件彩色发绣作品，也是温州第一件彩色发绣作品——《蒙娜丽莎》面世。

→
魏敬先发绣工作照

孟永国介绍说，就用发而言可分为两种：一种是单色发绣，即以同一人种的头发来创作的发绣，作品素色淡雅；另一种是彩色发绣，即用不同人种的头发合绣，绣面色彩美丽，形象动人。这次成功的尝试，打破了温州发绣的单色局限。

创新是为了更好地传承

在成功创作出第一件彩色发绣作品后，孟永国开启了温州发绣创作走向多元化之路。

在创作《爱因斯坦》时，孟永国尝试性运用现代刺绣工艺家杨守玉所创的"乱针针法"，将其带入发绣作品中。自由奔放、轻松随意的乱针针法，线条流畅，色彩丰富，层次感强，风格独到。孟永国以"应物施针"的艺术手法，将艺术思考巧妙地融入针法语言，淋漓尽致地传递创作者的心声。

为了实现表达的需要，孟永国还新创了"做底补色法"。孟永国说，这种做法，弥补了发绣色彩的局限，又能形成绣面色调营造氛围，使发绣表达更为自由。

他还对发绣工具进行革新，改良了发绣作品装裱方法，将老式刺绣工具创造性地转化为现代发绣制作工具，使其符合发绣的制作特点又方便操作，获得国家专利。

孟永国认为，创新是为了更好地传承。在继承传统发绣技艺的基础上进行创新，把不适应时代的部分转化为有生命力的创造，来表现日新月异的时代变化，才能更好地延续传统文脉。

流淌于信笺上的
家国情怀

在传统文化传播研究领域，南怀瑾先生无疑是当代最有影响力的世界温州人之一。本文介绍的南怀瑾5封家书，是在南怀瑾先生百年诞辰纪念活动时，世界温州人博物馆面向全球征集展品的启动仪式上南怀瑾家属所捐赠，展现了国学大师的家国情怀。

→
南怀瑾家书

這我在所主持學院
12層樓的頂樓上
遠望天涯
沉思世事
如何才能拯救世人
小舜蒼生
況世及羣凰如見也。

EAST WEST INSTITUTE

6926 Espey Lane
McLean, VA 22101 USA
Tel: (703) 356-3186

示舜鈴小寧二子

丙寅元宵後一日

積然寒威雪媚舒倍蓓蕾百卉待

春容傳心韋賀西來意浮世雖

留過岩蹤又見白雲擁木偶常

偉黃屋走蛟就鈴聲莫問當

前事萬里飛鵬輯萬童

當在 1986, 2. 24 日.

南流瓈書是邦

开馆之礼情深意长

2018年3月18日，是享誉海内外的文化学者、国学大师南怀瑾先生诞辰一百周年纪念日。为共同纪念这位为国家统一、民族文化复兴及东西方文化沟通融合做出巨大贡献的老人，南怀瑾文教基金会、南怀瑾学术研究会、恒南书院、江村市隐等机构联合世界温州人联谊总会等协办单位，于3月17日—18日在上海举办系列纪念活动。

3月17日下午，展有南怀瑾先生墨宝、著作、手稿真迹的"南师墨宝馆"开馆。开馆仪式上，温州市委常委、统战部长施艾珠代表世界温州人联谊总会接收了南师家属南国熙先生向世界温州人博物馆捐赠的南师墨宝与家书。在现场，百余位嘉宾争相一睹墨宝真容：一幅作于1984年的书法作品《甲子冬夜》二首之一，是南师想到四川、浙江等从前往事，感慨而赋之；五封家书写于1985年至1987年。这些珍品是世界温州人博物馆收到的第一批展品。

见字如面传递相思

南怀瑾先生的这5封家书均从美国寄出，时间是1985年至1987年，4封写给他的两个儿子南舜铨、南小舜，一封写给他的孙子南品仁。内容涉及他自己在美国成立东西学院，朋友帮忙做事，在美国的生活点滴，对众子孙传承中华优秀文化的嘱托以及如何为人处世的道理，还顺带提及给家人寄送的一些药品、佛珠等礼品，表达对家人的思念和关怀等。在信中，南怀瑾先生表示希望在上海、杭州、温州选一地创办中美联合大学，因条件不成熟，这个设想没有完成，因此，他在美国成立了东西学院，借土播种，传播中华传统

文化。翻阅这些信札，得以重温南师的谆谆教诲，感受他的拳拳爱国爱乡之情。

挺身而出热血报国

南怀瑾（1918—2012），乐清翁垟街道地盐村人，家学渊源，自幼聪慧，早年从军、从政、从商，继而投入文教事业，教化四方，毕生致力于弘扬中国传统文化，精研儒释道等多种典籍。曾任台湾政治大学、台湾辅仁大学及台湾中国文化大学教授。著作有《论语别裁》《孟子旁通》等三十多册，被翻译成英语、法语等八种语言流通世界各地。他还曾作为两岸和谈使者，促成1993年"汪辜会谈"。

南怀瑾先生有着强烈的爱国情感和中国传统士大夫浓郁的"修身、齐家、治国、平天下"的报国情怀。在国家和民族危难时刻，他挺身而出，跃马戍边，智御外辱。在抗日战争、两岸和谈、香港回归等国家和民族历史上的重要时刻，都留有他闪光的生命足迹。

1988年，时任温州市副市长方善足带领经济贸易代表团赴美参观考察，南怀瑾听闻，立刻设宴款待家乡代表团。当时，温州机场已开工建设，南怀瑾主动提议投资修建金温铁路，把温州与浙赣铁路大动脉连接起来。

会面后不久，温州市政府派员拜会南怀瑾，商谈金温铁路建设事宜，并邀请他牵头修建金温铁路。南怀瑾慨然应允。而后，南怀瑾闭门不出，夜以继日地伏案疾书，写出的《对金温铁路的浅见》提出全新的建设思想："首先，组建一家铁路公司，由港资与地方政府共同牵手。这家公司必须破除内地铁路由政府或国营企业独家经营的惯例。"

1992年11月，中外合资浙江金温铁路开发

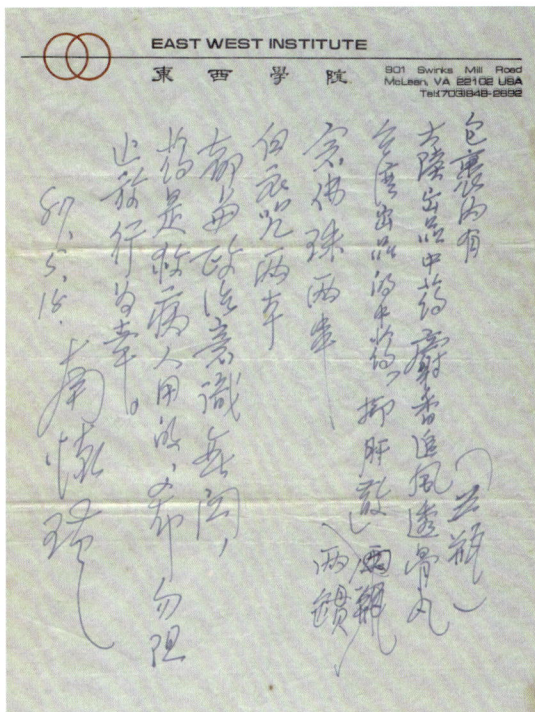

↑
1987 年 5 月 18 日南怀瑾家书

有限公司成立，南怀瑾亲自担任董事长兼总经理。同月，金温铁路开工建设。1998 年 6 月，金温铁路全线通车，结束了浙西南无铁路的历史，这也是我国第一条合资建造的地方铁路。

据世界温州人博物馆工作人员介绍，南怀瑾筹资 4568 万美元助推金温铁路建设，并在铁路建设完成之际，提出"还路于民"，将股权转让给浙江省和中国铁道部。

在金温铁路建成通车典礼上，作为金温铁路的催生者，南怀瑾托学生侯承业带着一首感言诗来到现场。诗云："铁路已铺成，心忧意未平。世间须大道，何只羡车行。"

2018 年是南怀瑾诞辰一百周年。11 月 7 日，作为市委、市政府重要的文化工程，由温州生态园管委会建设的温州南怀瑾书院正式对外开放。

南怀瑾书院坐落于温州三垟城市湿地公园，书院主体建筑包括南北走向的居庸斋、蹈和馆、三和楼、濯龙居等，总面积 3800 平方米。正泰集团作为发起人出资设立温州南怀瑾人文公益基金会，出资维持书院运营。

2020 年 7 月 30 日，记者来到南怀瑾书院，发现居庸斋等处正在施工。该院执行院长吴东介绍，2020 年 4 月，书院二期工程正式启动，总投资 1500 万元。二期工程包括居庸斋、三和楼等处的改造提升。其中，居庸斋一楼将打造一个国学城市书房，二楼则主要用于收藏儒释道的经典著作、地方文献等。

书院自成立以来，在南怀瑾的学术思想研究方面做了大量工作，确立了若干个研究课题。书院在典藏方面也做了大量工作，千方百计寻求各种线索，收集了一些与南怀瑾先生相关的书籍、信札等。

何朝育的绒线衣

为家乡捐款最多的
慈善家

在世界温州人博物馆的独立展柜里，平放着
一件折叠整齐的淡黄色绒线衣，细心的观众会发
现它的颜色已经褪淡，右肘部还有一个破洞……这
样一件看似平淡无奇的绒线衣背后，却有着一个
个饱含人间大爱的故事。

为家乡捐款最多的慈善家

精心准备，温籍台胞捐赠生活物品

2018 年 6 月 30 日清晨，台北市天气晴朗，除高架桥上穿梭的车辆有点嘈杂外，温州市半屏山文化交流团下榻的首都大饭店四周安宁而清静。依照前一天在台北市温州同乡会座谈会上的约定，何纪豪先生 8 点半准时前来接我们去他家。他说，自己是乘坐公交车过来的，非常方便，且便宜。谈话间，我们感觉得到他的亲近随和。《温州人》杂志副总编方韶毅去过他家，他俩谈论的话题更多。

很快，我们来到位于半山腰的何宅公寓花园。原来的公寓已经较为老旧，何纪豪先生又在下面建了一幢新宅。他告诉我们，妈妈何黄美英已经在老公寓二楼等我们了。得知我们文化交流团成员要来拜访，非常高兴，今天一大早就起来等候我们了。因为已经 93 岁高龄了，所以不能下楼来迎接。

见到我们，何黄美英女士十分热情，和大家逐一握手招呼之后，就亲切地招呼喝茶，打开了话匣子。谈到丈夫何朝育先生，她更是一往情深。因为知道我们此行目的是为了征集世界温州人博物馆展品，老人家盼咐儿子何纪豪先生取来早已准备好的捐赠品。

何黄美英说，这些都是普通物品，民国时期的木算盘是从老家温州带到台湾，在台湾做生意用的，丈夫的珠算很好；几件衣服，包括浴袍、衬衫和绒线衣都是丈夫生前穿过的，两件绒线衣都有点破了，丈夫也舍不得扔，一来是自家工厂生产的，二来是比较柔软，穿起来感觉特别好；那几块布料也都是自家厂里生产的，目前也只保留这些了。言语间，她对捐赠得太少深表遗憾。何纪豪先生告诉我们，妈妈已经很多年足不出户了，

↑
何朝育做生意用的民国木算盘

→
何朝育夫妇为育英大礼堂奠基

家里的生意都是他和爸爸一起打理，这些衣物和算盘能够反映爸爸妈妈过去的创业历程。那对水晶龙虎生肖像是他为庆祝爸爸妈妈九十大寿特地从意大利购买的，象征龙盘虎踞，主要还是刚好与他们的生肖相符，很有纪念意义。

倾力捐款，何朝育黄美英"育英"情深

对于大多数温州市民来说，何朝育这个名字并不陌生。在上世纪 90 年代，在温州经济刚刚起步腾飞的时代，他与妻子黄美英女士一次又一次

无偿地捐款支持家乡的教育卫生建筑工程，深深地感动着父老乡亲。

何朝育 (1912—2008)，瓯海区三垟乡池底人。早年经营纺织业，曾任温州正大针织工厂厂长，去台后继续从事工商业。1962 年开办正大纤维工业公司，后组建嘉大针织公司，成为纺织业界著名厂商。1991 年，何朝育、黄美英伉俪捐款建成的温州大学育英图书馆，是当时温州最好的图书楼。自此，夫妻俩开始了长长的回报家乡的慈善之旅。截至 2008 年，他们为家乡的教育卫生事业，捐物、捐款折合人民币超过 1.3 亿元，是向温州市无偿捐款最多的温籍乡亲。温州大学育英图书馆、温州医学院附属育英儿童医院、温州师范学院育英大礼堂、温医附一院育英门诊楼、育英大楼、育英学术馆、蒲州育英学校，众多以夫妻俩最后一个名字共同命名的公益大楼，在东瓯大地悄然崛起。从此，温州人民牢记住了"育英"二字，"育英"俨然成了温州慈善公益的象征。

爱心延续，何纪豪接过慈善火炬

何纪豪先生是何朝育先生和何黄美英女士的独子，现任台北市温州同乡会副理事长、台湾正大纤维工业股份有限公司总经理。2008 年 1 月，温州育英事业发展促进会成立，何纪豪带着父母捐赠的 550 万元人民币，来到温州，注入第一笔资金；当年 5 月，由他牵线搭桥并捐赠 10 万美金，全程资助中国人口福利基金会与美国微笑联盟基金会开展"幸福微笑"活动，帮助温州 121 名唇腭裂儿童免费实施修复手术。2009 年，在他的牵头和参与下，由温州市委统战部、温州医科大学、温州日报报业集团三家共同发起，成立了"世界温州人微笑联盟"。从 2009 到现在，"世界温州人微笑联盟"已经为 2500 名唇腭裂儿童做了免费手术，募集社会集资款达 2000 多万元，带领医务团队行程 16000 余公里，为贫困山区的唇腭裂儿童带来重生的希望。

带有破洞的淡黄色绒线衣，是著名慈善家、温籍台胞何朝育先生艰苦创业的见证，也是他一生崇尚俭朴的精神象征。与此同时，他和夫人何黄美英女士对故乡温州教育卫生事业的捐赠却是如此慷慨和不求回报。这是一种真正的人间大爱，大爱无疆。

1970年代蜜蜂牌毛线和笔记本

小小物件，
承载几多亲情乡谊

您眼前的是几团毛线和一本小小的笔记本，它们承载了 20 世纪 70 年代新加坡华侨对温州老家亲戚朋友的乡情牵挂，记录了那个时代物资紧缺的历史，这是永远割舍不断的亲情乡谊，也是一笔永远的精神财富。

2018 年 3 月 18 日，世界温州人博物馆展品征集办公室发出展品征集倡议书。很快得到全国各地商会、世界各地侨团以及世界温州人的热烈响应。继南怀瑾家属捐赠珍贵展品之后，柯永治、柯永波、林银标、林银国、林银春等新加坡侨属也捐赠了不少展品，成为最早捐赠展品的侨属群体。

→
20 世纪 70 年代蜜蜂牌毛线

小小物件，承载几多亲情乡谊

新加坡侨属踊跃捐赠

2018 年 4 月 4 日，温州市侨联副主席林春雷先生致电世界温州人博物馆展品征集办公室，介绍受柯永治、柯永波、林银标、林银国、林银春等亲友委托，有一皮箱展品需要捐赠。随后，温州博物馆征集负责人赶到市侨联大楼现场清点，其中有柯永治、柯永波兄弟捐赠的父亲柯新祺使用过的民国皮箱、1948 年柯新祺入籍新加坡的身份证等物品、20 世纪 70 年代帆布行李袋；林银标捐赠的 20 世纪六七十年代亲友家书、蜜蜂牌红毛线团等；林银国捐赠的在新加坡编织的藤篮、藤掸子、藤席、机织布料；林春雷捐赠的 20 世纪 70 年代三五牌香烟盒、铝制梳子等。这批捐赠品都是林春雷亲自发动亲戚朋友捐赠的，虽然不是名贵物品，但都很有代表性，反映了早期华侨在新

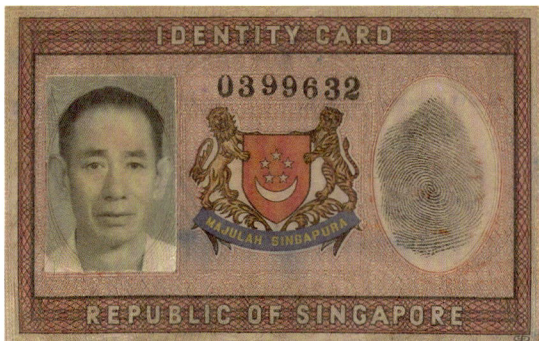

←
柯新祺使用过的民国皮箱

↑
1948 年柯新祺入籍新加坡身份证

加坡的工作、生活情况，有的是他们托人捎回给家乡亲友的居家生活礼物。

据介绍，1970 年代洋货绒毛线的牌子很多，有蜜蜂牌、杜鹃牌、学士牌、双钱牌、鸳鸯牌、老鸭牌等，其中以英商博德运公司的"蜜蜂"牌和德国"鹅"牌绒线进口量最多。因此，"蜜蜂"牌毛线属于奇缺珍贵物资。新加坡华侨寄回的物品"蜜蜂"牌毛线也较多。

柯氏兄弟一捐再捐

在把皮箱、身份证和帆布行李袋等捐赠品带给林春雷之后，受到他关于信件等文字资料很有意义的启发，2018 年清明节前夕，柯永治、柯永波兄弟回家又找到了父亲柯新祺生前从新加坡寄来的一些书信。令他们喜出望外的是，柯永治还找到了一个笔记本。7 月 30 日，柯永波把笔记本里的内容整理完成之后，再次托林春雷主席把信件和笔记本捐赠给世界温州人博物馆。

这是一本不足手掌大的笔记本，扉页写着"柯新祺笔记"，里面记录的是 1970 年柯新祺回国探亲时，在新加坡做工的亲友和同乡，托付他捎给家乡亲友的礼物、钱款与口信。

柯新祺远渡重洋，到新加坡做木工还是 1938 年的事儿。当时，国民党政府强拉壮丁，永嘉县罗浮村村民柯新祺迫不得已离开母亲和妻儿，远走新加坡辛苦谋生。他患过肺结核，体质一般，但木工技艺精湛，为人忠厚，在同乡工友、亲友中口碑很好。他在新加坡工作时间较长的工场之一是上海鸿利木器公司工场，即三峇哇街 41 号，现今作为古街坊保存下来。据介绍，在不足 20 平方米的楼下房子内，柯新祺等 4 人租用 4 张料凳，白天做工，晚上铺上草席当床睡觉。正是在这样艰苦的生活环境中，攒钱寄回老家培养四个儿子（柯永治老三，柯永波老四）。孩子们都比较求学上进，获得了较高学历。

抗战期间，柯新祺还利用工余时间参加"卖花"活动，筹钱捐献抗日活动。解放后，他积极购买中国银行在新加坡发行的公债，积极参加支持家乡温州建设的捐赠活动，如上世纪五六十年代瓯北办学修桥，创建温州华侨中学等，柯新祺和旅居新加坡的侨胞都有捐款。

↑
林春雷捐赠的 20 世纪 70 年代三五牌香烟盒

小小笔记本亲情乡谊浓

1970年，柯新祺年已花甲，决定回家探亲。得知消息后，在新加坡做工的亲友和同乡，托他捎给永嘉及其他各地亲友大量礼物、钱款与口信。为了一一带到，眼花无法登记的他，让表侄儿金可旺的长女金丽丽代笔记录。金丽丽当时上初中，是姐弟5人中的老大，一笔一画，将这70页内容记录得清清楚楚。

笔记本记录的受托人数多达79人，总计需要送达或通知到的有141人，分散在鹿城区、永嘉千石、三江、瓯北的罗浮、花岙、塘头、大甲、陡门头、漈下、龙桥、下涂、江心涂、浦西、后垟、王家坞、礁头、瓯海郑沙桥、龙湾灵昆等地。其中，有一对夫妻，解放前后到了新加坡，相继有5个子女，全靠丈夫做木工赚钱维持生活，经济比较拮据。但是对于家乡数十户亲友，在物质或钱款上，一贯或多或少都给予帮助，在海内外两地成为美谈。这次，夫妻俩托付捎带物品和款项的涉及10户亲友，真可谓为大爱。

受托的物品种类繁多。实用品有各色毛线、布头布料与布料袋、冬夏新旧衣服、新袜旧袜、毛料纱线、皮鞋胶鞋、裁缝剪刀、纱线团、电器插头和手表等。其中以布料和毛线居多，毛线为20多份40多磅，各色布料40多块和许多布头。中西药物有东洋参、西洋参、鱼肝油丸、胃仙、雷米丰、链霉素、灵芝、川莲、山杜莲、百花油、眼药水、黄药水、克劳酸片、维他命、药水H3等。其中以东洋参居多，共43份。食品有黄花菜、海参和冰糖。还有少量金耳环等贵重饰品。

除实用品外，还有小额新加坡币或人民币现金，以及在托付物件旁注明的口信，如"某某的伤好否"；"某某带来'子社'（凤尾鱼）早收到，托某某之言未讲到"；"支票到期分二张交二兄弟存，所用分开付出"；"叫岳母有菜干、茶叶带些来"；"郑某某若困难，给他十元"；"某某（地方名）表侄托口信：补肾药丸、结婚尚未、女方要求办房"等等。总之，只言片语总关情，如此一本小小的笔记本或者说花名册，承载的亲情乡谊十分可贵。

追溯起来，早在清末年间，已有温州人到新加坡做木工。20世纪上半叶，一批批温州人相继到新加坡、马来西亚、印度尼西亚等南洋地区谋生，多数人从事木器业，或制作家具，或开设木器家具店。也有少数知识分子从事教育等工作。1923年陈岳书和金天放等发起成立新加坡温州同乡会（后改新加坡温州会馆），1947年后接手温州会馆创办的侨南公学。20世纪50年代，温州移居南洋地区的华侨，除小部分从事书店、文具、印务、皮革、理发、洋杂百货、雕刻、古董、油漆、建筑等行业外，90%以上的华侨仍然从事木器业。50年代至70年代后期，他们的经济虽然有所改善，但没有形成足够的规模，不少人仍然从事劳工和小商贩活动。

1970年，一次性受托带回家乡如此多的物品，对于年已花甲的柯新祺来说，显然是严重"超重"的。但是他毅然担当，可见侨胞之间情深义重。在这些物品之中，有许多在我们今天看来（如蜜蜂牌红毛线），并不是那么珍贵的物品，但是在物资紧缺的年代，它们可是奢侈品。更为重要的是，它们代表着海外侨胞的一份温暖关怀，这是永远割舍不断的亲情乡谊。

见证"八大王"胡金林再次创业

提到胡金林这个名字，很多人可能会感觉很陌生，但是如果提到电视剧《温州一家人》中遭受打击、从水路出逃的"废品大王"赵冠球的原型人物，你可能就知道他是谁了。本文介绍的柬埔寨亲王赠送的吴哥窟图案银盘，见证了中柬友谊，见证了"乐清八大王"之一胡金林先生再次走向世界舞台的奇迹。

→
2004 年柬埔寨谢辛亲王赠送给胡金林的吴哥窟图案银盘

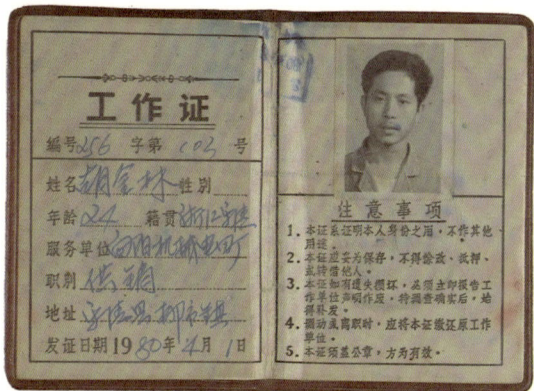

2018年3月18日，世界温州人博物馆征集倡议书发出之后，随着温州市委统战部召开座谈会和征集负责人主动上门拜访等工作的深入开展，很快得到了世界各地温州人的积极响应，陆续收到了大量线索和展品实物。在所有捐赠展品的温州人中，胡金林先生既不是最早收到倡议书的，也不是最早捐赠展品的，但绝对是最积极捐赠展品者，也是捐赠展品数量最多的。

早在清明节前夕，胡金林先生回温处理生意和祭祖期间，就与世界温州人博物馆展品征集负责人取得联系，详细咨询需要哪些类型展品。当时刚开始讨论展陈文本大纲，还没有详细的拟征集对象和清单，仅能告知凡是能够反映世界温州人砥砺奋进的历史实物，均可作为展品捐赠。如温州古代历史人物的史料和文物，近现代温州社会各界名人有纪念意义的档案资料和实物，改革开放40年以来温企、温商、温侨、各类社团以及各界人士有代表性的档案资料和实物等等。因为胡金林先生是中国改革开放标志性人物，所以他经商活动的证件、文件、照片、档案和所获得的荣誉证书、国家领导人接见照片、外事活动照片等，都可以捐赠。

令人意想不到的是，胡金林先生把捐赠展品当成了一件非常有意义的事情来做。回到柬埔寨之后，他吩咐秘书仔细准备，把能够捐赠的展品几乎都搜罗起来。7月7日，在从柬埔寨回到温州之后的第三天，他专门来到世界温州人博物馆筹建组办公室，清点捐赠的200多件老物件，从40年前的销售员证件，到10多年前使用过的提箱、国家领导人接见照片、荣誉证书，到"一带一路"书法作品，几乎涵盖了能够反映他人生十大节点

↑
1980年胡金林乐清县柳市镇向阳机械电器厂工作证

↓
柬埔寨谢辛亲王接见胡金林先生

的所有物品。为了登记清楚，胡金林先生逐一为工作人员加以介绍，并把重要物品的来龙去脉介绍清楚。整个捐赠展品的过程，令人感受到胡金林先生极其认真的做事态度和配合协作精神，也许这就是他能够成功创业的秘诀和优秀品质。

改革开放标志性人物

胡金林，乐清柳市镇人，1957 年出生，父亲经营染布坊，兄弟姐妹 8 人，排行老五。1974 年中学毕业，他第一次出门到神农架林区宋罗乡的家具厂给亲戚打工，但被油漆过敏吓回家。1976 年正月十六开始经商，做五金工具买卖。让客户物有所值，是他的经商理念。当年 12 月底，他赚到第一桶金 5 万元。1980 年，经营范围扩展到电器领域，买卖空气开关、熔断器、断路器等。因为经营理念更灵活，1981 年他把温州机电公司和地区机电公司打败了，成为柳市首富，人称"五金大王"。1982 年，乐清市财税局查账，他在信用社的账户上有 120 多万元。1984 年他带着五本证件、200 斤粮票、2000 块钱，从水路出逃到文成，这就是电视剧《温州一家人》第七、第八集遭打击、从水路出逃的"废品大王"赵冠球的原型情节。随后，胡金林从温州乘轮船到上海、北京、哈尔滨、吉林等，跑遍大半个中国。"八大王事件"平反之后，1989 年投资兴建乐清县第一轧钢厂，亏得一塌糊涂。1990 年，远赴新疆塔里木石油勘探开发指挥部发展低压电器业务，站稳脚跟。1993 年，因为《人民日报》"21 世纪的曙光在西北"的一句话，错失乐清电器集团化发展良机，到上世纪 90 年代中后期，从新疆退回柳市。可见，胡金林先生经商崛起之路，充满传奇，也并非一帆风顺。

再次走向世界舞台

2000 年底，第四次中国 - 东盟领导人会晤在新加坡举行。胡金林先生在中央电视台的新闻上看到，时任国务院总理朱镕基提出，初步建成东盟自贸区。他马上就意识到这是一轮新的商机。2001 年，他走遍了东盟十个国家考察投资环境，决定搁下国内的产业，到柬埔寨这个历经战乱的东南亚国家第二次创业。之所以选择柬埔寨，是因为这个国家和中国比较友好，从西哈努克亲王，到现在的洪森总理，都是中国人民的好朋友。他在柬埔寨同样从销售电器开始，又慢慢涉足投资电站，买下柬埔寨第三大发电站——马得望省发电站，又取得 15 万亩原始森林的特许使用权，从事橡胶种植，还开设了 2000 多平方米的正泰汽车修理中心。到了海外之后，他真正体会到，只有祖国强大了，海外游子才能挺起胸膛，祖国永远是最大的支撑。2004 年，他与柬埔寨亲王谢辛结下友谊。他捐赠的柬埔寨亲王赠送的吴哥窟图案银盘，见证了中柬友谊，也说明个人的命运与祖国的强大息息相关，个人的崛起需要独到的世界眼光。

2008 年，他组建了柬埔寨温州同乡会。现在，胡金林先生是浙江金三林实业有限公司总裁，柬埔寨中国商会副会长，温州同乡会会长。他在接受《温州日报》记者采访时说，他希望拥有更多的时间去完成"走遍世界"的梦想。

MegaBACE1000基因测序仪
走在基因科学前沿的
温州人

温州人商行天下，善行天下，更智行天下。在科技界、文学界、教育界、体育界、艺术界等各行各业中，不乏名流大家。院士群体作为科技领域的杰出代表，体现了温州的学术高度。本文为您介绍的，是一位走在基因科学前沿的温州人，及其捐赠给世界温州人博物馆的"MegaBACE1000"基因测序仪。

→
"MegaBACE1000"基因测序仪

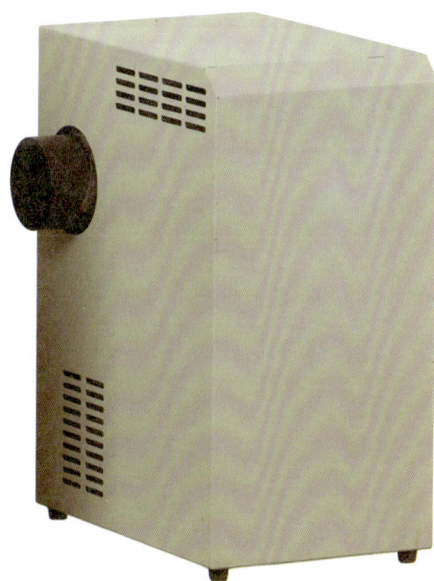

捐赠"MegaBACE1000"基因测序仪

世界温州人博物馆陈列展示文本大纲出来之后，温州市委统战部曾邀请温州市科技界、文学界、教育界、体育界、艺术界等行业负责人参与展品征集讨论会。市科技局与科技协会除积极提供资料线索外，还积极联系科技界院士及其家属捐赠展品。据温州市科技局与科技协会统计，截至2017年，温籍中国科学院院士（学部委员）24位，中国工程院院士3位，共计27位两院院士。从大气科学到地质科学，从数学研究到材料物理，从细胞遗传到基因组研究，温籍院士在多个重要研究领域默默耕耘，取得重大成就。同时，温籍科学家还有多人获得其他国家和地区的院士称号。杨焕明即是获得外国院士称号最多的院士之一。

杨焕明先生得知信息后，主动联系温州市委统战部，并利用回家乡开会、探望好友的时间间隙，联系展品征集负责人，就如何把如此沉重的仪器从北京托运回温州问题进行对接。

据介绍，这台"MegaBACE1000"基因测序仪体量不大，1立方米左右，但却很重，这与它的制作材料有关。它是由美国Pharmacia公司生产的一种高通量的DNA测序仪。利用这套测序仪，可以进行DNA测序、遗传分析等相关研究，在最初进行基因测序研究时是比较先进的。随着研究的发展，它的局限性也逐渐显现，如今有了更为先进的DNA测序仪。

杨焕明及其基因研究成果

杨焕明，1952年出生，乐清人。基因组学家，中国科学院院士，发展中国家科学院院士，印度、德国和美国国家科学院外籍院士，中国医学科学院教授，华大基因理事长、华大基因学院院长。

杨焕明1978年毕业于杭州大学，1988年获得丹麦哥本哈根大学博士学位，之后在法国、美国从事博士后研究。1994年，他回到中国，进入中国医学科学院暨中国协和医科大学工作，致力于参加人类基因组计划。2000年，担任国家863计划"功能基因组与蛋白质组"重大项目首席科

学家。2002 年，杨焕明被《科学美国人》评为年度科研领袖人物。2003 年出任中国科学院北京基因组研究所所长。2007 年当选中国科学院院士。2010 年获得人类基因组组织卓越科学成就奖。2017 年获得全国创新争先奖。他一直从事基因组科学的研究，带领团队创建了"北京华大基因研究中心"，领衔完成了"人类基因组序列图"和"人类基因组单体型图"的"中国卷"，为中国的水稻、家鸡、家蚕等大型基因组，以及"非典"病毒等微生物基因组的研究做出了重大贡献，为中国基因组学规模化研究的发展起到了重要作用。截至 2017 年，在国际刊物上发表论文 100 余篇，多项研究成果发表于《Science》《Nature》等。代表著作有《解读生命丛书》《"天"生与"人"生：生殖与克隆》《破解遗传密码》《基因组学 2016》等。

支持家乡科研工作

杨焕明院士一直对家乡的科研工作非常关心支持。据介绍，温籍中国科学院院士、中科院北京基因组研究所研究员杨焕明及其团队与温州医科大学开展科研合作已一年多时间，现成为温医院士专家工作站成立的首个签约伙伴。之前，温州医科大学就牵手附属第一医院与杨焕明院士及其团队合作成立温医华大生殖遗传研究所，开展胚胎种植前遗传学诊断技术和第三代试管婴儿的研究工作。目前，温州首批院士专家工作站已经在温州医学院揭牌，这是温州市建立的第一家院士专家工作站，同时也是浙江省首批院士专家工作站。该工作站将对接中国科学院、中国工程院进行全面合作，搭建高水平创新平台，建立与"两院"院士及其团队的长效科技合作机制。

杨焕明院士捐赠的"MegaBACE1000"基因测序仪，是温州人智行天下的象征。在科学技术日益重要的今天，它无疑将激励一代代温州人勇攀科技高峰。我们相信，将有更多的温州人走到世界科技的前沿阵地。

百岁老华侨的依依乡情

《澄衷蒙学堂字课图说》本是清晚期上海名校澄衷蒙学堂所编纂的语文课本，后来作为优秀的启蒙教材通行于全国，扩印很多，乃至流传到了国外。这本民国初年出版的《澄衷蒙学堂字课图说》，是一位百岁老华侨少年时代的识字课本，珍藏了八十多年。

→
翁正存捐赠民国《澄衷蒙学堂字课图说》识字课本

沈（去）

上 平音審姓也
去音酖不浮曰沈　沈著　浮沈
音鴆投物於水也

直深切沈水污泥也故物在水中曰沈乃懸切水死為溺溺弱也引申之以物投水中曰沈水所困弱不自勝也引申之凡懦者皆曰溺讀直禁切以物投水中曰沈式任切古國名為外物所困而沈溺不反者皆曰溺周文王子聃季食采於沈子孫曰聃奴弔切同屨以國為氏

溺（去）

入音怒困於水曰溺　沈溺　溺
鳥去聲

衰廉切水敝為淹言水潦壞物淹者止而不流之水敝留滯留滯則有長久之意故淹又訓久

淹（平）

音醃沈沒於水曰淹　水淹
海留

沒（入）

音歿溺水曰沒　沒有

莫勃切沒沈也物沉於水則不見故亦訓無如史記乾沒俗謂二水合流混清不清也引申為凡不清之偁

渾（平）

音魂水濁曰渾　渾濁

户昆切渾渾流聲也與混略同胡男切涵水澤多也引申潤澤多也引申為渾更申申為涵泳之涵

涵（平）

音含廣容曰涵　包涵　涵泳

言所容受為涵容之涵又如沒階沒齒是語沒有是無則必盡故又訓盡能見故亦訓無如史記乾沒俗謂

温州"采宝团"收获感人故事

2018 年 6 月下旬，世界温州人博物馆赴欧展品征集"采宝团"一行，受命率团赴欧洲法国、荷兰、意大利三国征集世界温州人博物馆展品，所到之处受到侨界的热烈响应和大力支持。"采宝团"一行不仅收获了浓浓乡情，也收获了许多侨胞感人的家史与故事：它穿越时空，穿越历史，让人在回味这些曾经沧桑的同时，或会感受到今天的阳光特别明媚与灿烂。在法国华侨华人会主席任俐敏的陪同下，展品征集小组一行拜访了百岁老华侨翁正存先生。

翁老先生居住在巴黎乡下，家有独立院落，可能是久违乡音，当见到家乡客人登门造访，犹如回到少年时代，满口瓯腔打开了他的话匣子，兴奋之情溢于言表。交流中，他知道"采宝团"一行的来意，立马翻箱倒柜寻找他的珍藏。早年出国持有的旧护照、早期学习法文用过的字典、新中国成立后回国参加国庆活动和中央领导的合照……房屋尽头的一张案几上摆放着一尊中国妇女形象的雕塑。老人说，那是他母亲的形象，是让在法国学艺术的一位中国留学生 30 年前为其母亲特地制作的铜雕塑像，让他在异国他乡能时时陪伴她，感恩母爱的伟大，也寄托一份不舍的乡恋。

漂洋过海谋生历尽艰辛

翁正存 1919 年出生于瑞安仙岩。1936 年，17 岁的他漂洋过海，只身来到法国投靠亲戚、谋生打拼，历尽艰辛困苦。因时值二战，在欧洲纷飞的战火中求生存尤为不易，更何况是没有社会地位的华侨华人，有时为躲避身份怕洋人认出是中国人，只能谎称自己是越南人而避嫌（当时越

南是法属殖民地）。由于出身贫寒，出国时一字不识，到了法国之后，他就购买了一本民国初年出版的《澄衷蒙学堂字课图说》。这本书是晚清时期上海名校澄衷蒙学堂所编纂的语文课本，后来作为一部优秀的启蒙教材通行于全国，扩印之多一时无二，乃至流传到了国外。翁老利用业余时间艰难地学习中文，为的就是不忘老祖宗和中国文化。在少年时期的艰辛岁月中，他一面学习中文，一面学习法文，做过数不清的苦力活儿，终于在法国华人中立稳脚跟。30 岁过后，他才在当地娶了一位犹太妻子。在当年的法国，数以百计的犹太女性为了躲避二战迫害而嫁给底层的中国侨胞，翁老的妻子就是其中一位。时隔多年，在翁老收藏的百对中犹夫妻合照中，只剩下他自己依然在世，目前世界温州人博物馆展出的这张合照由法国法华工商联合会第 12 届会长戴安友先生捐赠。法国老伴已先他而去，子孙辈都在法国不同城市生活工作，老人生活起居自理，有个女儿每周会来看望并照顾他。

百岁华侨牢记家国情怀

翁正存先生是法国温州侨胞中年纪最大的百岁老人。是 1947 年"法国华侨工商互助会"的创始人之一。他是侨界活动的热心人，曾担任过该会的监事长，见证了这个法国最早成立的侨团的兴衰更迭。现在，他的后代都出生在法国并已深深融入了当地社会，祖辈那遥远的中国家都成了他们淡淡的口述印象。

在交谈中，翁老特意拿出一本年轻时期在法国为学中文所买的识字课本，书的纸张都已发黄，温州博物馆老馆长金柏东先生现场鉴定这本书是民国初年出版的，已有近百年历史。翁老一面翻

着书一面诉说着他所经历的如烟往事，因他出国时目不识丁，就利用业余时间开始艰难地学习中文，为的是不忘老祖宗和祖国文化。临别时，翁老特意将这本保存几十年的中文识字课本交给我们，捐献给正在筹建的世界温州人博物馆，以表达他那代侨胞对这项工作的支持。接着，翁正存又从抽屉里拿出一面叠得很整齐的五星红旗，缓缓披在自己的身上，要求与展品征集小组合照。他激动地说："自己活了100岁，终于等到了祖国强盛的这一天，开心啊！"这发自内心的话语，表达了一位世纪老人对东方祖国今日强盛的那份发自内心的自豪。此情此景，令在座者热泪盈眶。只有历尽世事沧桑的客居海外的侨胞，才会真正从内心感知跨越一个世纪之后的今天，做一名中国人的骄傲。

留住文脉，正是这本《澄衷蒙学堂字课图说》识字课本家国情怀的体现。

华侨胡允迪442封家书

讲述一个家族的
欧洲奋斗史

文成县玉壶镇是温州著名侨乡。上世纪 30 年代，瑞安、文成、永嘉等县的农民、手工业者纷纷移居欧洲谋生，形成一股热潮。玉壶镇的胡允迪即是这支庞大移民队伍中的一员。他本人及其家族在欧洲的奋斗史是温州华侨史的缩影，而胡立松捐赠给世界温州人博物馆的 442 封海外家书，见证了一个家族在欧洲的奋斗历程。

→
胡允迪家书

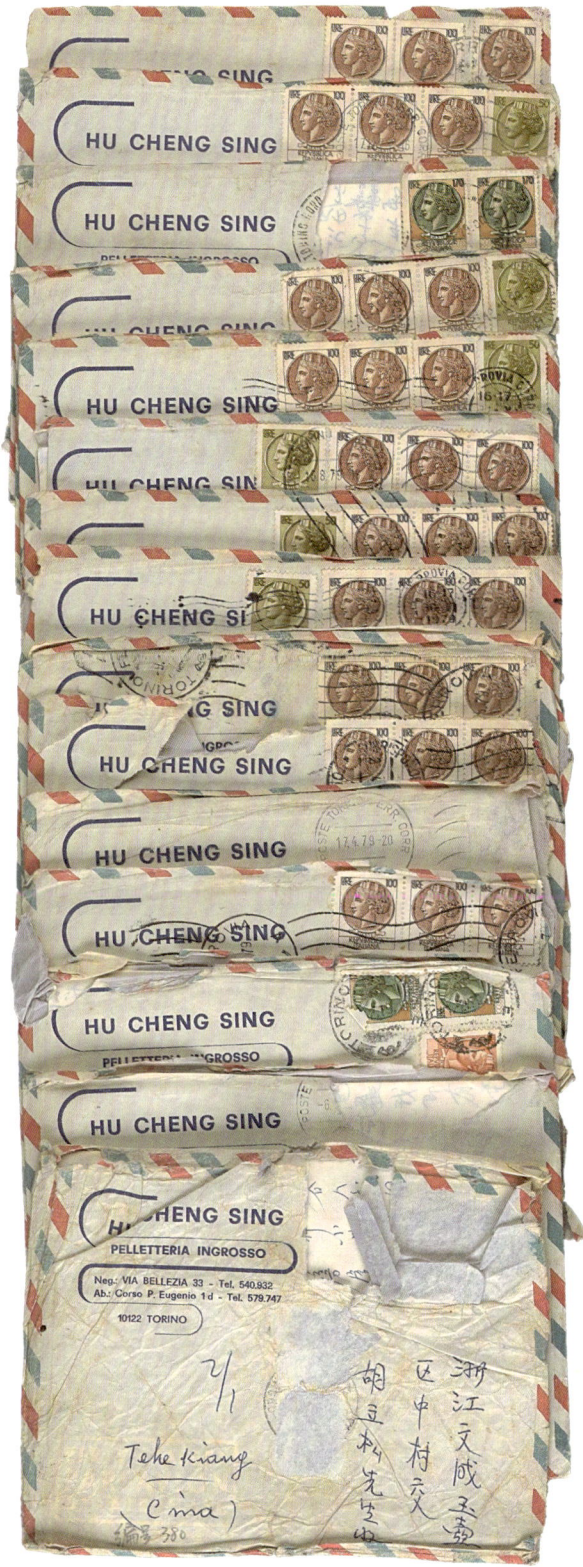

委託代領書

義委字第二六〇號

胡允廸

胡志賢　君（現在義大利　地方）代領本人應領

駐義大利大使館轉發義政府賠償戰時在義財產損

失賠許義幣　拾伍萬　品耳整茲特出具委託代領書

為證

又此項賠數經代領人民領後本人如因故未能收或發生任

何糾葛與駐義大使無涉不得再請補發特併聲明

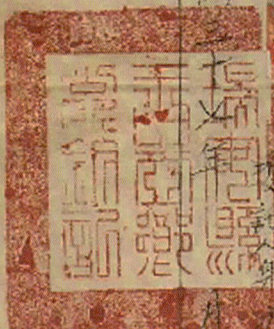

中華民國

委託人（中文姓名）

委託人（西文姓名）
胡永廸　Hu Zhengiang

縣文神鎮公所証明

相先經查屬實

日具

↑
胡允迪证件

希望给家书一个"家"

2018 年 3 月 15 日，文成旅意侨领、都灵华侨华人联谊会顾问胡立松先生，积极响应世界温州人博物馆展品征集倡议，捐赠了一批家藏"宝贝"。其中包括 1997 年温州市华侨华人研究所编《胡允迪家族侨谱》、2003 年温州市归国华侨联合会所编《胡允迪先生纪念集》、2010 年文成县玉壶镇归国华侨联合会编《胡立松影集》、2015 年《纪念胡允迪先生百年诞辰》纪念册等书籍。尤为重要的是，胡立松先生带来了一批他与父亲胡允迪 1958 年至 1985 年，20 多年来飞雁传鸿的一批珍贵家书，主要是胡允迪先生从意大利寄回国内的家信。经初步清点，实际数量为 442 封。

"家书抵万金"，对于捐赠者胡立松与他的父亲胡允迪来说，这批书信是联系胡允迪先生与国内亲属的精神纽带。85 岁高龄的胡立松希望给这些珍藏一个"家"，给后辈留存一条思亲寄情的纽带。翻阅家书，记录在字里行间的家长里短，描述了胡允迪为创业漂洋过海闯世界的点点滴滴，记载了胡氏家族在外创业的艰辛，更流露出先辈报答桑梓的拳拳之情。胡允迪所开拓的异国创业之路，整整绵延了五代，目前家族里旅居海外的亲属达 500 余人。

筚路蓝缕的欧洲创业史

据胡允迪的孙子胡小秋介绍，胡允迪（外文名 Hu Cheng Sing)1914 年出生于文成县玉壶镇，是当地第一代旅意老华侨、老侨领。

1933 年，年仅 19 岁的胡允迪为了养家糊口，带着一个背包和一双草鞋，离妻别子，从上海乘坐 41 天轮船，于次年春天抵达意大利米兰。

刚到国外，语言不通，又没技术，胡允迪只能摆地摊、做苦工，沿街叫卖领带来糊口。1938 年，他把积攒下来的钱寄回文成，在玉壶街尾建造了一幢 5 间两层楼的木楼房，随后于 1947 年回乡定居。1956 年，随着意大利皮革兴起，胡允迪决定再次出国。凭着十多年闯荡异国的经验和善于经商的头脑，他在意大利都灵先后开起了皮革公司和餐馆。两年后，妻子也前往意大利一起打理生意。

在此期间，尽管入境证件难办，胡允迪身边的老乡还是越聚越多。他在一封 1980 年 2 月 1 日的信中写道："近闻有很多人的工照（工人申请许可证），未得内政部批准，当局人员嘱我每星期报罗马内政部一个，未知今后如何……立苏（胡允迪侄儿）看他们都有证，他还没有，心中坐立不安，但我想不出主意，每日电话东打西打，都没办法……"在胡小秋眼里，爷爷那一代的温州人走出去，更多是一种谋求生存的手段。南洋和欧洲，是当时温州人外出的主要目的地，侨团、会馆从那时兴起，"亲戚带""朋友帮"成为那代人抱团发展的纽带和桥梁。

"那时，爷爷隔一段时间就往老家写信，我也很想出去看看。"提起老信件，胡小秋倍觉亲切，几乎每一封他都仔细看过。1979 年，中国大地正经历着拨乱反正，17 岁的胡小秋踏上了赴法国创业之路。从文成老家坐汽车到温州市区，再坐轮船到上海；从上海坐船到广州，再乘火车到香港；从香港坐飞机到法国，最后飞往意大利。跟爷爷那一代相比，行程时间虽缩短了不少，但一路依然奔波曲折。

"刚到意大利，我就帮着爷爷销售皮包。当时最大的困难是语言不通。"有了爷爷的帮助，生存立足并不太难，边学边做，晚上还学习语言，胡小秋很快也就适应了。就这样干了几年，1981 年，

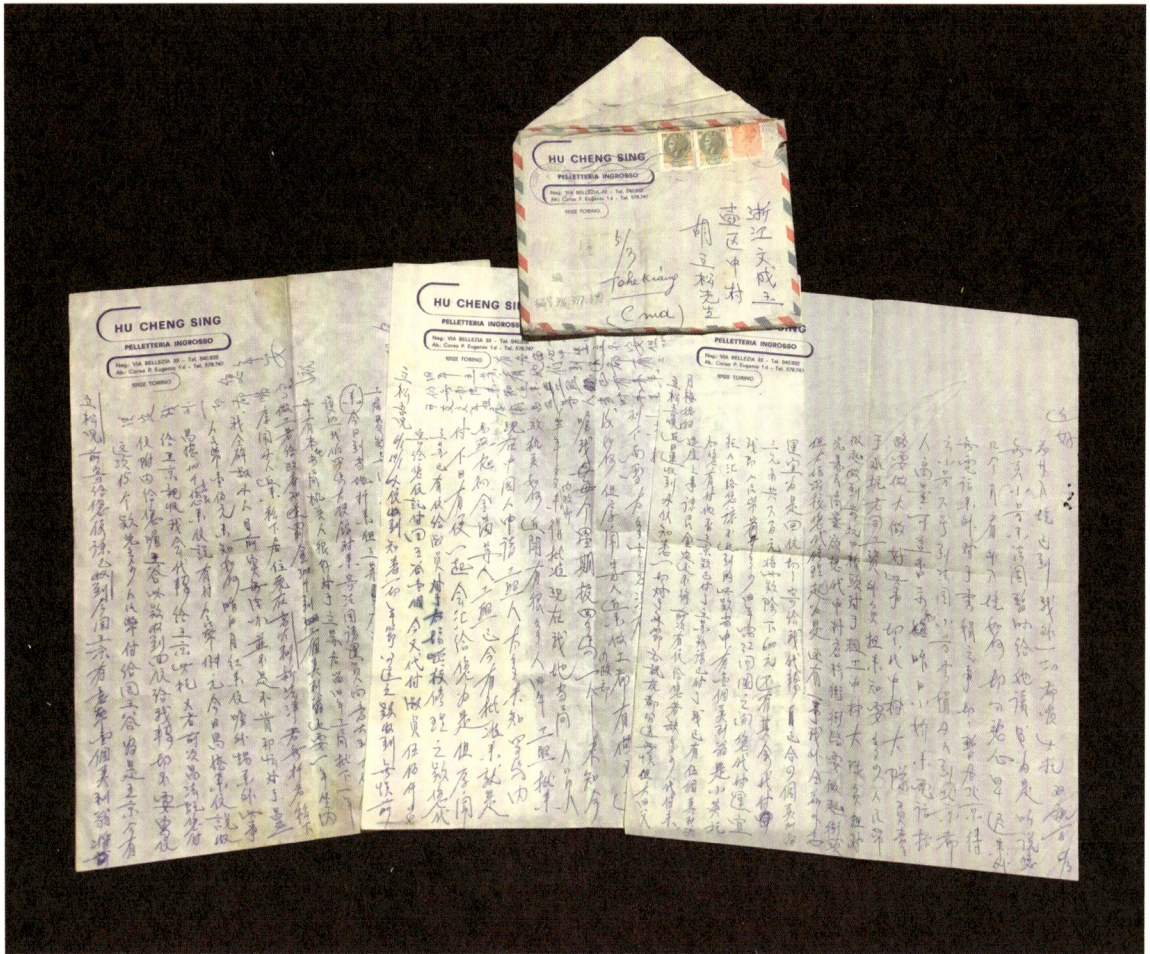

↑
胡允迪写给儿子胡立松的家信照片

胡小秋跑到法国里尔市，在爷爷和岳父的帮助下，做起了皮包批发生意，生意也越做越好。

1984年，温州被确立为首批沿海开放城市后，人们出国的热情一浪高过一浪。眼见着身边好多亲人都出去，在文成教了30年书的父亲胡立松，也于1986年背起行囊，飞到意大利。第二年，胡小秋从法国返回意大利，一家三代在意大利团聚。胡小秋开了一家名为"熊猫餐馆"的饭店，并越做越大，之后又做起了食品批发。胡立松告诉笔者："我离开家乡已经有35年了，我的直系亲属目前已全部旅居西欧，只有一个90岁的小姑妈还在玉壶。"

如今，对胡氏家族来说，在意大利经过80多年的奋斗，已成长为意大利乃至欧洲华人社会中颇具名望的大家族。胡小秋不但参与华人事务，还参与创办了华人媒体《欧洲侨报》，并经常为文成老乡提供各种帮助。为了让子孙后代知道自己是炎黄子孙，胡立松每年清明节都会带子孙回文成老家祭祖。

68万余温州人海外闯世界

"胡允迪代表了众多温州人早期下南洋、闯欧洲的经历。"温州华侨华人研究所的苏虹为胡允迪家族编撰了家谱。1986年，"都灵华侨华人联谊会"成立，年逾古稀的胡允迪被推选为名誉会长。在他的带领下，华侨们纷纷资助家乡建设。

胡小秋的二儿子叫胡朝华，1983年出生于法国，现在米兰从事贸易工作，担任米兰中意商联执行会长，也更熟悉当地生活。胡朝华的朋友圈里有很多到各国采购商品的照片。"我现在满世界飞，食品采购来源遍布世界各地。"胡朝华说，身边的好多朋友，父亲一代从中国出来，他们这一

代则是当地出生，当地成长。

和胡朝华有类似经历，中意商联会会长宋胜仲也是一名80后，父辈一代移民海外，他自己也没有照着上一代人的路子走下来，而是做起了新能源生意，这是一个华人世界里的全新行业。机遇蕴藏在变革的时代里，温州人谋定而后动。

"随着市场发展，传统行业也越来越难做，前些年，我们来到几内亚，感觉这里还有新的机遇。"洞头人许经权早些年跟亲戚闯欧洲，近几年在几内亚开起了宾馆。如今38万温州人分布在"一带一路"沿线57个国家和地区，新的故事每天在发生。

有的把家族事业做大，也有的去新兴市场开拓。包瑶华，选择了另外一种路径：从小在温州市区长大，从北京知名高校毕业后，到英国牛津大学研修，最后留在当地从事金融科技。"在我的身边，也有很多年轻人，大家用微信交流非常方便。"

从当初的信件，到如今的微信群，闯世界的温州人，有了更加便捷的交流方式。68.89万温州人闯海外，350多个海外侨团满世界，他们在温州与世界之间搭建起一座座桥梁。胡朝华常来参加家乡的"寻根"活动，包瑶华的另外一个头衔是"温州政协海外特邀委员"。作为中华民族伟大复兴的"追梦人"，无数爱国华人华侨共同见证了祖国翻天覆地的变化，也见证了侨乡人民生活水平的日新月异。

一只碗和三个妈妈的故事

张达义是一位身份特殊的华人，有中国和法国两个祖国，有法国生母、法国养母和中国养母三个妈妈，他非同寻常的经历，演绎了一段跌宕起伏的侨胞个人家史，更见证了中法两国民间的一段不同寻常的交往史。这只描金粉彩龙凤纹瓷碗，是张达义少年时代使用的餐具。它背后的故事，还得从世界温州人博物馆"采宝团"赴欧洲征集展品的活动讲起。

→
张达义捐赠民国描金粉彩龙凤纹瓷碗

一只碗和三个妈妈的故事

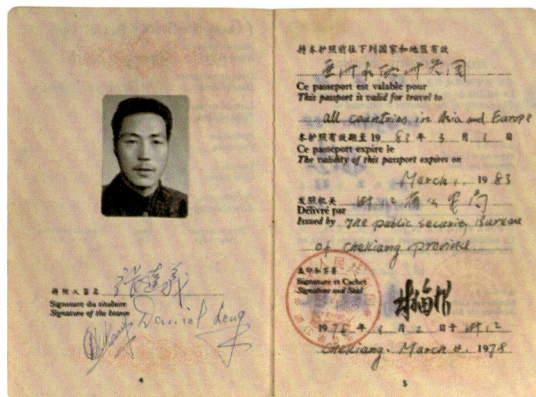

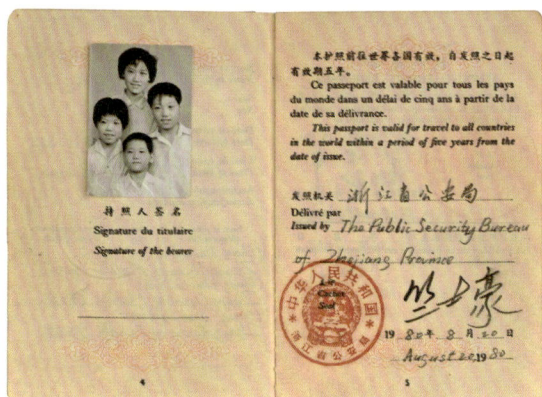

张达义的三位母亲

2018 年 6 月下旬，世界温州人博物馆赴欧展品征集"采宝团"一行四人，在旅法侨领蔡足焕和蔡金木先生的陪同下，拜访法籍华人张达义先生。

张达义祖籍瓯海丽岙，时年七十开外，长着一副典型的混血儿面孔，身体伟岸，气度轩昂。他的亲生母亲 Leocadis 是波兰籍法国人。1935 年，张达义的父亲从家乡丽岙山沟出行，远渡重洋来到法国谋生，娶了善良温柔的法国姑娘为妻。不幸的是，张达义出生不到两年，生母就因劳累而病逝，母子从此阴阳两隔，仅仅留下那张他还在襁褓中的母子合照，定格在他一生永恒而痛苦的记忆之中。

当时欧洲刚结束二战，百废待兴，困苦无助中的父亲含着悲痛托请一位法国人当他的养母，含辛茹苦喂养这个中国孩子到十来岁后，父亲于 1955 年把他送回中国寄养在老家丽岙农村的另一位养母家里。当时因国内的政治气候等原因，张

达义一回来就很难再回到父亲身边，历经各种运动和"文革"动乱，他只能仰天怅望苦等出路。父亲远隔重洋而思亲心切，于 1970 年带着深深的眷恋归国与这个幼年失母的儿子团聚，并在老家叶落归根安度晚年直到 1978 年去世。临终前，父亲嘱咐儿子张达义一定要找机会再回法国看看，虽然亲生妈妈不在了，但还有法国的养父养母和外婆家的亲人。

直到 1978 年，恰逢改革开放的春风，张达义终于盼到了使馆签证。1979 年，他在处理完父亲后事后再度回到离别 25 年之久的出生地法国。到法国后，他做的第一件事就是千方百计寻找自己的养父母。

苍天不负有心人。张达义凭着小时候的记忆与不懈努力，终于通过邻里的通信名册找到了两位再生父母。当时，他的法国养父已是九十高龄老人，医生曾告诉他在世时间不多了，他说我见不到我中国的儿子回来是不会瞑目的。信念让这位已病入膏肓的养父苦苦等待，终于等来和养子团聚的这一天，不到半年他就安详离世了。他的

法国养母于 1985 年去世，临终前把一个从小喂他吃饭的瓷碗和汤匙交给了这个中国养子作为永别的纪念。

赤胆忠心回报社会

1980 年代初，重回出生地法国的张达义先生感想多多，他在内心深处立誓要干出一番事业，不负父老乡亲特别是自己的三位母亲。他从头开始，以温州人的刻苦精神艰辛创业，办厂经商，边学边干，逐渐融入法国社会。他同时联合乡贤一起创办法国法华工商联合会，担任过第三届会长，积极参与侨团活动和祖国家乡各项事业。他的特殊出身背景，让他成为增进中法两国友谊交流的民间使者，做了许多好事，留下了很好的口碑。

身在法国的他也时时想念着中国养母，经常托人寄钱寄物、嘘寒问暖以报答养育之恩，直到亲自为养母送终尽孝。

在与"采宝团"一行人私下交流时，张达义深情地从家中玻璃柜里，小心翼翼地取出了法国养母从小喂他吃饭的瓷碗和汤匙餐具，说他已保存了几十年，这是他一辈子如同生命一样珍贵的永恒纪念。

张先生和三个中外妈妈的故事催人泪下，震撼心灵。这出人间大爱的故事不仅演绎了一段跌宕起伏的侨胞家史，更见证了中法两国民间的一段不同寻常的交往史。

临别时，"采宝团"提出能否征集这个有故事的瓷碗、汤匙和那本 1978 年签署的有时代印记的出国护照时，张先生说需要考虑一下再答复，此时，他对这些有生命温度的物品所产生的那种不舍情感是可以理解的。

当日深夜，展品征集"采宝团"成员、温州市委统战部原副部长潘一新在宾馆便收到张达义先生的微信，同意将这些收藏交给世界温州人博物馆作为展品陈列，并连同他上世纪 80 年代创业初期使用的一台手动打钉机械一同捐出。

张达义，这位身份特殊的华人所捐赠的描金粉彩龙凤纹瓷碗，将作为中法两国友谊的见证被永远珍藏。

青田石雕狮子舞绣球摆件等

从木雕艺人到法国华人历史学家

在向世界温州人博物馆捐赠展品的华侨中，捐赠数量最多、所赠展品又以书籍最多的是法国欧华历史学会会长、知名旅法艺术家叶星球先生。上世纪 80 年代旅法之前，叶星球在国内从事的是黄杨木雕。赴法定居后，他先是转型做旅游纪念品，再成功转型为法国华人历史学家。这期间经历了怎样的历程？本文介绍的上世纪 30 年代青田石雕狮子舞绣球摆件和法国努瓦耶勒市诺莱特华工墓园为感谢叶星球对一战华工历史研究所做贡献赠送的市锁，将为您解开这个谜团。

→
20 世纪 30 年代青田石雕狮子舞绣球摆件

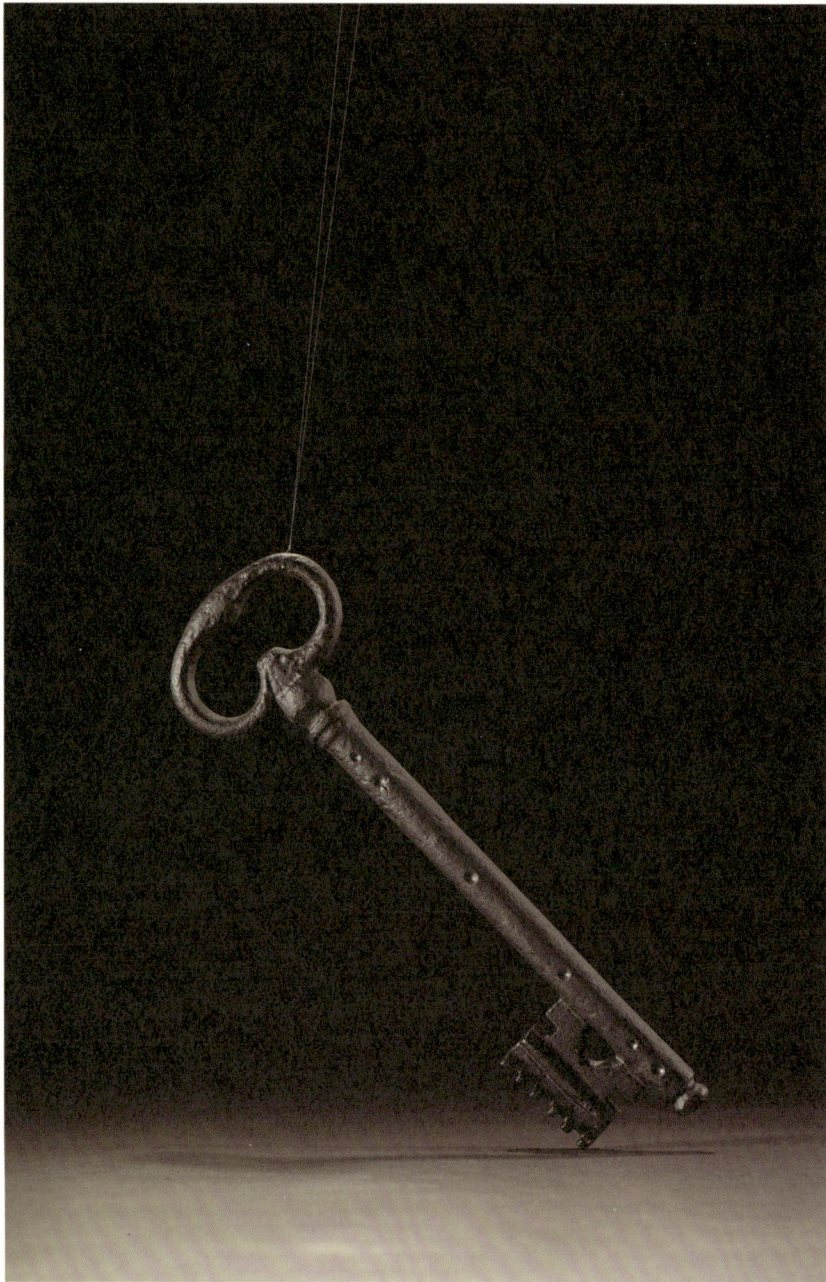

↑
法国努瓦耶勒市诺莱特华工墓园为感谢叶星球对一战华工历史研究所
做出的贡献赠送的市锁

多次捐赠展品共计 194 件

潘一新先生在《访欧"寻宝"之六·藏在勋章背后的温州人故事》一文引言中，这样写道："欧洲征集展品之行让我们收获多多：老华侨过去的生产用具和生活用品、侨团社会活动的历史文献、尘封的家书和旧护照等等，都将丰富世界温州人博物馆的展品。在走访中我们发现许多侨领身边保存的那些勋章奖牌，熠熠生辉，十分宝贵。因为，它印证和折射了侨胞通过自身努力，积极融进当地主流社会并得到认可所体现的一种自豪和成就。"他重点介绍了原第六届旅荷华侨总会会长梅旭华、荷兰文成同乡会灵魂人物胡志光和法国欧华历史学会会长叶星球，以及他们各自荣获的荣誉勋章。其中，叶星球先生是法国"国民之星勋章"和"巴黎市荣誉市民"称号的获得者。在巴黎，他为世界温州人博物馆捐了近百件自己保存的文史资料和证物。其中，最为醒目的是他那几枚奖章和证书，还有 1930 年代青田石雕狮子舞绣球摆件等。此后，叶星球利用回国省亲机会带回数十件展品，又托人陆续带回一些展品，其热情令人感动。

叶星球十分重视捐赠的两件青田石雕工艺品——上世纪 30 年代的青田石雕狮子舞绣球摆件和 20 世纪初青田石雕喜上眉梢笔筒摆件。

青田是中国著名的华侨之乡、石雕之乡。青田石雕是指以青田石为材料雕制而成的中国传统工艺品。1920 年至 1922 年春，温州各地曾掀起了出国热潮，这个时期的温州人大多去往日本做工、行商。1935 年至 1936 年，温州各地出现了第二次出国热潮，这个时期的温州人大多前往法国、荷兰、意大利等国做工、行商。而这些早期出去的温州人和青田人（在欧洲大多称自己为温州人），大多都会带上一些青田石雕、瓯绣等物件，到异国贩卖赚取自己的"第一桶金"。

这件青田石雕狮子舞绣球摆件，很可能就是当时流传到法国的。与当今风格多样的青田石雕艺术作品相比，实在是再普通不过，雕刻的题材是我国民间春节常见的舞狮活动，惟妙惟肖，幼狮和圆球巧妙地利用了原石呈糖红色这一特点，属于巧色石雕。

早期出去的温州人和青田人，既是当时底层谋生者，也是中国的传统文化的传播者，如舞龙灯、舞狮子等传统民俗活动，从事木雕、石雕、瓯绣等手工艺术。据叶先生介绍，他收藏这件青田石雕狮子舞绣球摆件已有一段时间，捐赠给世界温州人博物馆的目的，是为了让观众体会到早期侨胞在国外谋生的艰辛与不易。

成功转型研究法国华人历史

叶星球，乐清磐石镇人，1953 年出生，家中老大，还有两个弟弟和一个妹妹。南京艺术学院美术学研究生毕业，文学硕士。1980 年旅法之前，叶星球先生在国内从事的是黄杨木雕。手艺承自他的外公王少石。擅长木雕、石雕、浮雕、仿古画等工艺，同时带徒授艺，并把生意做到上海，因此，还娶到了一位上海姑娘。

1980 年 8 月 5 日，叶星球以旅游者身份到达法国，并在巴黎定居，在市政府旁边开了一家旅游纪念品批发商店。店的后面是蓬皮杜文化艺术中心，离毕加索纪念馆、雨果故居等名胜场所，才一步之遥。过去，在巴黎经营旅游纪念品的多为法国当地人，外国人很难涉足。叶星球却不信邪，凭着他以前的工作经验、自己对工艺美术的鉴赏能力和温州人吃苦耐劳的精神，开创了华人经营

↑
陈学普与叶星球合影

→
2010 年叶星球、江敬世著《法国一战老华工纪实》
2018 年叶星球著《法国华人三百年》

旅游纪念品的先例。他除了从法国工厂批发进货外，还自行设计和加工了许多新产品，风格独特，备受顾客欢迎，把个纪念品商店经营得有声有色、红红火火。

在资本略有积蓄之后，叶星球并未耽于商业，他开始找寻巴黎甚至法国能给自己的艺术素养。著名收藏家、画家吕霞光 1984 年在巴黎国际艺术城购买"吕霞光夫妇画室"，无偿捐献给中国美术家协会，为艺术而来的叶星球成为这里的常客。他与旅法的艺术家、中国派出的艺术家，有了交流、接触。在这个过程中，他们发现，法国华人史是一片空白。

温州人就有探索求新的精神，叶星球开始琢磨这个问题。他参与创办了华侨华人会，这是一家旅法俱乐部，是中法建交后第一个华人机构。他与友人叶骏于 1994 年注册成立欧华历史协会。为了更好地开展法国华人历史研究，不定期出版

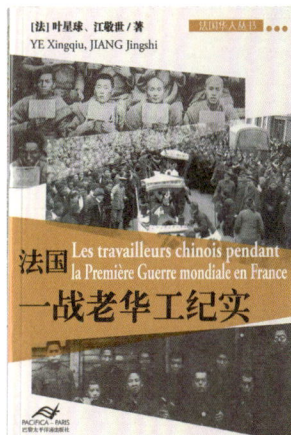

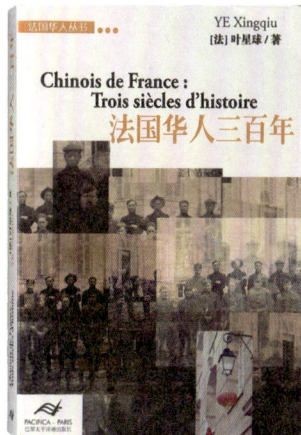

《欧华侨志》，系统介绍法国华人历史。

从一名工艺美术艺术家，到一个经营旅游纪念品的商人，是一个顺其自然的过渡，从一名商人，转而成为一位历史学家，这个跨度可不是一般人能够跨越的。

1990 年，叶星球在法国创办龙吟诗社，当过两届会长，现在还出任《龙吟杂志》主编，并成为中华诗词学会会员。对于文学艺术的爱好，有机会就会圆梦，让梦想绽放。年轻时埋下的文学种子，终于在历史里找到土壤，平日里一有空就不忘吟诗作画的叶星球，从此更孜孜不倦于法国华人史，他在历史的土壤里深耕，那颗文化之种子终于发芽，并开出了美丽的花朵。

自 1990 年起，叶星球相继出版了《法国华人三百年》《法国一战华工纪实》《法国华人华侨社会发展简史》和《一叶诗集》《巴黎萍踪》《诗情画缘》等。《法国华人寻踪》和《法国华人三百年》这两本书，如实记录了法国华人的过去，反映了法国华人的奋斗历程；而书籍所提供的图文史料，则将可以提供给华侨华人研究工作者以翔实有力的参考。法国、比利时的 70 个墓园里有华工长眠，欧洲最大的华工墓园——法国努瓦耶勒市诺莱特华工墓园里葬有 800 多名华工。该墓园为感谢叶星球对一战华工历史研究所做出的贡献，特别赠送他一把市锁。由于他的贡献，1999 年叶星球获得了巴黎市荣誉市民称号。2013 年 4 月，他又获得法国"国民之星"勋章。2017 年荣获巴黎六区荣誉市民称号。法国"国民之星"是由法国政府批准的一个荣誉制度，设立于 1930 年，旨在表彰在不同领域做出贡献的杰出人士。

叶星球说自己依然会在历史里扎根。他认为，对一个国家而言，文化资源越丰富，竞争力就越强，他愿意肩负起重任，做一名文化的使者。

世博会中国馆
一大"亮点"

在世界温州人博物馆的展厅里，骨雕龙舟《一帆风顺》是最大型的展品之一，陈列在方形大独立柜里面，几乎占据半个展柜，显得格外引人注目。据捐赠者陈坚先生介绍，它曾是 1998 年葡萄牙里斯本世界博览会中国馆内最重要的展品之一。它又有着怎样的故事呢？

→
现代骨雕龙舟《一帆风顺》

宝船驾到！侨领陈坚捐赠骨雕珍品

2018 年 9 月 3 日下午，一辆大卡车专程从浙江省平湖市抵达温州博物馆，十几人在装卸车的协助下，才将一件捐赠品慢慢移下。纱幕揭开，长 2 米多、高 1 米多的捐赠品渐露真容：原来是一件代表一帆风顺的骨雕龙舟珍品。它，红木底座，似楼阁状的船体，高 5 层，每层上的人物或站立、或远眺、或舞蹈、或游赏，有锚、有桅杆，画面栩栩如生。

"这是 1998 年葡萄牙里斯本世博会中国馆的展品。当时展览结束后，我收购珍藏的。"捐赠者、葡萄牙华人企业联合会会长陈坚先生介绍说，得知家乡要建设世界温州人博物馆，特地将这件珍品从海外运回国内，又从平湖专门运至温州。

1998 年葡萄牙里斯本世界博览会的主题是：海洋——未来的财富。中国馆主要是以郑和下西洋为主题，展览一些当时的文物，这是中国东方海上丝绸之路与葡萄牙 500 年前向东方扩张的海洋船队遥相呼应，也是一次东西方文化的碰撞，对近 500 年世界历史具有推动作用。该骨雕龙舟是当时博览会上最重要的展品之一。

"温州也是海上丝绸之路的重要节点，反映海洋主题的藏品很有意义。感谢在外乡贤为世界温州人博物馆添加新的宝物。"温州市委常委、统战部长，世界温州人联谊总会常务副会长施艾珠为陈坚颁发收藏证书，对乡贤之举赞不绝口。"在全球范围开展世界温州人博物馆展品的征集，实际上是培育和打响温州的软实力，擦亮温州知名乡贤品牌，彰显有厚度、有温度的城市文化，从而在中国乃至世界上，获得更高的认同感和美誉度。"

葡萄牙建"中国城"回国做国际进口商品城

陈坚，1963 年出生，温州人，致公党党员，1980 年参加工作，助理经济师，29 岁出国。出国前，他在温州有一份大多数人羡慕的银行工作。源于内心的激情与憧憬，他毅然辞职下海奔赴海外创业，先是到澳大利亚，然后辗转匈牙利、荷兰，最后落脚葡萄牙。在葡萄牙，他开始了一种全新的人生。

在葡萄牙，他发现当地的商品流通领域被印度人垄断。"那么大空间的市场，居然没有中国人做。"陈坚意识到，机会来了。随后他主动跟着葡萄牙人跑集市，看当地人喜欢中国哪些东西。"当时每个城市都有一天时间可以让大家自由摆摊做买卖。大多是与生活相关的服装、小电器，交一点管理费就行了。"陈坚回忆说。就这样，每个礼拜天的上午，陈坚坐着公共汽车去摆摊做买卖。刚开始，陈坚卖的大多是手表、闹钟、打火机这种小商品，因为"葡萄牙人很喜欢"。

依托于浙江这个著名的轻工产品制造和流通基地，从 1993 年到 2000 年，陈坚的外贸生意越做越大，并在葡萄牙北部开办了第一家中国人的进出口商贸公司，开始涉足专业市场。随着生意逐渐壮大，越来越多的葡萄牙华人开始加入其中。2000 年，陈坚开始转做专业批发市场，他在葡萄牙的第一个"中国城"开幕；2002 年，又在里斯本郊区建了一个"中国城"。他在葡萄牙的批发零售生意做得风生水起，开启了中国人在葡国批发零售业的"黄金时代"。陈坚现任葡萄牙"中国城"集团董事长、葡萄牙华人企业联合会执行董事、平湖·国际进口商品城创始人、香都市场开发有限公司董事长。

25 年前，陈坚把"中国制造"销往葡萄牙，

→
陈坚获风云浙商称号

在葡萄牙建立了一个又一个"中国城"。25年后，回国报效桑梓，他在浙江平湖建立了国际进口商品城，把世界各地的优良产品带回中国。平湖国际进口商品城是陈坚回浙江投资的第一个大手笔项目，被列为浙江省浙商回归重点项目、浙江省重点建设项目和平湖市"十二五"重点建设项目。当初选址时遭到了很多人质疑，而今的平湖国际进口商品城已初具规模，不但是浙江长三角科技城的标杆企业，更是浙江对接上海的桥头堡。

陈坚还是一个古董收藏爱好者。在他的古董博物馆里，数万件来自全球各地的古董静静地躺着，仿佛在述说着岁月流转。展厅里每一件展品都在"百岁高龄"之上，有百年前的唱片机，200年前的古董衣柜，曾曾曾祖母的老熨斗，古老的收银机……原本只是一种收藏爱好，如今，陈坚

想把这些来自全球各地的珍奇异宝全部在进口城展览出来。他说，"这些古董从欧洲运过来大概有8个集装箱。"骨雕龙舟《一帆风顺》是陈坚比较喜欢的一件收藏品，当他听说世界温州人博物馆需要重量级展品时，毫不犹豫地决定捐赠它。不仅自己捐出了宝物，陈坚还动员父亲为世界温州人博物馆捐赠藏品。

"无论走到哪里始终不忘家乡。"陈坚是众多海外成功创业的温州人之一。这些海外温州人以"敢为天下先"的"温州精神"成功创业，又以温州人特有的信仰与追求——最大限度地尽己所能，为国家为大众造福谋利。骨雕龙舟《一帆风顺》既是陈坚先生世界温州人博物馆的重要展品，也是他对温州这一"海上丝绸之路"重要城市的美好祝愿。

任俐敏法国巴黎荣誉市民勋章

胸怀大格局发挥
"侨"力量

多年来，在中法之间来回穿梭的任俐敏，见证了新中国从站起来到富起来再到强起来的历史飞跃，和众多海外华侨华人一样，他在法国拥有成功的事业，并一直用行动回报祖国和家乡。2019 年初，任俐敏蝉联法国最大侨团——法国华侨华人协会第 23 届主席。一枚法国巴黎荣誉市民勋章，见证了这位旅法侨领的风采与奉献。

→
任俐敏荣获的法国巴黎荣誉市民勋章

Monsieur REN

MAIRIE DU IIIe ARRONDISSEMENT DE PARIS

传奇人生，从商人到侨领

2019 年国庆节，法国华侨华人协会主席任俐敏飞抵北京，参加在天安门广场举行的国庆 70 周年大阅兵观礼。这是他与大阅兵的第三次"亲密接触"，第一次是 1984 年 10 月 1 日，时年 19 岁的他，是海军受阅部队的成员之一。从一名受阅的海军战士到参加阅兵观礼，任俐敏的角色在转变，不变的是那一颗炽热的爱国心。

任俐敏 1965 年出生于瓯海仙岩街道。"你可以默默无闻，但你一定要与人为善。"母亲送给他的这一句良言，是他事业成功的金科玉律。经历 90 年代的白手起家和之后的顺遂发展，过尽千帆的任俐敏牢记母亲的话，始终保持着一颗赤子之心。

1993 年，任俐敏怀着"赚大钱、当大老板"的淘金梦从温州来到法国。跟很多人一样，最开始的日子他靠打工养家糊口，每天在工厂流水线上一站就是十几个小时，拿着 6000 法郎的月工资。有一天，他发现自己连女儿的尿不湿都买不起，于是痛定思痛，离开巴黎北上创业，最后落脚在法国北部的一个中小城市。其间，正赶上"中国制造"洪水般涌进欧洲，物美价廉的商品，备受人们欢迎。创业的前十年，他几乎没有完整休息过一天，"一辈子的苦和累仿佛都在这十年间吃完了"。正是这 10 年，奠定了他今后的商业基础。10 年后，他裹挟资本和经验杀回巴黎，二次转型做起了时尚饰品的国际贸易。

从打工仔到大老板，从法国小乡村到时尚之都巴黎，从 35 平方米的零售小店到流行饰品批发市场，随着经商之路的顺风顺水，任俐敏的眼界、胸怀也随之改变。"我开始思考我的生活品质，开始重新审视作为一名华侨的意义。"从 1997 年加入法国华侨华人协会，到 2016 年被高票推选为法国华侨华人协会主席，任俐敏逐渐成长为一名具有远见卓识的侨领。

法国华侨华人协会的前身是成立于 1949 年的旅法华侨工商互助会，1972 年正式建会，1998 年 1 月 1 日更名为法国华侨华人会。作为旅法侨界最早的民间社团组织，协会在传播中华文化、兴办华文教育等方面取得了丰硕的成果，成功举办过各类大型经贸和文化交流活动，为旅法侨胞融入当地社会发挥了积极作用。历届法国华侨华人会主席有杨岳、朱守信、叶福澄、刘友煌、叶品云、韩天进、潘今照、杨明、林加者、林德标、陈胜武、池万升等。

牵线搭桥，维权发声促交流

任俐敏熟悉侨界事务，团结同人，勇于奉献，深孚众望，担任法国华侨华人会主席以来，重视华文教育，为"华二代"搭建更多平台，鼓励年轻人参政议政；以文化促交流，努力办好中文学校；借鉴法国的先进理念培养复合型人才，为中法合作打下人脉基础；与兄弟侨社共建"华助中心"，维护侨胞权益，发出侨社声音；以合作促发展，实现旅法侨界空前团结的大好局面，在爱国爱乡等各方面发挥了积极作用。

巴黎是欧洲第二大城市，是法国的政治、经济、文化、商业中心，也是旅欧浙商最为集中聚居的城市之一，目前约有 70 万华侨华人侨居在法国，大部分聚居在巴黎。

从地图上看，巴黎形似一只蜗牛，以 1 区、2 区为中心，呈圆形向外一圈一圈地扩散开来。巴黎 3 区是寸土寸金的地方，这儿离巴黎圣母院、巴黎市政厅、蓬皮杜国家艺术和文化中心等地方

↑
任俐敏

都在 10 分钟的步行圈内。任俐敏就在寸土寸金的 3 区置业安家，做时尚饰品等国际贸易。在这里，有条温州街，住有两三万温州人，满街通用的是温州话，华侨华人会经常有很多纠纷需要调解，有很多温州人（浙江人）遇到实际困难需要帮助或者提供咨询。2017 年 3 月 26 日，法国巴黎 19 区 fasheng 发生了青田华侨刘少尧在自己家门口，被全副武装的警察击毙的恶性事件。事件发生后，任俐敏领衔法国华侨华人会第一时间组织华人社团多次召开会议，多次与警方沟通交涉。当年 4 月 2 日，在象征着共和国价值的巴黎共和广场，任俐敏代表旅法侨界致悼词，代表旅法侨界对法国媒体的偏颇报道提出抗议，同时协助刘少尧家

属合法维权。"这事虽然是个例，但是它会影响旅法 70 万侨胞在法国的生活，包括下一代如何在这里生活下去。"另外，"国内企业初来乍到，人生地不熟，由于法律、思维等不同，甚至可能会水土不服。当地的华侨华人可以提供牵线搭桥、资金融通、法律援助、防范风险等方面的帮助，让国内企业少走弯路。"任俐敏说。由于工作业绩突出，任俐敏多次荣获巴黎 3 区荣誉市民称号。

法国华侨华人会定期举办中文班华语教育，组团回国探亲观光或举办夏令营；定期放映中国影片，每逢国庆节都会举办纪念活动，每逢中国传统节日都要举办音乐会、歌咏比赛、体育运动会等丰富多彩的活动。通过这些活动，激发大家的爱国爱乡之情，同时增进相互间的了解、团结和友谊。

法国华侨华人会开办的中文学校至今已经有 40 多年的历史，目前有 1200 余名华侨华人子弟在中文学校学习中文及中华传统艺术文化。中文学校还与温州市实验中学签约缔结成为友好学校，在师资培训、教育教学经验交流以及华裔青少年"寻根之旅"夏令营等方面开展合作，共同举办"月是故乡明"中外交流联谊会、"共绘同心圆，同叙中华情"中法学生网络联谊会，为中法温籍孩子相互了解架起沟通的桥梁。

在任俐敏看来，搭建中外交流的桥梁，最佳人选正是熟悉国内外情况的侨二代们，因为他们受中华文化陶冶，相比开疆拓土的父辈，和外国友人更具有共同语言，通过更容易被接受的民间话语体系，能让更多外国人了解中国和"一带一路"的愿景。在地地道道的温州人任俐敏眼中，历史文化名城温州及其所蕴含的南戏文化、瓯越文化等都将成为牵连起法国华人华侨与祖国同胞乡情的重要纽带。

潘世立海外华文教育杰出人士奖

架一座中意文化
交流的桥梁

　　在世界温州人博物馆的壁柜里，展示的两个制作精美的证书，就是意大利佛罗伦萨中文学校校长潘世立先生捐赠的展品，见证了他对发展海外华文教育事业和促进中意文化交流所做出的突出贡献。

→
2011 年 2 月 11 日潘世立参加意大利教育部全国会议
并介绍办学经验证书

2013 年 8 月 3 日协助发展中国家协会（COSPE）
成立 30 周年时颁发给中意文化交流协会长期合作友好协会
证书

Attestato di partecipazione al
Seminario Nazionale

a scuola di
mediterraneo
RIPENSARE L'EDUCAZIONE E LA FORMAZIONE
IN CONTESTI MULTICULTURALI

Rilasciato a: SHILI PAN

9-10-11 febbraio 2011 - ACICASTELLO (CT)

Direzione Generale per lo studente
l'integrazione, la partecipazione
e la comunicazione
UFFICIO VI

I.T.C.T.
"S. Pugliatti"
Taormina

IN OCCASIONE DELLE CELEBRAZIONI
DEI 30 ANNI DI COSPE,
IL CONSIGLIO DIRETTIVO
HA DECISO DI ASSEGNARE IL TITOLO DI
SOCIO ONORARIO
A
Associazione per Interscambi
Culturali Italia ~ Cina

COSPE

FABIO LAURENZI
PRESIDENTE

FIRENZE
08 GIUGNO 2013

走进佛罗伦萨中文学校

"在欧洲三国'寻宝'过程中，发现一个有趣的现象：接待我们的诸多温州侨团都有自己的一所中文学校，让我们深切感受到海外侨胞对中华文化传播的重视和倾力。"温州市委统战部原副部长潘一新在微信朋友圈里这样写道。

为了更好地征集华文教育史料，应佛罗伦萨中文学校潘世立校长邀请，2018年6月下旬，在从米兰到罗马的行程中，世界温州人博物馆赴欧展品征集"采宝团"一行四人途经佛罗伦萨中文学校，做短暂的实地考察。

佛罗伦萨中文学校创办于2001年9月，在中意两国政府部门支持下，经过近19年的发展，已经成为拥有两个校区，涵盖小学、初中、高中，有670名学生、21位专职教师的较大规模半日制学校。学校中文教材与国内同步，校舍与意大利当地学校融合。

学校有自己的校徽和校歌。除中文课外，不断开发多元课程。如星期一至星期五下午学习语文，星期六下午设英语、数学、舞蹈、电子琴、象棋、历史、手工制作、剪纸、书法、美术等科目。

潘世立校长不无自豪地介绍说，学校有一支年轻而有活力的专业教师队伍，他们中有来自浙江、温州名校的国侨办外派教师；有来自浙师大、上师大选派的即将毕业或已毕业的研究生；还有本校任教十多年的本土教师。老师们过硬的教学技巧、渊博的知识面和广泛的信息量，使得学校一直以高质量的教学效果吸引生源，颇受当地华人欢迎。

华文教育是中华民族在海外的"留根工程"，是中华文化在海外的"希望工程"，它也是华侨华人社会最重要的"民生工程"。据了解，在欧洲以温州侨团侨胞为主兴办的中文学校有五十多所，涌现了许多知名学校和校长，如叶玉兰和西班牙马德里的中文学校、胡云飞和荷兰乌特列支中文学校、陈小微和意大利米兰华侨中文学校、蒋忠华和罗马中华语言学校；吴静云和普拉托华人华侨联谊会中文学校等，温州侨胞兴办的中文学校已构成中华文化海外传播的一大景象，体现了温州人为中华文化向海外传播的民间自觉和道义力量。

走标准化、正规化、专业化发展之路

潘世立，1958年出生于温州瑞安，1981年温州师范学校毕业后，被分配到原瑞安县湖岭区中心小学做老师、辅导员，因为工作成绩突出，1984年被调入瑞安教育局普教科。1993年，潘世立举家迁居佛罗伦萨。在意大利的头几年，他做过生意，也尝试过其他行业。有一段时间，常有侨胞为给家人申请护照找他代写中文信。虽是举手之劳，却让潘世立感慨万分，特别是看到那些黄皮肤、黑头发却操一口洋腔洋调，连自己中文名字都不会认、不会写的中国孩子，潘世立的心中重新燃起一位教育工作者的强烈责任感。他回想起当年在瑞安县教育局工作时，下乡挨家挨户动员父母送子女上学的情景，下定决心，不管有多困难，都要创造条件，让孩子们有一个学习中文，感受中华文化的地方。

从1996年开始筹划，到2001年7月佛罗伦萨第一所中文学校正式招生，潘世立用了整整五年时间。他四处奔走，频繁与国内外相关部门联系协商，他的热忱和使命感，他的坚韧、执着和认真踏实，打动了周围的许多人。

学校开办之初，便定位于高质量的正规学校，始终秉承"以特色求生存、以制度求质量、以交

→
潘世立参加米兰华侨中文学校十周年校庆

流求发展"的办学理念，按照"提高中文教育水平，增强弘扬中华文化力度，让本地区更多的华人华侨子女接受更好的教育，培养既懂意文又懂中文的好公民"宗旨，制定了一整套符合国外办学实际的完备的教育管理制度。经过多年发展，佛罗伦萨中文学校走出了一条"标准化、正规化、专业化"的特色发展之路，被意大利教育部纳入了多元文化教育体系。在与温州少艺校、瑞安马鞍山实验小学结为姐妹学校的同时，佛罗伦萨中文学校积极推进托斯卡纳大区与温州学校建立姐妹学校，开展中小学生互访活动。每年还组织意大利大学生来中国开展志愿者服务，接受温州外派教师到意大利任教，大力推动两国教育文化交流。

2002年，李岚清副总理访问意大利佛罗伦萨，中文学校师生由总领馆安排受到了李岚清副总理接见。潘世立校长也受到了极大的激励。他认为中文学校的未来，充满了希望。

2011年2月11日，潘世立第一次参加意大利教育部全国会议并介绍办学经验。随后，中华人民共和国国务院侨务办公室授予佛罗伦萨中文学校"华文教育示范学校"的称号，授予潘世立校长"热心海外华文教育杰出人士奖"荣誉。2013年8月3日，协助发展中国家协会（COSPE）成立30周年时，向潘世立颁发了中意文化交流协会长期合作友好协会证书。

叶璐意大利歌剧音乐终身成就奖

温州女歌唱家的
美丽嬗变

叶璐生来就属于舞台。她是从温州走出去的世界级女高音歌唱家，在音乐路上，先后收获了"意大利歌剧音乐终身成就奖"、意大利"文化骑士"和"文化形象大使""一带一路"中国品牌世界行形象大使等烙着音乐印记的荣誉勋章。让我们一起分享她一步一步完成人生美丽嬗变的成功与喜悦。

→
2017 年叶璐荣获"意大利歌剧音乐终身成就奖"奖牌

温州女歌唱家的美丽嬗变

捐赠"意大利歌剧音乐终身成就奖"奖牌

2018 年 6 月下旬,温州市委统战部原副部长潘一新受命带领征集团队赴欧洲三国征集世界温州人博物馆展品。在意大利征集到的第一件展品,就是女高音歌唱家、表演艺术家叶璐女士的"意大利歌剧音乐终身成就奖"荣誉奖牌。虽然心有不舍,她还是很高兴并表示很荣幸地将自己在音乐领域上获得的最高荣誉奖牌捐献给世界温州人博物馆。

这是一个镶嵌蓝色外框的银灰色奖牌,上下设计成象征音乐之路的对称图案,简洁大方,中间的奖牌名称、姓名、时间、颁奖单位等文字犹如一个个跳动的音符。

逆流而上重回音乐舞台

叶璐生于温州市区一个高级工程师家庭,从小就对音乐情有独钟,在幼儿时期便是舞台上的活跃分子,舞蹈、歌唱样样拿手。中学的时候,作为艺术特长生被温七中录取;在变声期阶段,得到了温州市声乐教育家胡成辉的悉心指导,毕业后顺利考上了杭州师范学院音乐系。后来,她在浙江省歌舞团、上海歌剧院当过独唱演员,还曾是浙江电视台戏曲栏目的主持人,上过中央电视台的金牌栏目《正大综艺》……在早期音乐生涯中,她成功录制了三张个人专辑:《叶璐·女人的勇气》《叶璐·现代小周璇》《叶璐·系列》,曾当选"中国最佳流行音乐百名歌手"。

21 岁那年,叶璐踏上了异国的土地,在意大利和加拿大继续学习戏剧、声乐技巧和表演艺术。在学习意大利音乐史、艺术史和文学史的时候,靠一曲中国民歌《兰花花》,结识了恩师雷纳托·

萨巴蒂尼。这个机缘,也开启了叶璐的专业学习之路。她还在名闻世界的意大利无伴奏合唱团"I Cantori di Perugia"里担任独唱及领唱演员。

勤奋加上天赋,使叶璐很快在意大利歌剧舞台上占有了一席之地,热爱音乐的她也有着无比浪漫的情怀。就在音乐路上渐入佳境之时,一封来自加拿大男友的求婚电报令叶璐放弃了音乐人生,投入爱情的怀抱,她选择去加拿大结婚定居。婚后,叶璐一直以家庭为重,成为加拿大国家航空公司的白领职员。

平时,她不敢轻易触碰音乐,因为每当旋律响起时,歌唱的欲望就油然而生,强迫自己克制欲望,爱而不得的感觉让她越发痛苦。在加拿大五年,她不敢听音乐,把自己封闭了起来。可是对音乐的爱赶不走,也逃不脱,一边是无比热爱的音乐事业,一边是骨肉至亲的温馨家庭,叶璐难以抉择。就在她独自纠结时,儿子的一席话鼓励了她:"如果你觉得意大利能对你的发展有好处,你就放心去吧。我没关系,再说你还会回来的。"

儿子的理解与支持给了叶璐再次前往意大利发展的勇气,就这样,叶璐带着儿子的爱和自己的信念重回意大利。她也终于在阔别舞台 6115 天之后重返舞台。演出结束掌声响起的那一刻,她坦言第一次觉得自己获得了重生。而如今的叶璐,已在欧美建立了自己的艺术事业,并把自己作为一个中国品牌,每次音乐会期间,她都会用中国歌曲作为压轴,她经常说:"想以微薄之力来传播中国的音乐。"

硕果累累念念不忘乡情

在意大利,叶璐不断地拜师学习。勤奋加天赋,加之多年的求学经历,她精通英语、法语和意大

← 叶璐

利语，她乘着音乐的翅膀，逐步走上了国际歌唱艺术舞台。

2013年，她在罗马的圣诞音乐会上演唱《圣母颂》，成为首次在教皇Francesco的生日晚会、罗马圣诞音乐会上登台的华人歌唱家。

2014年，她在加拿大蒙特利尔举行的北美冰球职业联赛上演唱加拿大国歌。同年，作为唯一一名华人音乐家参加在纽约举行的庆祝歌剧女王玛丽亚·卡拉斯诞辰90年演唱会；2017年，叶璐在意大利罗马被授予"意大利歌剧音乐终身成就奖"，以表彰她杰出的歌唱艺术，以及为加强意大利在国际文化社会上的专业形象所做出的努力和贡献。

此外，她还获得了"意大利骑士及文化形象大使""加拿大杰出华人人文科技奖"、"一带一路"中国品牌世界行形象大使、意大利"歌剧音乐国际大奖"、意大利贝鲁嘉外国人大学"卓越奖章"、加拿大"人文科技奖"等诸多荣誉，在"世界温州人大会"上被提名为2016最有影响力人物。

在海外多年，除了思念亲人、朋友，叶璐最想念的是温州的美食。"鱼丸汤、温州馄饨、江蟹生、牡蛎、鸭舌等等……每当想起这些，我都会流口水呢。"叶璐吐了吐舌头，开心地说道，"我觉得走遍天下，美食还是温州的最好。我去巴黎、纽约、罗马等很多大都市演出的时候，都会特意去找温州人开的中餐馆，有时候还特地从我居住的科莫城坐一小时火车去米兰的中国城喝鱼丸汤。"对美食的怀念，其实也是对思乡情的另一种表达方式。2019年5月6日，叶璐受邀来到世界温州人云社区融媒体演播厅，接受世界温州人云社区记者的采访，并参观了世界温州人博物馆。

著名女高音歌唱家叶璐美丽嬗变的历程，让世界听到了温州人优美动听的歌声，也让世界看到了温州人自强不息的奋斗精神，看到了温州人的自信与精彩、温州人的家国情怀与不凡气度。

鸣　谢

温州晚报

温州博物馆

本书策划

林　宇　董　姝

袁寿省　王　骁　张啸龙

特约审读

郑祖欣

图片提供

温州博物馆

摄　影

陈真健　等